Die F

Ein Roman aus den steirischen Alpen

Peter Rosegger

Alpha Editions

This edition published in 2022

ISBN : 9789356788718

Design and Setting By
Alpha Editions
www.alphaedis.com
Email - info@alphaedis.com

As per information held with us this book is in Public Domain. This book is a reproduction of an important historical work. Alpha Editions uses the best technology to reproduce historical work in the same manner it was first published to preserve its original nature. Any marks or number seen are left intentionally to preserve its true form.

Contents

Die Bestattung des Prinzen .... - 1 -
Von Michels Haus- und Lebensgenossen .... - 8 -
Jetzunter geht das Frühjahr an .... - 12 -
Heimkehr ins Forsthaus .... - 21 -
Schneeweiße Jugendlust .... - 28 -
Der Schligerwitz, der Schligerwitz, der ist ein guter Spatzenschütz! .... - 32 -
Eine himmlische und eine irdische Jungfrau. .... - 40 -
Der Krauthas und seine Hauswirtschaft .... - 49 -
Locken, locken, Eier locken! .... - 55 -
Der Bauernfeiertag .... - 59 -
Zwei Knaben gehen aus bei der Nacht .... - 67 -
Sie sprechen von einem glückseligen Tag .... - 75 -
Elias bleibt lieber daheim .... - 79 -
Wer hat dich aufgebaut, du hoher Wald! .... - 82 -
Der Fremde aus dem Preußenland .... - 93 -
Coelesti benedictione …! .... - 101 -
Ein Ruf nach Nichtsein .... - 107 -
Von der »Fahne mit dem sauberen Weibsbild« .... - 113 -
Die Ewigkeit ins Wasser gefallen .... - 118 -
Eine schwankende Christenseele .... - 124 -
Der verkrachte Weltverbesserer .... - 129 -
Der gebrochene Ahornast .... - 138 -
»Habens schon die Neuigkeit gehört, Herr Förster?« .... - 143 -
Vor Gericht .... - 148 -
Das Geständnis .... - 157 -

Das Nichts der Welt ....- 161 -
»Laß ihn zu den Vätern gehen!« ....- 168 -
Meine Schuld ....- 172 -
Das Böse ist Einbildung, das Gute ist wirklich ....- 179 -
Jetzt haben sie ihn! ....- 183 -
Heimkehr ins Forsthaus ....- 188 -
Es tröstet der Wein, es singen die Wasser ....- 197 -
Klingende Gespenster ....- 202 -
Der glückselige Tag ....- 207 -
Die Försterbuben im Urwald ....- 210 -

Die Bestattung des Prinzen

»Juch! Juch!« Hell jauchzend sprang er vom Waldrande herab auf den Weg. Ein junger Mann – schwang seinen hochbefederten Hut: »Juch! Juch!«

»Das ist ja Försters Fridolin!« lachten die Leute, die in bewegten Gruppen daher kamen. »Friedl, gehst du auch zu der Leich?«

»Wohin denn sonst?« lachte er, »freilich geh ich auch zu der Leich! Juchhe!«

Viele jauchzten mit.

Es waren zumeist junge Mannsleute in halb feiertägiger Bauerntracht. Jeder auf dem grünen Hut stramm befedert. Weiße flaumige Stoßfedern, schwarze sichelkrumme Birkhahnfedern, fächerförmig oder pinselartig gefaßter Gemsbart, und lauter solche Zeichen, daß sie aufgelegt sind heute zu jeglicher Unternehmung, sei es zum Raufen oder zum Schuldenmachen oder zum Weiberleutfoppen! Man konnte ihnen schon etwas zutrauen, diesen derben, urfrischen »Alpenjodeln«. Das Liebste, was sie taten, war freilich Singen und Jauchzen; und so jauchzten sie auch in allen Glockentönen. Ein anderes Geläute gab es nicht bei diesem Begräbnisse.

Von den Einzelhöfen kamen sie herbei. Aber dort am Eschbaum, wo der Weg sich zweigt – der eine ins Kirchdorf Ruppersbach, der andere zu den Häusern von Eustachen – bogen sie gegen Eustachen ein.

Hinterher waren auch ein paar alte Bäuerinnen gekommen, schwarz und schlapp gewandet, in Filzhüten mit breiten Krempen. Fäuste machten sie, als sie das Treiben der Burschen sahen, und um die Fäuste hatten sie Betschnüre gewunden.

An der Wegscheide rief dieser Matronen eine mit scharfem Zünglein den jungen Leuten zu: »Ihr vergeht euch ja! Die Kirchen, die steht nit in Eustachen, die steht in Ruppersbach.«

»Aber in Eustachen steht das Wirtshaus!« rief einer der Burschen lustig herüber.

»Laßt euch lieber Staub und Aschen auf die Schädel streichen!« rief die Alte. »Oder wollt ihr am heiligen Aschermittwoch auch noch Faschingtag halten? Gleichschauen tät's euch, ihr Fleischkrapfenjodeln, ihr fürwitzigen. Aber denkt nur darauf: Werdet auch einmal sterben müssen!«

»Ja, nachher haben wir Aschermittwoch genug,« gab der Bursche zurück.

»Laß dich nit auslachen, Seppel, daß du mit alten Weibern wortelst!« rief des Försters Fridolin.

»Derselbig ist auch so einer!« eiferte die Alte, ihre Faust nach dem Burschen drohend, »der alleweil heilig Sach tut verspötteln. Euch wird's schon noch heimkommen, werd't es schon sehen, wie sie werden zwicken, die Spitzhörndel-Teufelein!«

Sie verstanden sich nicht mehr, die Wege gabelten schon zu weit.

Die Weiber trippelten hinab zur Kirche, wo an diesem Tage nach kirchlichem Brauch der Priester den Gläubigen der Reihe nach Asche an die Stirn rieb: »Du bist von Staub und Aschen und wirst zu Staub und Aschen!«

Anders ging's her zu Eustachen.

Dort vor dem Straßenwirtshause, genannt »Zum schwarzen Michel«, hatte sich allerlei Volk zusammengefunden. Mitten auf dem Platze war bereits der Konduit aufgestellt: ein dicker, wuppiger Sarg, mit schwarzem Tuche eingehüllt, vorn und hinten die Bahrstangen, der Träger harrend. Über den Köpfen flatterten blaue Fahnen. Aus dem Wirtshause trat, von zwei Jungen mit Stallaternen begleitet, eine Trauergestalt. Man hätte mögen meinen, ein fürnehmer russischer Pope wäre es, wie hinter ihm her zwei Knaben in langen Nachthemden die Schleppe seines Mantels trugen. Schwarz war sein Haar und schwarz sein langer Bart. Und das Schwärzeste daran sein großes Auge mit dem glosenden Feuer. So leuchtet in der Kohle die Glut.

Die würdige Gestalt stellte sich vor der Bahre auf und hob beide Arme empor. Da dämpfte sich in der Menge der Lärm, und der Schwarze begann in feierlichem Trauerbasse also zu sprechen:

»Liebe lustige Leidtragende!

Öffnet die geehrten Ohren! Wir haben einen großen Verlust verloren. Gestern um diese Stund noch frisch und gesund, die Wangen rot, gesungen, gesprungen, geloffen, gesoffen – und heut schon mausetot. Unser liebster Freund! Eine Trauerred sollt ich halten, aber mein! Mir fällt nix ein. Gehn ma weiter, sein ma heiter und tun ma weinen ohne Wein, leicht fallt uns unterwegs was ein.«

Die Träger heben den verhüllten Sarg, der Zug ordnet sich unter dem Geheule der Trauergäste. Voran dem Zuge geht Försters Fridolin, auf einer senkrecht gehobenen Stange ein verhülltes Heiligtum tragend. Hinter ihm Musikanten mit Hafendeckeln, Pfannen, Feuerzangen und anderen Musikinstrumenten. Hinter diesen ein hagerer langer Mann mit einer segeltuchenen Mütze, an deren wulstigem Rande ringsum runde Schellen hängen, ihrer sieben, weshalb ein Teil der Leute im Litaneienton ausruft: »Heiliger Schellsiebener!« und der andere Teil beisetzt: »Bitt für uns!« – Diesem nach kommen die Buben mit den Laternen, der Pope mit den Mantelpagen, die blauen Fahnen und dann der Sarg. Hinter diesem das wirbelnde, johlende Volk, worunter mancher torkelnd und lallend oder mit verglasten Augen schlaftrunken dreingrinsend. Und doch wollen auch diese Invaliden des Prinzen noch mittun.

Er stirbt ja nur einmal – alle Jahre.

Der Pope ruft in singendem Tone: »Nun stimmt an ein schönes Gesang, aber nit lang, nit lang, aber nit lang!«

Darauf beginnen die Burschen:

»Wann ich amal stirb, stirb, stirb,

Schlagt auf die Truhen drauf,

Aft steh ich wieder auf,

Alleweil fideel, fideel, juchhee!

Traurig sein mag ich nit,

Na, meiner Seel!

Bin ich einmal tot, tot, tot,

Müssen mich d' Steirer trag'n

Und dabei Zithern schlag'n,

Alleweil fideel, fideel, juchhee!

Traurig sein mag ich nit,

Na, meiner Seel!«

Männer, Weiber, Kinder, Hunde aus der ganzen Umgebung, aus den Wäldern, Gräben und ferneren Ortschaften – alles durcheinander, singend, grölend, lachend, bellend – so wirbelt's und trudert's hinaus, über die lehmigen Felder hin gegen den Ruppersbacher Friedhof. Vor dem Tore desselben biegt der Zug ab in die bestrüppte Schlucht, alldorten ist aufgetan das Grab. Unter hohlem Gedröhne wird der Sarg hinabgelassen und der Pope hält die Grabrede:

»Königliche Hoheit, Prinz Karneval!

Was du hast getrieben, das war ein Skandal! Aber komm doch bald wieder einmal. Wir werden dich nimmer vergessen. Bei dir haben wir gut getrunken und gegessen. Tanzende Dirnlein hast uns gebracht, hast uns unterhalten Tag und Nacht, den Kopf hast uns schwer, die Taschen leichter gemacht. Aschen, Aschen! sonst haben wir heut nix mehr zu naschen. Fleischliche Hoheit, so heißt es jetzt scheiden. Dein Denkmal steht beim Wirt auf der Tür mit der Kreiden. Rekiskart in bazi – wer's nit glaubt, den kratz ih!«

Die Menge stimmt neuerdings Lieder an, hier: »O du lieber Augustin!« dort: »Alleweil fideel, fideel!« weiter hinten: »In Ruppersbach ist's lustig, in Ruppersbach ist alles frei, da gibt's ka Polizei!«

Derweil werden am Grab die Stallaternen ausgelöscht und von den Fahnenstangen die Weiberschürzen herabgerissen. An Fridolins Stab wird das Symbolium enthüllt: Im Strohkranz eine leere Brieftasche, beim Lederläppchen an der Stange festgenagelt. Vom Sarge ziehen sie das schwarze Tuch weg, ein altes Faß mit gähnendem Spundloch. Und im Fasse ist aller Sinnenlust Geheimnis enthalten – es ist leer. Oder wäre Prinz Karneval schon wieder unterwegs? Ist das nicht der ewige Jude in der Narrenkappe? Ein König, in dessen Reich die Sonne nicht untergeht.

Der Pope schüttelt seinen mit Ruß geschwärzten Küchentopf vom Haupte, daß er auf der Erde zerschellt, und wirft die dunkle Pferdedecke ab. Steht einer da, der nicht hätte vermutet werden können unter den Trauergewändern. Ein kleiner, schlanker, behendiger Mann in Steirergewand, an dem von aller schwarzen Zier nichts übrig geblieben als der lange schwarze Bart und das schöne schwarze Auge, das jetzt so klug und schalkhaft ernst in die Welt blickt. Und ist's der Michel Schwarzaug, genannt der Wirt »Zum schwarzen Michel« in Eustachen.

Die Narrheit ist abgetan, begraben – und wohl gar lebendig begraben, maßen sie, wie genugsamlich bekannt, unsterblich ist.

Die Leute sind ruhig und sittig geworden und plaudern miteinander, als ob nichts gewesen wäre. Dann zerstreuen sie sich und gehen gelassen heim, mit einer rechten Befriedigung, auch dies Jahr den Aschermittwochsbrauch redlich mitgespaßt zu haben.

Försters Fridolin, der die leere Brieftasche getragen, dem wäre noch ums Singen. In dem hübschen, blondköpfigen Jungen zuckt das warme Leben. Aber jetzt ist Fastenzeit geworden, ganz plötzlich, frostig – wie ein Reif im Mai. Er sieht, wie die anderen Burschen ihre grünen Hüte abziehen und die Federn aus dem Bande reißen. Auch er nimmt sein Lodenhütlein ab, hält es vor sich in die Luft hinaus und schaut das schöne Gefieder an – vom Wildhahn, den er im vorigen Frühjahre geschossen hat auf der Seealm. Soll auch er dieses Zeichen junger Mannhaftigkeit wegwerfen? Ist nicht die krumme Hahnenfeder wie ein Fragezeichen: Dirndel, bist du zu haben?

In einem Schnaderhüpfel singt er den Gedanken hinaus. Da lacht ein anderer Bursche: »He, he, der braucht erst ein Fragezeichen!« Und wies auf den hochstehenden Federstoß *seines* Hutes: »Schau *den* an! Das ist kein Fragezeichen, das ist ein Ausrufungszeichen, wer's von der Schul her noch weiß, was das ist. Ja, mein Lieber!«

Der Friedl stellte sich gerade einmal so hin vor diesen jungen Mann mit den schlaffen Wangen und den langen plumpen Kinnbacken und schaute ihn munter an und rief:

»Du ein Ausrufungszeichen? So ein kreuzsauberen Kerl wird sich doch nit erst ausrufen müssen!«

Der andere, der Wegmachergehilfe Kruspel war's, stutzte ein wenig und erwog, ob das gelobt oder gefoppt sein sollte, und zupfte mit scharfen Fingernägeln am Mundwinkel, wo ein zartes falbes Schöpfchen war.

»Wart, Kruspel!« sagte der Försterische lachend und schlug ihm zärtlich die flache Hand auf den Nacken, »auf dem Mittfastenmarkt demnächst kauf ich dir ein Zangerl, daß du dir dein' Schnurrbartel besser kannst herausziehen.«

Jetzt wußte der Kruspel schon, wie er dran war. »Du!« drohte er. »Keine Amtsbeleidigung! weißt du, ich bin kaiser-königlicher Straßenschotterer! Ja, mein Lieber!«

»Wohl, wohl,« sagte der Friedl. »Du bist ein Kaiser-königlicher, du. Aber weil du für einen Soldaten viel zu schön gewachsen bist zum Derschossenwerden, so laßt dich der Kaiser bei der Straßenschotterei.« Harmloses Lachen milderte den Spott. »Aber jetzt, Buben,« er wendete sich an die übrigen, denn sein Fußsteig zweigte hier ab gegen das Forsthaus, »behüt euch Gott und am Sonntag nachmittag! Rodeln! Vergeßt nit drauf!«

»Ja, rodeln, wenn kein Schnee mehr ist!«

»Auf der Siebentaler-Leiten Schnee genug. Laßt euch Zeit miteinander und laßt euch's Fasten schmecken!«

Als er oben am Rande des Lärchenwaldes hin ging gegen das Hochtal, hörte man ihn noch singen und jodeln. So läutet undämpfbare Jugendlust die Fastenzeit ein. –

Dem Wirt »Zum schwarzen Michel« war bei der Heimkehr von diesem Leichenbegängnisse der Pfarrer von Ruppersbach beggenet, dessen Talar mit den beiden schwarzen Schleifen im Winde flatterte. Er war ein Benediktiner.

»Mir scheint, bei euch Eustachern muß man auch manchmal ein Auge zudrücken,« so grüßte der Pfarrer den Wirt.

»All zwei, Hochwürden, wenn wir dürften bitten. Und hübsch fest zudrucken.« Er sagte es mit Bedacht. »Ist mir schon selber ein bissel uneben aufgefallen heut, wie ich die alten Sprüchlein so hab hergesagt. Sapperlot, so was kunnt fuchsfeuerfaul sündig auch noch sein! der Teuxel noch einmal! Aber halt abkommen lassen tut man's doch nit gern, die alten Sitten. Wenn man die lustigen Bräuch all tät abbringen, wollt's doch ein bissel gar zu traurig werden auf der Welt.«

»Na, na, Michel, wenn's einmal auf euer Faschingbegraben ankommt, daß ihr die Welt wieder lustig macht, dann laßt euch nur schnell auch selber mit begraben, 's ist die höchste Zeit. Ihr seid mir schon auch die Rechten, ihr!«

Schmunzelte der Wirt, zupfte den Pfarrer am Talarflügel und flüsterte vertraulich: »Nit giften, Herr Pfarrer, schauns, in der Stadt drin tuns den Fasching nit begraben, dort lassens ihn leben bis schier in die Palmwochen hinein, und noch um Mittfasten fliegen die Kittel und blädern die Hosen auf dem Tanzboden. Bei uns da kunnt er auch so lang leben, der Lump, wenn wir ihn nit am Aschermittwoch so sorgfältig täten begraben. Seins froh, Herr Pfarrer, daß wir eine Lustbarkeit draus machen. Täten wir ihm nachweinen, dem Galgenstrick, das wär gar noch schlimmer. Ist's nit wahr?«

»Du hast recht, da ist's mir schon lieber, ihr begrabt ihn beizeiten und lacht dazu,« sprach der Pfarrer, »wenn den Leuten bei diesem Faschingbegraben nur auch einmal was Rechtes einfallen wollte.«

»Viel Gescheites kann einem dabei freilich nit einfallen.«

»Zum Beispiel, was am Ende denn so eigentlich recht übrig bleibt von aller Weltlust!«

»Weiße Ziffern auf der schwarzen Tafel, Herr Pfarrer.«

»Und ein – hohles Faß. Gleichnisweise genommen.«

»Versteh schon, versteh schon. Daß die ganz Welt eine hohle Nuß ist oder ein hohles Faß. Ist mir auch schon eingefallen. Und jetzt derohalben möcht ich schier meinen, weil inwendig nix ist, sollt man auswendig bissel was machen. Kommens doch bald wieder einmal auf Besuch, Hochwürden.«

»Wenn der Michelwirt nicht wieder gar zu gescheit wird. Da kann unsereiner nicht mit. Aber singen, das wohl. Wann wird denn wieder gesungen?«

»Wann der Will. Allzeit aufgelegt. Heißt das, wenn der Baß nit bei den Bären ist.«

Der Baß, das war der Förster Rufmann, dessen Amt es freilich weniger sein konnte, im Wirtshause zur Zither zu brummen als in den Wäldern bei den Holzknechten. Mußte manchmal das letztere, tat aber lieber das erstere.

Von Michels Haus- und Lebensgenossen

Der kleine schwarze Michel war noch nicht heimgekehrt in sein Wirtshaus. Da war's wie ein Weltgericht – in diesem Wirtshaus. Mägde scheuerten in der Gaststube die Tische, die Bänke und den Fußboden. Da gab's noch viel Fasching hinauszuschwemmen. Die letzten drei Tage und Nächte waren üppig gewesen!

»Heunt ist der Faschingtag,

Heut sauf ich, was ich mag,

Morg'n mach ich Testament,

's Geld hat ein End.«

Diese Gedenkschrift hatte einer hinterlassen, mit Kreide verewigt auf dem braunen Brette des Uhrkastens. Und nicht weniger bedeutsam waren die Reihen der Namen und Ziffern, die auf der Tür standen.

Die Pipen im Keller tröpfelten nur mehr in die untergestellten Holznäpfe, der säuerliche Weingeruch durchatmete noch das ganze Haus. In der Küche war das Herdfeuer ausgegangen. Das Küchenmädel hatte unter den Tischen und Bänken einen großen Korb voll Knochen gesammelt und dieselben draußen im Viehhof ausgeschüttet auf den Dunghaufen.

Frau Apollonia, die Wirtin, siebte in der Küche Fisolen. Das wird von jetzt ab das tägliche Brot sein bis zum Ostersonntag, da wieder die Fleischtöpfe brodeln werden. Sieben Wochen lang Fisolen! Der Frau war das recht. Sie, die am Herde fast allein vom Speisenduft satt wurde, konnte nie begreifen, wie die Leute denn so viel zusammenessen und trinken könnten. Und sterben doch nicht dran. Sie war indes überzeugt, daß viel mehr Leute sich zu Tode essen als zu Tode hungern. Aber das sagte die Wirtin nicht. Sie sagte überhaupt nichts von all den tausend Dingen, die nicht gerne gehört werden. Und da unter Umständen nichts gerne gehört wird als das, was man sich selber sagt, so fand Frau Apollonia alles Reden für eine überflüssige Ausgabe und sagte am liebsten gar nichts. Sie war eine ruhige, schlanke Frau, bei der die Küchenschürze hinten zusammenlangte. Ihr Auge hatte – wenn man in einem musikalischen Wirtshause auch von Farben musikalisch sprechen dürfte – einen lichtgrauen Ton, nicht allzutief gestimmt. Sie war nicht seicht und nicht tief, sie war praktisch. Ihr schon grauendes Haar über dem schmalen Gesicht war in der Mitte gescheitelt; sie sah eher wie eine Mädcheninstitutsvorsteherin aus als wie eine Dorfwirtin. Ihr Schweigen nahm sie so ernst, daß man sie auch nie zanken hörte; ein Blick, ein Wink, und die Mägde wußten, wie sie daran waren.

So ging in der Küche alles stets friedlich ab, und die Mägde, die Frau Apollonia einmal aufgenommen, wurden alle bei ihr alt; keine wollte fort, außer wenn der Freier kam, und da gab es einen Kasten voll Flachs oder Leinwand als Heiratsgut.

Niemals kam jemand geradehin betteln zur Michelwirtin. Bisweilen wohl humpelte ein Armer zur niederen Küchentür herein, setzte sich im Winkel auf eine Bank und seufzte ein Erkleckliches. Nichts weiter. Dann kam die Wirtin und fragte nach dem Anliegen, teilte eine Gabe, und den Dankesworten winkte sie mit der Hand ab. Kein Mensch in Eustachen lobte die Frau Apollonia, im stillen geehrt war sie von allen. Es war auch schon selbstverständlich, wer ein Anliegen hat, der geht zur Frau Apollonia.

Manch einer oder eine ist freilich umsonst gegangen, und zu solchen redete sie: »Du lieber Mensch, du! Gern, daß ich dir was wollt geben, aber schau, du bist halt ein Lump. Wenn du brav wirst, nachher darfst schon kommen.« Und das sagte sie so freundlich und mütterlich, daß die Abgewiesenen schier wie geehrt davongingen und es weiter sagten, was die Michelwirtin für ein »gutes Leutel« ist. Manch einer kam später wieder mit der Nachricht, er glaube sich beim Lumpbleiben doch besser zu stehen als mit der Freundschaft der schweigsamen Michelwirtin.

Unter einer solchen Frau und Mutter war auch das einzige Kind aufgewachsen, die schlanke blonde Helenerl. An Gutmütigkeit und Schweigsamkeit war sie ihrer Mutter ganz ähnlich geworden. Ob der Mutter jedoch die Freudigkeit je einmal so aus den Augen gelacht hat wie dieser Tochter? Wo es lieblich und froh herging – war es im Garten bei dem gedeihenden Gemüse oder bei den still brennenden Blumen, oder im Hofe bei den regen Hühnern und Küchlein, oder bei den tollenden Nachbarskindern, oder war es bei harmlosen Sängern in der Gaststube – da war sie gern in der Nähe. Aber womöglich im Hinterhalte. Ausgeben mochte sie sich nicht, nur immer in sich aufnehmen, von den Blumen das Blühen, von der Sonne das stille Lachen, von den Kindern die unschuldige Lust. Es war, als ob sie aller Welt Frohheit in sich sauge und davon schon einen so großen Vorrat gesammelt habe, daß er einmal explodieren wird, wenn der rechte Zunder dazu kommt. Es gab freilich auch Meinungen darauf hin: Explodieren würde an diesem Mädel nie etwas, das werde, wie die Mutter ist, immer klug, gelassen und freundlich sein. Vielleicht als Zugabe ein bißchen schalkhafte Trutzigkeit vom Vater. So wie sie vom väterlichen Schwarzaug und vom mütterlichen Grauaug das schönste Blauaug erhalten hatte, so durfte man wohl auch in ihrer Seele die Sanftmut und Gleichmäßigkeit der Mutter, gleichwie künftig noch die überschwengliche Lustigkeit und die zeitweilige traumhafte Wehmut des Vaters zu finden hoffen.

Da zum Wirtshause auch eine größere Landwirtschaft gehörte, so gab es nebst der bewegsamen Kellnerin und dem derben Hausknecht auch noch Alt- und Jungknechte, Mägde und halbwüchsiges Volk. Das Gesinde hielt im nahen Wirtschaftsgebäude seine Ständigkeit.

Das waren nun die Hausgenossen Michels, des kleinen Wirtes mit den kurzen, stets emsigen Beinen, mit dem schwarzen langen Bart und den dunklen Augen, in denen immer Kohlenglut gloste, manchmal auch sprühte.

Zwischen dem Michel und seiner Frau schien eine Gegensätzlichkeit vorhanden zu sein, deren Tiefe nicht ergründet war. Da es nie einen Sturm gab, wie solcher auf seichten Gewässern leicht vorkommt, so riet man auf eine große Tiefe. Michels Abstand zu dem stillen, blühenden Töchterlein war gerade so groß, daß er sie mit einer Art frommen Wohlgefallens betrachten und mit einer zarten Verschämtheit anbeten konnte. Er ahnte es kaum, daß er sie anbetete, hatte es noch nicht einmal so weit gebracht, ihr offen zu sagen, wie sehr er sie lieb hatte. Zu jedem Gast konnte er »mein Lieber« sagen, zu der schönen Gastin erst recht »meine Liebe!«. Geschätzte und liebe Muhmen und Schwägerinnen hatte er eine Menge; aber eine »liebe Tochter«, ein »liebes Kind« gab es nicht, dafür hatte er sein Helenerl zu lieb.

Mit Frau Apollonia stand das insofern anders, als er sie in früheren Jahren wirklich etlichemale mit: »Ja, meine Liebe!« angesprochen hatte. Weil solches aber zumeist nur bei größeren Meinungsverschiedenheiten und in gereiztem Tone geschah, so kam der Ausdruck in eine zweifelhafte Stimmung. Und als sie mit der Zeit in allem ganz einig geworden, weil eins das andere hatte verstehen und behandeln gelernt, so ist das Wort »lieb« endlich gar nicht mehr ausgesprochen worden oder höchstens vielleicht in Augenblicken, da die Zunge nicht mehr weiß, was sie spricht und ihr Stammeln auch gleichgültig ist.

Die Ehegatten hatten übrigens ihr getrenntes Bereich auch in der Wirtschaft. Frau Apollonia kam gar selten aus ihrer Küche hervor. Er ließ sie im Haushalte gewähren und war froh, der Sorgen enthoben zu sein und sich seinen Gästen heiter oder auch ernsthaft widmen und sich seinen Liedern und Büchern hingeben zu können. Er hatte so seine Passionen, mit denen er der Frau Apollonia allerdings nicht kommen durfte: ihr war alles Nachdenken über Himmel und Erden zum mindesten unnütz, wenn nicht Frevel. Der Michel hingegen war manchmal wie eine Spinne, die ihre Fäden spinnt und wartet, wohin der Wind sie tragen wird; dorthin nahmen dann seine Gedanken ihren Weg, gleichgültig, ob in Höhen oder Tiefen, nur fort ins Ungemessene und Traumhafte.

Für solche Ausflüge in unbekannte Welten hatte er einen Freund, der ihn nicht ungern begleitete. Das war der Förster Paul Rufmann. Mitdenken und mitreden konnte zwar auch der nicht viel, um so erstaunter jedoch zuhören, wenn der Michel seinen jetzt tiefsinnigen, jetzt wieder krausen Gedanken freien Lauf ließ. Am besten verstanden diese Freunde sich – im Singen. Kamen sie im Wirtshause zusammen, so sangen sie ihre Volkslieder nach der Zither; kamen sie im Forsthause zusammen, so sangen sie nach der Laute, und waren sie im Walde selbander, so sangen sie ohne Begleitung – der Michel in Tenor, der Paul in Baß. Übermütige Gesänge aus dem Wald- und Almleben, aber auch uralte Weisen, in denen jauchzende Lust oder blutiges Leid oder inniges Gebet der Ahnen zu uns herüberhallen.

Jetzunter geht das Frühjahr an

Nachdem der Fasching begraben und der Michel heimgekehrt war zu seinem Hause, blieb er davor stehen auf dem Lindenplatz. Zwei Stimmungen zogen an ihm, und da konnte er nicht vorwärts und nicht rückwärts. So wohl ihm die Ruhe tat, die Fäden der Geselligkeit waren zu plötzlich gerissen. Die Enden hingen noch wirr an seinem Gemüte. Nun betrachtete er wieder einmal sein Haus – den Stammsitz der Väter.

Behäbig und stattlich steht es da. Des Wohn- und Wirtshauses Unterbau aus Stein und weiß getüncht; große Fenster mit grünen Läden. Das Tor mit braunen Holzbrettchen beschlagen, die ein verschobenes Viereck bilden, in dessen Mittelpunkt der Handknopf ist. Der erste Stock, aus rötlich leuchtendem Holz gezimmert, hat auch eine Reihe Fenster mit hellblinkenden Scheiben. An einer Front der Söller mit den zierlich durchbrochenen Brettchen. Unter dem vorspringenden Dache die Reihe der weißen Schußscheiben, so die Michelwirte sich je erschossen hatten. Aus dem breiten, halbsteilen Dache stehen zwei schneeweiße Schornsteine auf und der Giebel trägt einen Wetterhahn.

Jetzt in der Feiertagsruh ohne Fuhrwerkgeknarre und Gästelärm lag über dem Hause und seinem sich rückwärts in die Gärten und Felder hinziehenden Wirtschaftsgebäude schier etwas Vornehmes. Die Schwarzaugen waren ein altes Bauerngeschlecht und das Schild »Zum schwarzen Michel« hatte keinen Makel.

Als der Michel endlich zum Tore eintrat, wollte gerade der Förster Rufmann herausgehen.

»Dieses Wirtshaus heißt heute beim Kehraus,« sprach der Mann lachend. »Der Gläserkasten steht im Vorhaus, die Kellertür ist verrammelt mit Waschzubern und die Weibsleute krauchen auf dem Fletz herum wie die Schildkröten.«

»Ich sag dir, Rufmann,« entgegnete der Wirt, »vom Herzen bin ich froh, daß sie den Toifel hinauswaschen.«

»Ja, hörst du, Wirt! Wenn das Wirtshaus den Fasching nimmer mag, dann weiß ich nicht, wer ihn sonst mögen soll.«

»Der Satan. In allem Ernst, Rufmann, es ist eine Schweinerei!«

»Einen Katzenjammer hast.«

»Kannst recht haben. Wenn auch nit just im Magen allein. Daß einer die Lumpenkomödie mitmachen muß! Und noch daran eine Freud merken lassen soll. Aber was kannst du machen, wenn du Wirt bist. Mich wundert nur allemal, daß so was erlaubt ist.«

»Weißt, der Wildfang im Menschen muß auch seinen Tag haben. Zum ewigen Gedächtnis, daß er vom wilden Tier abstammt. Hat er sich ausgetobt, dann ist er wieder für ein Jahr ein zahmes Menschenschaf.«

»Muß so was sein. – Aber Paul, du wirst jetzt doch nit fort wollen. Geh, bleib ein bissel da bei mir!« Bei diesen Worten hing der Wirt sich in den Arm des Försters. »Wir gehen in mein Zimmer hinauf. Mußt ein bissel dableiben. – Mariedl!«

Die Kellnerin rief er. Und während sie sich in der kleinen, mit Zirmholz vertäfelten Stube zurechtsetzen am lichten Tisch, zwackt der Förster die Saiten der Zither, die an der Wand hängt. Kommt schon die kleine bucklige Person hereingetrottet. Mit dem weißen Schürzenzipfel will sie sich den Schlaf aus den Augen reiben, auch das Mundwerk ist übernächtig, das Zeug geht nur noch mechanisch weiter: »Was schaffens, Herr von Rufmann? Bier? Wein?«

»Ein Glas Wein.«

»Weißen? Schwarzen? Was zu essen? Schnitzel, Nierenbraten, Geselchtes mit Kren –«

»Schau, daß du in dein Bett kommst!« fährt sie der Wirt an. »Nierenbraten! Geselchtes! Am Aschermittwoch! Geh und schlaf dich aus!«

Während er selbst hinabsteigt in den Keller, stimmt Rufmann an der Zither herum und seinen Baß dazu. »Jetzt gang ich ans Brünnele, trink aber nit ...«

Der Michel kam mit einer stark bestaubten Flasche und zwei Kelchgläsern. »So! Vom vielen Trinken drei Tag lang, da wird man durstig. Wohl komm dir's, Paul!«

»Ich komm dir!« dankte der Förster, und nach dem Trunke: »Ist es wieder recht würdig ausgefallen, das Begräbnis?«

»Ha!« sagte der Wirt überlaut lustig und strich sich mit den Händen den Bart, was allemal ein Zeichen seiner Behaglichkeit war. »Der Scherenfanger hätt froh sein können, wenn ihm ein solches Begräbnis wär zuteil geworden, wie seiner Hoheit, diesem Schweinekerl.«

»Scherenfanger? den Kajetan meinst? Aber der hat doch keine Ehr' verlangen können. Der hat sich ja selber das Leben genommen.«

»Derowegen, sage ich. Weit ist's nit g'fehlt, daß sie beieinander liegen, der alte Kajetan und mein altes Faß. In der Staudenschlucht neben dem Kirchhof.«

Das fing der Förster auf, es schien ihn anzufassen, er vergaß der Zither. Er hatte den böhmischen Maulwurf- und Insektenvertilger recht gut gekannt, aber doch nicht so gut, daß er den Selbstmord hätte verstehen können. Damals, als er mit dem Mann den Versuch besprochen, wie man den Kieferspinner, diesen schrecklichen Waldverderber, vertilgen könnte, wie war der Kajetan da noch spaßhaft gewesen! Und als er jenen Ruppersbacher Maulwurfsfeinden die schaudervolle Hinrichtung des berüchtigten »Wiesengrundverderbers« vorgeschlagen! Der Maulwurf, wenn er gefangen werde, sei viel zu niederträchtig, als daß man ihm die ehrenvolle Todesart des Erschlagens antun dürfe; der müsse zum gerechten Lohn für seine heimtückische Wühlarbeit und zum abschreckenden Beispiel für seine Sippe eines ausnehmend grausamen Todes sterben; man solle ihn, den Maulwurf – lebendig begraben! Das haben sie endlich verstanden und ihn nicht wieder angerufen zum Vertilgen des nützlichen Bodenlockerers und Insektenfressers. – Solcherlei Schwänke hat er gern getrieben. Und so ein lustiger Mensch knüpft sich eines Tages an den Wandnagel.

»Wie denn das hat sein können mit dem Kajetan?« sagte der Förster.

Und der Michel antwortete: »Weil er verruckt ist worden. Ein schlechtes Buch, oder was, muß er derwischt haben. Denk dir, den Herrgott hat er so gefürchtet.«

»Den Herrgott gefürchtet? Nun, ich habe doch immer gehört, den Herrgott *soll* man fürchten.«

»Soll ihn auch. Aber bissel anders wie der Kajetan. Gottesfurcht ist schon recht. Aber Gottesangst ist eine Sünd gegen den heiligen Geist. Oder ich sag's besser: ist eine Narrheit. Wer ordentlich und brav ist, wie der Mann sein Lebtag gewest – wenn so einer Angst vor dem Herrgott hat, dann lachen ja die Spitzbuben, die keinen haben. Versinniert hat er sich halt.«

»Zu viel sinnieren soll der Mensch nicht,« sagt der Förster.

Spricht der Michel weiter: »Da unten in der Gaststuben hat er mir's einmal erzählt, wie's ihm ist vorgekommen. Du, das ist ein kurioser Vogel gewest. Dem sein Glauben! Die Welt, Himmel und Erden, sagt er, und alles, was ist, das ist nichts anderes als Gott selber. Jedes Tier und jeder Grashalm und jeder Wassertropfen ist der Herrgott selber! Alles zusammen ist der Herrgott. – Und jetzt denk dir, Michelwirt, hat der Insektentod gesagt, was ich mein Lebtag schon hab Herrgott umgebracht! Tu nichts anders Jahr für Jahr, als Herrgott umbringen. Und jetzt, Wirt, stell dir vor, wie ich dran bin, wenn's zum Sterben kommt. – Aber Mensch! sag ich ihm drauf, wenn du's so nimmst, da hilft sich der Herrgott ja selber umbringen, alle und alle Tag. Wenn das Vieh Gras frißt und der Mensch das Vieh! Und der Krankheitskeim den Menschen frißt. Und wenn du selber Gott bist und hilfst ihn umbringen, damit du leben kannst! Den Unsinn mußt doch einsehen, hab ich gesagt. Wenn du Insekten tötest, so rettest du besseren Wesen das Leben, hab ich gesagt. Da ist er dir aufgefahren: Es gibt keine besseren Wesen! Und keine schlechteren. Alles ist gleich, keines hat das Recht, ein anderes zu vernichten. Desweg bin ich der Mörder. Ein Herrgottsmörder bin ich worden! – Ich sag dir's, Paul, angst und bang hätt einem werden mögen neben seiner. Hat selben auch nit mehr viel gearbeitet. Alleweil in der Einsam herumsinniert, na – bis das Unglück halt nachher geschehen ist.«

»Ist zu dumm!« brummte der Förster, »das ist ein siebendoppelter Unsinn!«

»Wenn du halt irrsinnig bist,« gab der Wirt zu bedenken. »Schlechtes kann ich dabei nix finden, und wenn ich Pfarrer bin, in der Schluchten laß ich den armen Hascher nit begraben.«

»Hat mich auch recht gewundert von unserem Pfarrer.«

»O mein, sagt er, wie wir dazumal bei ihm sind gewest, der Gerhalt und ich, wegen der selbigen Sach, wenn's auf mich tät ankommen – unter dem großen Kreuz sollt er liegen, mitten auf dem Kirchhof. Aber die Vorschriften! Und sonst wohl auch. Die Angst vor dem ungeweihten Grab hält doch immer einen zurück. Weisen wir hin: Bei den vieltausend Selbstmördern alle Jahr, die man in der Zeitung liest, sollt man halt doch nit so streng sein. – Just derohalben! sagt der Pfarrer, wird ja rein Modesach, der Selbstmord! – Trink, Paul! Du trinkst ja heut nix.«

»Wie der Will,« sagte der Förster und tat einen Schluck aus dem Kelchglas, »'s ist mir einmal unfaßbar, wie ein Mensch sich selber das Leben nehmen kann.«

»Weißt, just zu verstehen ist es schon. Wenn das Elend halt zu groß wird. Wenn alles verspielt ist und alles gegen dich ist, daß es frisch nimmer zu ertragen ist!«

»Ah geh,« sagte der Förster, »unsereiner hat auch schon seine Sacherln durchzumachen gehabt. Damals zum Beispiel, wie mir das Weib ist gestorben. Da wär's mir schon auch lieber gewesen, heut wie morgen. Und 's Schußgewehr alleweil im Zimmer. Nicht *einmal* ist mir der Gedanke gekommen, nicht einmal!«

»Das glaub ich dir. Wenn zwei Würmeln da sind, die den Vater brauchen. 's ist hart genug, Paul, was dich selben hat getroffen. Aber das größte Unglück ist es nit.«

»Was wir da auf dumme Sachen sind zu reden gekommen,« sagte der Förster. »Das richtige Aschermittwochgespräch.«

»Ist eh wahr,« lachte der Wirt.

»Gescheiter ein bissel singen.«

»Mein Stimmstock,« sprach der Michelwirt und griff sich an die Kehle. »Zu stark strapaziert worden die letzten Täg. Jetzt hab ich den Pelz im Hals.«

»Du, sag mir, Michel, ist mein Bub heut auch dabei gewesen?«

»Der Friedl? Aber na freilich. Hat ja die Stang getragen mit der leeren Brieftaschen.«

»So, die leere Brieftasche. Kann dem schon noch öfter passieren. Aufs Geld kann er mir schon gar nicht achtgeben.«

»Bei mir laßt er just nit viel springen,« sagte der Wirt lustig.

»Na gerade trinken, da könnte ich just nit klagen. Da tut er schon lieber seine Kameraderln traktieren. Da wird er dir mitunter üppig. Und seine harben Seiten! Ein Zornnickel immer einmal,« vertraute der Förster dem Freunde, »ein Trutzkopf unterweilen – was du dem lustigen Springinsfeld gar nicht ansiehst. Wenn der so fort macht!«

»Ist halt ein junges Blut und stammt nicht umsonst von seinem Vater ab.«

»Und dann das verfluchte Rauchen! Seit ich ihm die Pfeife in den Ofen geworfen hab, raucht er Zigarren. Britanika, sagt der Ruppersbacher Tabakkramer. Hält die Sorte extra für den Herrn Förstersohn! Ja der Förstersohn, das ist er. Sonst noch nichts.«

»Waldkulturminister kann er freilich noch nit sein mit zwanzig Jahren. Derweil mußt ihn halt ein bissel mehr verdienen lassen im Holzschlag. Er ist ja Holzmesser.«

»Und soweit nicht ungeschickt dabei.«

»Na, siehst, da ist er doch schon wer.«

»Soviel als ein Knecht. Trotz seiner Realschule. Und besser als einen andern Knecht kann ich ihn nicht lohnen. Es geht nicht. Froh, wenn er so viel verdient. Bei dem geht die Sonne ja alle Tag um eine Stund später auf und um eine früher unter. Meinetwegen, er hat einen weiten Weg in den Holzschlag. Letztens ist er mir einmal nicht nach Hause gekommen am Abend. Ist in der Bärenstuben übernachtet, beim Kohlenbrenner.«

»Beim Krauthas?!« fragte der Wirt auf.

»Gekartelt haben sie und geschnapselt, und geraucht natürlich.«

»Hat der Krauthas sein Dirndel noch bei sich?«

»Daran habe ich auch gleich gedacht. Nein – ist nicht mehr in der Hütte. Soll zu Löwenburg unten sein, in Diensten.«

»Na, so laß ihm die Freud beim Krauthasen.«

»Viel Gutes wird er nicht lernen dort. Übrigens – der Weibsbilder wegen, das wäre auch noch keine Sorge. Soweit ist der Bub noch brav, mein ich. Da könnte man nichts sagen. Wenn's drauf ankommt, ein herzensguter Bub. Ist ja eben das Schlechte bei ihm, daß er so gut ist.«

»Nit übel!« lachte der Michelwirt, »leicht sagst ihm's einmal, daß es gut wär, wenn er schlecht wär.«

»Den möchte ich mir halt für eine Besondere aufsparen, wenn er einmal so weit sein wird, daß er heiraten kann. Für den wüßt ich eine! Aber bei den jungen Trotzköpfen muß man sich hüten, die rechte zu nennen. Sonst schauen sie justament die nicht an.«

»Geh, was du nit glaubst!«

»Wie es beim Staufer in der Sandau ist gewesen. Der hat auch so einen Trutzbock gehabt. Er hätt's gern gesehen, daß der Sohn die Lehnerische nimmt. Und just die will der Bub nicht. Sagt der Alte: Recht hast, die wär auch meine letzte, und hebt an zu schimpfen über die Lehnerische. Da ist's dem Burschen: Und grad die nehm ich. Hat sich der Staufer ins Fäustel gelacht. Auch der meinige könnt einer sein von dieser Gattung.«

»Rufmann, du kannst dir alle zehn Finger abschlecken dafür, daß du ein paar solche Burschen hast. Nit allemal g'rat's so gut, wenn die Mutter fehlt.«

Da leuchtete des Försters Gesicht. Es war ein schönes braunes Antlitz mit tiefliegenden Augen und einem halb kurzgeschnittenen, stark angegrauten Bart. Die gerade und feingebaute Nase war an der Spitze kaum merklich gerötet, hingegen schimmerten unter dem Schnurrbart die frischen Zähne des Oberkiefers ein wenig hervor. Wenn in ihm was vorging, bewegten sich die sehr buschigen Augenbrauen auf und nieder. So auch jetzt, da der Freund so gut von seinen Buben sprach. Es besteht der Verdacht, daß er seine Söhne eigens manchmal in den Anklagestand versetzte, um vom Freunde ihre Verteidigung und Rechtfertigung zu hören. Diese Kinder sind ja sein ganzes –. Nein, er getraut es nicht auszusprechen, das stolze Wort. Alle Liebe ist abergläubisch. So wollte er schon eher von den Sorgen sprechen, die sie ihm machen, da wird der Teufel, oder wer es ist, doch nicht zum Neide gereizt werden.

»Mit dem jüngeren,« sagte nun der Förster, »dem Elias, habe ich jetzt ohnehin auch mein Anliegen.«

»Der kommt zu Ostern wohl wieder auf Vakanzen heim?« riet der Wirt.

»Vielleicht schon früher. Gestern habe ich einen Brief erhalten aus dem Seminarium. Der Präfekt schreibt, daß der Bub kränklich ist, und es dürfte angezeigt sein, wenn er bald auf etliche Wochen in die Gebirgsluft käme.«

»Na ja, weil alle bleichsüchtig werden in derer dummen Stadt da drinnen!« rief der Michel. »Bissel blutarm ist der Elias immer gewest. An deiner Stell heut noch tät ich telegraphieren, sie sollten ihn gleich herschicken.«

»Ist halt bitter, wenn er etwa das halbe Jahr verlieren muß.«

»Im fünften Jahrgang ist er, gelt? Eh schon weit mit fünfzehn Jahren. Ich glaub allewell, um solche Zeit lernt der Bub im Wald mehr als in der Schulstuben.«

»Kommt nur drauf an, was.«

»Laß es drauf ankommen. Denk an, Rufmann, wie du selber vor etlichen zwanzig Jahren aus München bist in unsere Gegend kommen. Das war ein Krisperl! Nit fünf Groschen hätt einer geben für das bissel Forstadjunkten. Und 's andere! Wie oft hast mir's erzählt, daß du da im Waldgebirg in einem halben Jahr mehr hättest gelernt als in drei Jahren der Stadtschul!«

»Ein Forstadjunkt. Das ist doch natürlich. Was soll aber ein Theologe im Wald lernen?«

»Die Natur, den Menschen! So ein geweihtes Bürscherl mit seiner papierenen Welt, das weiß ja gar nix, wenn es herauskommt. Das hat nur Sünder und Engel und Teufel im Kopf – aber keinen Menschen, wie sie sind. Geh, laß dein Bübel kommen. Jetzt geht das Frühjahr an.«

»Jetzunter geht das Frühjahr an!« begann der Förster, den's schon lange danach juckte, zu singen, und der Michel fiel mit ein:

»Und alles fängt zu blühen an

Auf grüner Heid' und überall.

Es ist nichts Schön'res auf der Welt,

Als wie die Blümlein auf dem Feld,

Weiß, blaue, rote – ungezählt.

Und wenn sich alles lustig macht,

Und ich schon gar nit schlafen mag,

Geh ich zum Schatzerl bei der Nacht.«

»Für einen Theologen wäre das gerade nicht die richtige Weis«, lachte der Förster. Der Michel überhörte es, war schon bei dem zweiten Gesätzel:

»Jetzunter geht das Frühjahr an

Die Vöglein heben zu singen an,

Die Schäflein scherzen auf der Au ...«

Das liebliche Singen wurde noch lieblicher unterbrochen. Ganz leise hatte es an die Tür geklopft. Der Wirt kannte den Boten schon im Klopfen und sagte laut: »Ja, Helenerl!«

Die kam bescheidentlich herein in ihrem lichten blauen Kleid, über das rückwärts zwei güldene Haarzöpfe niederhingen.

»Die Suppen steht schon seit einer halben Stund auf dem Tisch, sie wird kalt!« sagte sie munter.

»Stell sie ans Feuer. In einer halben Stund kommen wir, derweil wird sie wieder warm,« antwortete der Vater, da war sie schon fort.

Der Förster schaute eine Weile auf die Tür hin, als ob die Erscheinung noch einmal auftauchen müßte. Der Wirt schaute den Freund an mit einem Blick, in dem freudiger und demütiger Vaterstolz leuchtete.

Endlich sagte der Förster: »Sapperment, die ist schön geworden!« Und summte launig: »Jetzunter geht das Frühjahr an! – Michel, auf die gib acht!«

»'s ist nit so gefährlich, wenn's so bleibt,« sagte der Wirt. »Vor der haben die Wildbären Respekt. Laß dir sagen. Am vorigen Sonntag auf den Abend in der Gaststuben, wie die Bauern und die Holzleut schon beim gewissen Reden sind, weißt eh, da fahr ich sie zweimal an: Seids stad! Weil mir schon graust. Gelacht habens und noch kecker haben sie's getrieben, die Saumagen. Tritt auf einmal das Mädel in die Stuben, zum Gläserkasten, ich weiß nit, eine Noten oder was hat sie zu wechseln gehabt. Abgezuckt haben die Manner in ihrem sauberen Diskurs, still sind sie gewest und einer hat beim Fenster 'naus geschaut: Schneien tat's anfangen. Ihr lustiges Gesichtl schaut über die Leut hin, nachher ist sie wieder hinausgegangen. Das hat mir gefallen.«

»Im Wald ist's auch so,« sagte der Förster, »wohin die Sonne scheint, da wachsen keine Giftschwämme. – Unsere liebe Frau beschütze uns die Kinder!«

Es war ein Gebet mit Glockenläuten, denn sie stießen klingend die Gläser an.

»Und jetzt komm, Rufmann, und iß mit uns zu Mittag. Bissel Fastenspeise, viel kriegst eh nit.«

»Wenn du dein Wort hältst, auf einen Halberabendkaffee demnächst im Forsthaus.«

Heimkehr ins Forsthaus

Bei dem kleinen Dorfe Eustachen, wo die steile Wand des Ringsteins aufragt, zweigt quer ins Waldgebirge hinein ein Seitental.

Es ist ein Hochtal und heißt auch so. Anfangs ist es so breit, daß an der Tauernach links und rechts schöne Wiesen liegen können zwischen den steil ansteigenden Forsten. Dann engt sich das Tal zu einer Schlucht und vor dieser Stelle steht das Forsthaus. Es ist ein behaglich sich breitender Bau aus lichtgebräuntem Lärchenholz, mit großen, klaren Fenstern, den unvermeidlichen Hirschkronen und Raubvögeln, die mit ausgespreiteten Flügeln an die Giebelwand genagelt sind. Das halbflache Hausdach schützt auch die lange Wandbank an der Hauswand vor Regen; die Sonne, wenn sie über dem Bergrücken doch einmal niederscheint, tut ohnehin nicht weh.

Von dem Sträßlein, das durchs Hochtal und weiter durch die Schlucht geht, führt über die rauschende Ach eine Brücke hinüber zum Hause. Und an dieser Brücke steht die alte Bretterkapelle, die gleichzeitig ein Brunnen ist für Wanderer, so auf dem Wege andächtig oder durstig geworden sind. Im Hochsommer und Herbst sind mitunter Wanderer zu sehen, die übers Hochgebirge wollen oder von demselben herabkommen. Just am Punkte neben der Kapelle kann man im Hintergrunde der dunkelnden Waldschluchten ein schneeweißes Dreiecklein aufragen sehen, das manchen Touristen aus weiten Fernen herbeizieht wie ein gewalttätiger Magnet. Über dem Kapellentürchen steht der Spruch: »Heiliger Eustachius, bitte für uns. In Ewigkeit Amen.« In der Kapelle wo sonst der Altar zu sein pflegt, ragt aus der Wand ein lebensgroßer, aus Holz geschnitzter Hirschkopf hervor, aus dessen Nasennüstern das Wasser sprudelt. Zwischen den mächtigen Geweihen dieses Hirschkopfes, die von einem Tiere stammen sollen, das der Fürst selbst erlegt hat, ragt ein Kruzifix. Also die Legende kündend vom heiligen Hubertus. Nach anderer Legende war es der heilige Eustachius gewesen, dem auf einem Hirschkopf das Kruzifix erschienen. Die Leute meinen, das Wunder wäre gerade in dieser Gegend geschehen, weshalb das Dorf St. Eustachen hieße.

Hinter dem Forsthause steigt steil der Lärchenwald an, der im Sommer das helle zarte Grün hat, um unsere Jahreszeit aber wie ein Gewuste fahler Besen regungslos dasteht. An der anderen Seite des Tales lehnt eine weite, glatte Fläche sachte an, immer höher, bis zu Felsgruppen im Hintergrund. Sie ist noch ganz mit Schnee bedeckt, der fast bis zur Ach herniederreicht und mit unzähligen Tierspuren in kreuz und krumm durchzogen ist. Es ist die Siebentaler-Leiten, die ihr einstiger Besitzer, ein überkluger Bauer, bei einer Wette gegen sieben Taler verspielt haben soll. Sie gehört längst auch dem Fürsten, der im Laufe der Zeit des ganzen Waldgebirges Herr geworden ist, auch der Almen weiter oben, mit Ausnahme von einigen Bauernservituten. Und Herr geworden endlich der Felsenwelt, die belebt ist von Gemsen und Habichten. Weit hinten in jenem wilden Gebirge, auf einer kahlen felsigen Hochebene steht das Jagdschloß, in welches der Fürst alljährlich einmal auf zwei oder drei Tage kommt, um ein paar Dutzend Gemsen zu erlegen und das Fleisch dann an die Bevölkerung der Holzer und Kleinhäusler abzulassen.

Die Besitzungen werden hauptsächlich von der Residenz aus verwaltet; doch das Gebiet der Waldungen und der Almen gehört in das Bereich des Forstamtes, das vom Förster und einem Kanzleischreiber versehen wird. Jäger, die in früherer Zeit auch dagewesen, sind abgeschafft worden. Etwaige Raubtiere erlegt der Förster. Das ist unser Paul Rufmann. Einen vieljährigen Kampf hat es dem Rufmann gekostet, um die waldkulturschädliche Wildhegung in den Forsten abzubringen. Um so zufriedener ist Seine Hoheit jetzt mit dem Forstertrage; ein Umstand, der dem Rufmann den Titel »Oberförster« eingebracht hat, den er aber nicht ausnützt. Vielleicht, daß ihn der Friedl einmal annimmt!

Diesen Förster, der kein Jagdheger ist, mögen auch die Bauern leiden, um so mehr, als er ihnen gelegentlich mit Holz, Waldstreu und Weide auszuhelfen pflegt.

Nun ins Forsthaus tretend, sehen wir in der Vorhalle an der Wand noch die alten Jägersprüche. Es sind verblaßte, tote Buchstaben geworden. Über dem Eingangstore aber hat der Rufmann in großen Buchstaben die Worte malen lassen: »Wer hat dich aufgebaut so hoch, du schöner Wald da droben!«

Das Forsthaus hat mehrere geräumige Stuben. Anstatt der Hirschgeweihe hängen hier Kupferstiche mit Darstellungen aus germanischer Sage, an der Wand auch eine Laute. Der Förster ist zur Stunde in den Bergen.

In einer Kammer neben der Küche hockt auf der Truhe eine kleine alte Person vor dem Wäschekorb. Sie bessert Hemden aus und Hosen und greint ein wenig in die Leinwand hinein, daß diese Manner doch gar alles zerreißen müssen. »Dem Alten halt's kein Hinterer, dem Jungen kein Knie – aber nit etwa vom Beten!« – Rechterseits am Halse hat sie ein nußgroßes Kröpflein, das sachte auf und nieder wurlt, wenn sie greint. Auf dem runden Näschen hat sie große Brillen mit beinener Einfassung sitzen, die immer so weit herabrutschen, daß sie mehr über als durch die Gläser hinausschaut. Auf die Ferne sieht sie ohne Brillen weit besser; es ist nichts und es geschieht nichts im Forsthause, was sie nicht sähe, ja sie sieht sogar manches, aber wohl freilich nicht alles, was andere im tiefen Waldschatten verborgen glauben, oder auch, was morgen und übermorgen sein wird, oder was unter den

Brustleibeln ihres Hausherrn und seiner Kinder vorgeht. Diese umsichtige Person ist seit dem Tode der Förstersfrau hier die Haushälterin und heißt Sali. Sie hat die Familie gleichsam ererbt, ein Vermächtnis der Sterbenden.

Als damals, bald nach der Geburt des zweiten Sohnes, der Frau Cäcilia letzter Tag gekommen, hat sie die Magd an ihr Bett rufen lassen, hat sie bei der Hand genommen und mit schon fast gelähmter Zunge so gesprochen: »Sali, tu meine Leut nit verlassen. Schau, daß sie was zu essen haben und was Ordentliches anzulegen. Tu sie nit verlassen!« Und seither ist's fünfzehn Jahre und die alte Person steht auf ihrem Posten, wird nicht älter und nicht jünger, hat alleweil den gestreiften Lodenkittel an, und beim Flicken oder Sonntags über dem Gebetbüchel die großen Brillen auf, greint alleweil ein wenig und bleibt immer gleich umsichtig und verläßlich. Sie für sich selber scheint nicht zu existieren, nur für »ihre Leut«. Aber ein paarmal im Jahre hat sie »die bösen Täg«. Da brummt und greint sie nicht, da ist sie stumm wie ein Grab, aber nicht ganz so friedsam, da wirft sie die Holzscheiter hin und her, daß es poltert, da schlägt sie die Türen zu, daß das ganze Haus schüttert, da stößt sie Töpfe und Teller in Scherben – um am nächsten Sonntag dafür wieder neue anzuschaffen, in aller Demut von ihrem eigenen Gelde.

Das also ist die Haushälterin Sali, die jetzt in der Kammer am Wäschekorbe hockt, auf einmal aber das weißbehäubte Köpflein hebt und horcht. In der Nebenstube hat sie etwas gehört. Und schreit mit scharfer Stimme: »Wer ist denn da?« Und geht nachschauen, und tut einen hellen Schrei, halb in Schrecken und halb in Freuden. Mitten in der Stube steht der Elias. Das Studentel!

Er schmunzelt ein wenig und reicht ihr die Hand.

»Aber Jessas Mariassas Joselas!« ruft sie aus. »Bist denn *heut* schon da? Zum Samstag hat dich der Vater erwartet! Na, weil d' nur da bist. Aber g'spitzt ausschaun tust, Elerl! Ja was denn, was tut dir denn fehlen?«

»Ah, nix weiter. Bissel mattschlachtig,« gibt der Junge zur Antwort.

»Mattschlachtig sagst! Werden wir schon machen. Will dich schon aufpappeln, aber heimbleiben mußt, nit gleich wieder fortlaufen. Das dumme Lernen da! Mag's eh was nit ausstehn, das dumme Lernen. Geistlinger kannst ja so auch einer wer'n, wenn d' nur fromm bist. Mit 'm Lernen ist noch kein Mensch in den Himmel kommen. Aber, weil's wahr ist! – Gib her den Zegger!« Sie nahm ihm die Seitentasche ab, »aber so ein schweren Zegger schleppen!«

»Bücher hab' ich drin.«

»Und hast die Kammertuchhemden mitbracht? Nit? Ja, du heiligs Kreuz, was wirst denn anlegen daheim? Die rupfenen, die werden dem jungen Stadtherrn wohl schon zu viel kratzen.«

»Ah na, das macht mir nix,« sagte der Junge, »wo ist denn der Vater?«

»Häst geschrieben, wann du kommst, wär er heimblieben. Wo wird er denn sein? Bei den Holzknechten im Teschenschlag. Der Friedl auch. Na, weil d' nur wieder da bist. Dein' Kaffee kriegst jetzt. Derweil wird die Stuben warm. Nur nit gleich ungeduldig. Daß die jungen Leut schon einmal gar keine Geduld haben!«

»Aber Sali, ich hab' ja nichts gesagt, es eilt ja nicht.« Er mußte lachen, wie sie ihm gleich wieder Fehler ansinnen wollte, um darüber greinen zu können. Er warf das weiche Filzhütlein auf die Bank, legte seinen lodernen Oberrock ab; nun stand das schlanke, dunkelgraue Studentlein da. Das nußbraune Haar war schräms über die Stirn gelegt, es war ein wenig feucht, so daß die Sali gleich ihren Schürzenzipf hob, um ihn abzutrocknen. »Schwitzest ja wie nit gescheit! Mit dem närrischen Laufen allemal! Wirst dir noch sauber die Lungen kaput rennen!« – Unter seiner breiten Stirn die braunen Augen blickten weder krank noch traurig, aber gegen das Kinn herab wurde das blasse Gesicht bedenklich schmal und spitzig. Trotzdem stand die schon leicht ins Steirische biegende Nase und die kecklich aufgeschwungene Oberlippe munter in die Welt, in die Welt seiner freien, goldenen Waldjugend. Wieder daheim!

»Was macht denn der Waldl?« fragte er und eilte hinaus in den Hof zu dem Hundekobel. Das schöne Tier mit dem glatten kästengrauen Fell sprang ihn vor Freude so heftig an, daß er schier nach rückwärts taumelte. Sie scherzten miteinander und der Junge ließ ihn sofort alle Kunststücke treiben, die sie im vorigen Sommer miteinander eingelernt hatten. Aber die Sali kam bald nach, packte ihn fest bei der Hand und führte ihn aus der frostigen Märzluft in die Stube zum heißen Kaffee.

Abends das Wiedersehen mit Vater und Bruder war scheinbar gelassen. Sie küßten sich nicht, sie reichten sich ruhig die Hand, und der Förster fragte nur: »Ja, wo fehlt's denn, Elias?«

Der zuckte rasch die Achseln. Er konnte es wirklich nicht sagen.

»Sie haben halt gesagt, ich soll jetzt einmal heimgehen.«

»Beim Lernen – hat's doch nichts?«

»Hab' eh das Zeugnis mit,« antwortete der Junge. Als der Förster dasselbe durchlas, nickte er sehr wohlgefällig mit dem Kopf. »Friedl,« sagte er zu dem andern Sohne, »da könnte sich jemand ein Beispiel nehmen. Schau nur gerade einmal da her: Fleiß ausdauernd, Sitten musterhaft.«

Der Friedl schritt, die Hände in den Hosentaschen, in der Stube auf und ab. Das war er schon gewohnt, unter der Hand immer so ein bißchen erzogen zu werden. Weil einen halt 's Leben freut. Die paar Jahre Realschule in Löwenburg bei den lustigen Kameraden, die haben doch nichts verdorben, im Gegenteil, da sind wir erst inne worden, was es auf der Welt für feine Sachen gibt! – Mit einem gutmütigen Bedauern blickte er auf seinen Musterbruder.

Dieser wieder betrachtete den leichtlebigen Friedl, der daheim so stattlich und hübsch aufgewachsen war. Wie eine junge Tanne, so gerade stand er da, im gebräunten Gesicht die schwarzen Augenbrauen, den kleinen, dunklen, leicht gewirbelten Schnurrbart. Die Nase, deren Entwicklung seit Jahren seine Sorge gewesen, war nun sein Stolz geworden; so stattlich wächst sie sich aus, und es ist kein Zweifel mehr an ihrem kühnen Adlernasenschwung. Besonders wenn man auch noch ein bißchen nachhilft.

Zum Abendessen gab es des Heimkömmlings Lieblingsspeisen. Rahmsuppe und Eier in Essig. Derlei war im Seminarium auch nicht ein einziges Mal vorgekommen. Dort lebt man von Reis, Wurst, Kartoffeln, Latein und Griechisch.

Nach dem kleinen und frohen Mahle, als der Friedl schon in die Schlafstube vorausgegangen war, kramte Elias aus der Ledertasche die Geschenke hervor, die er mitgebracht hatte. Für den Vater ein Gummibecherlein, womit er an Waldquellen Wasser schöpfen und trinken konnte. Für die Sali ein Muttergottesständel aus weißem Porzellan. Dafür ward er ausgezankt. Das habe er sich gewiß wieder vom Mund abgemagert. Ja, dann glaube sie's freilich. Vom Sachenwegschenken werde man nicht fett. Ob die Muttergottes auch schon ihre heilige Weih' hätte? Noch nicht? »Wird ein sauberer Geistlinger werden, der ungeweihte Heiligenbilder verteilt! Aber g'freun tut's mich wohl, du Donnersbub du, daß d' auf die alt Sali nit vergißt!«

Als Elias in die Schlafstube kam, die er mit dem Bruder von jeher gemeinsam hatte, stand der Friedl vor dem kleinen Wandspiegel und tat mit den Fingern an der Nase herum.

»Was machst denn, Friedl?«

»Nasen kneten. Weißt, daß sie einen schönen Schwung kriegt.«

Elias entgegnete weiter nichts, sondern brachte einen in Papier gewickelten länglichen Gegenstand zum Vorschein.

»Ein bissel was mitgebracht habe ich dir, Bruder.«

»Was, Zigarren? O du goldener Kerl!«

»Nein, Zigarren sind das nicht. Die Zigarrenraucher werden lauter Abbrandler, sagt unser Deutschprofessor, und können sich vorher nicht einmal assekurieren lassen.«

»Raucht der Herr Professor nit?«

»Nur schnupfen.«

»Assekuriert?«

»Geh weiter! Schau her da! Du hast nie einen Schnitzger im Sack.«

Ein Taschenmesser wickelte er hervor, das hatte eine schimmernde Perlmutterschale und mehrere Klingen.

»Und das gehört mein?« rief der Friedl, die große funkelnde Stahlklinge gleich aufklappend. »Hat's auch einen Stoppelzieher?«

»'s ist eine Kapfenberger Klinge. Aber nicht zum Verlieren! Zum Behalten!«

»Und zum –,« der übermütige Bursche machte mit dem offenen Messer eine Geste gegen den Hals des Studenten.

»Fahr ab!« verwies dieser. »Du bist alleweil der gleiche. Solche Dummheiten mußt du dir abgewöhnen. Drei Tag Karzer bei uns, wenn einer so was saget.«

»Was kostet das Lot Spaß bei euch im Seminar?«

»Ich versteh dich nicht.«

»Und den Spaß auch nit. Der Bär hat ihn gefressen, gelt? Aber das macht nichts. Ihr braucht keinen, habt eh die Gescheitheit.«

»Pack ein mit der deinigen!«

»Gern haben muß man sie ja doch, die gescheiten Herren Studenten, weil sie so schöne Taschenmesser mit heimbringen.«

Sich so zu necken, das war immer ihre Gewohnheit, und dem Elias tat es ordentlich wohl, daß er hier einmal der moralisch überlegene sein konnte. Im Seminar gab's das nicht, dort war jeder überlegen, zwar nur untereinander. Aber vor den Professoren gehorsame Diener.

Als sie schon in ihren Betten lagen und das Licht ausgelöscht war, erhob Elias noch einmal seine Stimme, gedämpft sagte er: »In Ernst, Friedl, deine Torheiten mußt du dir abgewöhnen. Nasen kneten! Laß deine Nase wachsen, wie der Herrgott sie haben will. Bist ja doch kein Frauenzimmer, daß du so eitel sein müßtest. Hast du bei unserem Vater einmal eine solche Kinderei gesehen?«

»Ha, ha!« lachte der Friedl auf, »ich laß auch meine Söhne nit zuschauen beim Nasenkneten.«

»Du bist frivol, Friedl, du bist einfach frivol! Deswegen habe ich den Vater genannt, daß du dir an ihm ein Beispiel nimmst. Hörst! und jetzt gute Nacht!«

Begann der Friedl in seinem Bette singend das Sprüchlein zu lallen:

»Die Predigt ist aus,

Der Pfaff geht zum Schmaus,

Die Katz zu der Maus.«

Ein paar Minuten später schnarchten beide.

Am nächsten Morgen beim Waschen und Anziehen wollte der Friedl gleich wieder plaudern, aber der Elias war wortkarg. Er wird beten, dachte der Friedl, er wird wahrscheinlich schon Brevier beten müssen. So inwendig. Aber als der Student auch später in sich gekehrt blieb, wurde der Friedl besorgt, er könnte den Bruder gestern beleidigt haben. Dann mußte er ihn wieder gut machen. Und mußte bewiesen werden, daß auch er ihm nichts nachtrage, obschon – wie er fand – das Stadtherrlein eigentlich ein bißchen impertinent gewesen war, gestern bei dem Schlafengehen. Unter allen Umständen Friedensschluß. Als Elias die Sachen aus der Tasche in den Kasten einordnete, trat der Friedl vor, legte ihm die Hand auf die Achsel und sprach recht weich und warm: »Brüderl, du könntest mir einen Gefallen tun.«

»Warum denn nicht?«

»Du hast gewiß noch was. Ich hab nix mehr. Geh, sei so gut. Bis auf den ersten April.«

»Aber viel habe ich nicht!«

»Wenn's auch nur ein paar Zehnerln sind.«

Schneeweiße Jugendlust

Es würde nicht genug Schnee sein, hatten die Burschen von Eustachen besorgt, als der Förster-Friedl sie damals eingeladen zum Rodeln. Aber es war jetzt zu viel Schnee. Es schneite wie mitten im Winter.

In den Mittagsstunden, als sie zusammenkamen vor dem Forsthause bei der Kapelle und als sie die Siebentaler-Leiten in Angriff nahmen, ging es noch recht gut. Da stapften sie, jeder seinen leichten, selbstgezimmerten Rodelschlitten auf dem Rücken, munter bergan. Der Friedl voraus, hinter ihm die Kameraden, zwei Gerhaltsöhne aus Eustachen, die Richterbuben, wie sie genannt wurden, weil ihr Vater, der Gerhalt, seit vielen Jahren Dorfvorsteher war. Sie schleppten gemeinsam einen dreisitzigen Schlitten. Neben ihnen strampften die Säbelbeine des kaiser-königlichen Straßenschotterers Kruspel, der an diesem Tage, obschon Sonntag war, eigentlich kaiser-königlicher Schneeschaufler sein sollte, wenn ihm nicht das Rodeln mehr Vergnügen machte. Er bestand auf seiner »Sonntagsruhe«, bei der er sich anstrengte, wie sonst die ganze Woche nicht. Dann noch ein paar Holzknechtbuben und hinterdrein Elias, der keinen Schlitten hatte, weil er als Patient vom Vater nicht die Erlaubnis bekommen, mitzutun.

Unter allen Umständen dabei sein wollte er doch, so hatte die Sali ihn vom Kopf bis über den Bauch hinab mit Tüchern eingewickelt wie eine Mumie. Als der Junge in dieser Tracht vom Hause so weit entfernt war, daß er im Schneegestöber nicht mehr gesehen werden konnte, riß er sich die Tücher vom Leibe, eines nach dem anderen, warf sie in die Kapelle und stapfte in seinem gewöhnlichen Rocke den anderen nach, die steile Leiten hinan. Hatten die Burschen doch ihre Jacken aufgeknöpft; es war gar nicht kalt. Elias bekam, wie die anderen, rote Wangen, das erste Mal, seit er aus der Stadt gekommen war. Und je schärfer die Schneeflocken ihn anflogen, je glühender wurde sein Gesicht. Nach einer Weile wurde die Leiten (Berglehne) ein wenig flacher, um dann neuerdings steil anzusteigen bis zu den Felsgruppen, die, so licht sie zur Sommerszeit ins Tal schimmern mochten, heute grau sich über dem weißen Schnee erhoben. Länger als eine halbe Stunde hatten sie zu stapfen gehabt, dann waren sie oben bei diesen Wänden und das Abfahren begann.

Jeder setzte sich auf seinen Schlitten, lehnte sich rücklings, streckte die Beine hoch und glitt davon. Fast lautlos geschah alles; sie nahmen sich nicht Zeit zum Sprechen, noch weniger zum Singen und Jauchzen, die Gier nach dem Abfahren war zu groß. Und zu köstlich, wie sie nun durch den scharf schneidenden Wind flogen, in einem Meere von Weiß, still und zart, als schwebten, sausten sie in den freien Lüften. Das Feuer einer großen Lust glühte auf allen Gesichtern.

Elias stand oben und blickte ihnen nach, wie sie davonschliffen, immer rascher und tiefer hinab, bis sie im Gestöber, Nebel und aufgewirbelten Schneestaub verschwanden. – Was wird er jetzt tun? Er schaute ungewiß in die stöbernde Luft auf. Sein Bruder hatte ihn noch geneckt, er solle doch warten, bis sie wieder heraufkämen, und nicht gleichwie sein hebräischer Namensheiliger in den Himmel hineinrodeln auf feurigem Schlitten. Das hatte der Junge einstweilen auch gar nicht im Sinne. Vielmehr trachtete er sich irdisch zu beschäftigen und Geschöpfe zu formen nach Gottes Ebenbilde. Als sie nach einer Stunde wieder herausgekommen waren, lachend und keuchend, da war ein stattlicher Schneemann fertig, der auch schon Arme hatte und sie ausstreckte, entweder um die Welt zu segnen oder sich sein gutes Teil von ihr zu nehmen.

Mittlerweile war das Schneegestöber so dicht geworden, daß es keine Flocken mehr waren, nur ein unendliches Gestäube, das nicht fünfzehn Schritt weit sehen ließ. Noch einmal hatten sie es mit dem Abfahren versucht; die Kufen kamen in dem tiefen, feuchtflaumigen Schnee nicht recht vorwärts. Aber das gab keine weitere Verlegenheit. Lustig begannen sie Schneemänner zu bauen, Schneebären, Schneehirschen, Ungetüme mit drei Hörnern, mit zwei Köpfen, mit aufgespreiteten Rachen, ein wüstes Geschlecht, das mitten in dem Gejohle der Väter lautlos dastand. Nun fiel plötzlich einem der Schneemänner der Kopf vom Leibe und kugelte sachte weiter, bis er liegen blieb.

»Oho, Köpfel!« rief der Friedl, »wenn man einmal was angeht, muß man nit faul werden und liegen bleiben. Weiter!« Er begann den Ballen weiter zu wälzen und der wurde mit jeder Umdrehung größer, jetzt wie ein Zuber, jetzt wie ein Faß, jetzt wie eine Heufuhr – und da wollte er liegen bleiben, denn es war der Boden flach. Hei, wie die Jungen dranstürmten, wie zehn Hände hoben und schoben, um die Wucht weiterzuwälzen. Träge und schwer schlug sie über, einmal, zweimal, zuerst langsam wachsend, immer wachsend, breiter und höher, ein massiger Riesenklumpen, wie ein Haus so groß, wie einer jener Felsklumpen, die sich bisweilen im Gewände loslösen, hinabdonnern, um unten auf grüner Wiese jahrtausendelang als ein Denkmal des Schreckens liegen zu bleiben. Nun kam das weiße, sich mit jedem Augenblicke vom Boden mächtiger mästende Ungeheuer an die Stelle, wo der Hang steiler wird, und nun wirbelte es hinab – hinab – und verschwand im Gestöber. Durch das stille Schneien drang ein dumpfes Dröhnen herauf.

»Jesus, das Haus!« schrie grell die Stimme des Elias. »Das Haus ist hin!«

»Das Forsthaus!«

»Schnurgrad drauf los!« rief der Kruspel mit kreischendem Lachen. »Beim Kugelschieben muß auch der Kegel fallen, mein Lieber!«

Dünn zitterte die Luft. Wie ein hohles Branden aus der Tiefe, so kam es herauf, dann ein gedämpfter Knall, als ob etwas geplatzt wäre, und dann Stille. – Der weiße, unermeßliche Schleier sank lautlos vom Himmel.

Als ob die warmlebigen Burschen selbst Schneemänner geworden wären, so starr standen sie da, schwer erschrocken auch der boshafte Kruspel. Friedl und Elias waren totenblaß. Der Vater ist zu Hause gewesen ...

Endlich huben sie an, mit zitternden Beinen talwärts zu gehen. Der Friedl versuchte vergeblich den Schlitten. Der Schnee reichte bis an die Knie. Rasch und rascher kamen sie trotzdem zur Tiefe. Schon hörten sie die Ach rauschen, alles übrige verdeckte noch der schneiende Nebel. Der Friedl blieb stehen, legte die Hand aufs Herz und sagte: »Elias, ich kann nimmer weiter!«

»Komm, Bruder! Unser Herrgott! Vertrauen wir!«

Er zog ihn mit sich. Beider Augen wie Spieße in die Nebel stechend. Jetzt – dort – ein dunkler Streifen. Die Tauernach. Höher hin eine dunkle Fläche, als ob blauer Rauch stünde. Das ist der Lärchenwald hinter dem Hause. Alles andere grau in grau. Siehst du? Ist dort nicht? Das ist die Tanne, die hinter dem Garten steht. Und wieder verschwimmt alles im blassen Schneewirbel.

»Wenn er nicht mehr ist, Friedl?« sagte Elias stockend, »wenn er nicht mehr ist?«

»Ich hab's getan!« sprach der Friedl vor sich hin.

»Sei nicht dumm. Gott hat's getan und niemand anderer.«

»Dort steht es ja!« jauchzte Friedl hell auf.

Jenseits des Baches stand klar das dunkle Viereck des Forsthauses.

Doch als sie dann zum Hause hin wollten, über die Brücke, war diese verschüttet von einer wüsten Schneewucht. Da lag der zerschellte Ball. Es war nichts geschehen, auch die Brücke stand.

»Aber mir kommt's doch anders vor wie sonst. Wo ist denn die Kapelle?«

»Die Kapelle ist nicht mehr da. Sie liegt unter dem Schnee.«

Die Burschen aus Eustachen haben sich sachte verzogen. Die beiden Brüder kletterten über den Schneehügel auf die Brücke und gingen zögernd dem Hause zu, das im Schleier der sinkenden Flocken stille dastand. An der Türe sind sie eine Weile verblieben. Der Friedl legte seine Hand an die Klinke und drückte doch nicht nieder.

Elias sagte: »Gelt, Bruder, wir wollen nimmer übermütig sein!«

Der Friedl nickte bedenklich mit dem Kopfe: »Wenn uns heut' der Alte karabatscht!«

Der Alte tat nichts, er wußte es ja auch nicht, welcher Spatz die »Schneelawine« veranlaßt hatte. Aber die Sali! Die machte kein schlechtes Wetter, als sie den ohnehin immer kränkelnden Studenten durch das Schneegestöber herankommen sah. Und zwar ohne Überrock und ohne alle jene Umwicklungen, mit denen sie ihn mittags unter Einschärfung strengster Obacht entlassen hatte.

Das Beängstigende zuerst war, daß sie nicht greinte, daß sie schwieg. Dann fuhr sie sich verstohlen mit ihrer Schürze über das Gesicht und endlich sagte sie ganz gedämpft: »Mit den Kindern ist wohl ein rechtes Kreuz!«

Dann fragte sie den Jungen: »Ja so sag mir doch um Gottes willen, seit wann ist's denn, daß der Mensch sich selber darf umbringen!«

Aber die Betrachtungen dauerten nicht lange. In drohendem Zorn befahl sie dem Elias, sich ganz augenblicklich auszuziehen und ins Bett zu legen. Dieweilen brüllte im großen Ofen der Schlafstube auch schon das Feuer. Die Sali wärmte an demselben schleunigst die Bettdecken und warf sie über den Jungen. Alle Decken und Kotzen und Kissen, die im Hause zu finden, trug sie herbei und schichtete sie über den armen Elias, daß er kaum Atem holen konnte. Solange er noch zu sprechen vermocht, hatte er beteuert, daß ihm ganz und gar wohl sei, daß er sich gewiß nicht erkältet habe. Sie wies nur auf sein nasses Gewand, und es half ihm nichts, er wurde lebendig begraben.

Mittlerweile tat die Hilfsmagd schon spanischen Tee kochen, den er heiß verschlucken mußte. Ferner bekam er für die Nacht an den Füßen noch einen heißen Backstein und heiße Hafendeckeln über den Magen.

Der Junge benützte die Lockerung der Hüllen, um immer wieder auszurufen: »Aber Sali, mir fehlt ja nichts. Ich bin ja ganz gesund.«

»Macht nix. Du wirst schwitzen.«

Das tat er im Übermaß.

Gegen Mitternacht, als er buchstäblich in Schweiß gebadet war, versorgte sie ihn mit frischer, durchwärmter Wäsche, trug dem Friedl auf, alle halbe Stunden nachzusehen, ob der Bruder gut zugedeckt sei, fühlte ihm noch den Puls, ob nicht doch das Fieber da wäre, zog dann mit dem rechten Daumen über sein Gesicht ein Kreuz, und endlich ging sie beruhigt in ihre Kammer.

Am nächsten Morgen war der Student frisch und munter. Die Sali sprach nichts mehr von der Sache, gehabte sich aber den ganzen Tag in jener getragenen Stimmung, die der Mensch nach einer großen Tat empfindet. Sie hatte ja dem lieben »Geistlerbuben« das Leben gerettet!

Der Schligerwitz, der Schligerwitz, der ist ein guter Spatzenschütz!

Seit dem Rodeln und dem bedenklichen Schneeballen auf der Siebentaler-Leiten waren kaum drei Tage vergangen, als der Försterfriedl fand: »A Hetz ist's g'west!« Den Eustacher Kameraden ließ er durch einen Baumrindenführer kund und zu wissen tun, sie sollten am Palmsonntag in die Bärenstuben hinaufkommen zu einem ordentlichen Schneeballwälzen.

Drei Büchsenschuß weit hinter dem Forsthause, beim sogenannten Hals, wo das Tal sich engt und die Tauernach, neben ihr das Sträßlein sich windet, zweigt rechter Hand ein Graben ab. Ein steiniger Weg, der sich immer mit einem ungebärdigen Bächlein verflicht, führt hinein zu einem Talkessel. An den Lehnen Wald; Holzschläge und, steile Matten. Der Talboden ist eine Schutt- und Sandhalde, auf deren geschützteren Stellen Erlengebüsch wuchert. An die Berglehne gebaut ist eine ganze Stadt von Scheiterstößen, und davor eine Köhlerei mit rauchenden Meilern. Dieser hochgelegene Talkessel heißt die Bärenstuben. Von Zeit zu Zeit geht das Gerede um, daß dort in unzugänglichen Höhlen noch Bären hausen, die in die Ziegenherde der Holzknechte brächen und sogar die Almkühe nicht verschonen. Es heißt, man finde wirklich bisweilen zerrissene Körperteile einer Ziege oder eines anderen Tieres; den Bär will auch mancher gesehen haben. Wenn der Förster der Sache aber näher auf den Grund geht, verflüchtigt sich alles und bleibt nichts zurück als die Bärenstuben mit den Holzknechten und dem Krauthasen.

Der Krauthas, das ist der Kohlenbrenner, den wir schon einen Augenblick gesehen haben, und zwar bei jenem Faschingbegraben mit der Siebenschellenkappe, dererwegen die Leut ihn mit dem Rufe »Schellsiebener« gefeiert haben. Eine größere Ehre ist diesem Manne sein Lebtag nie widerfahren.

In den Gruben und schattigen Mulden waren zurzeit noch Schneeaugen. Die Berghänge im Hintergrunde des Kessels blinkten in der Sonne blendend weiß, als ob dort der Schnee überglast wäre.

An der Köhlerei war es, wo die Burschen zusammenkamen. Der Friedl wußte in diesen Gegenden Bescheid. Da mußte er sich die Woche über plagen im Holzschlag, da durfte es Sonntag wohl einmal auch eine Lustbarkeit setzen. Elias war nicht mitgekommen. Er habe an dem Schneeballen auf der Siebentaler-Leiten gerade genug gehabt.

Den Krauthasen fanden sie hoch auf einem der runden, rauchenden Meiler stehen und mit einer Krücke die Lösche festpracken an Stellen, wo Feuer zum Vorschein kommen wollte. Der Köhler, ein schlanker, hagerer Mann, war über und über schwarz. Die schlotternde Zwilchhose, mit einem Strick festgebunden, war einmal grau gewesen. Die gestrickte Wollenjacke des Oberkörpers war einmal rot gewesen. Die Tuchmütze auf dem Kopfe war einmal blau gewesen. Jetzt alles schwarz. Im verrußten Gesichte das Weiß und die roten Ränder der Augen, da guckte aus dem Teufel der Mensch hervor.

»Krauthas, steig herab und gib uns ein Schligerwitz!« rief der Friedl dem Köhler zu.

Der torkelte gleich vom Meiler.

»Junge, saubere Herren da? Muß man wohl, muß man wohl gleich!« Ein dünnes, fistelndes Stimmlein. Den Kopf neigte er schelmisch lauernd vor; das seine gewöhnliche Haltung, denn der Krauthas war »gnackbucklig«.

Sie gingen in die Hütte. Die war dunkel, aber geräumig. Drei kleine, niedrige Fenster ließen wohl so viel Tag in das Blockhaus, daß auch ungeübte Augen imstande waren, die Einrichtung zu unterscheiden. An der Ecke ein roh gemauerter Herd mit glosenden Kohlen, daneben eine Bretterpritsche mit Stroh und einem alten Lodenmantel. Dann eine Truhe, als Vorratskammer verwendet. An der anderen Wand mehrere ungefügig gezimmerte Brettertische. In früherer Zeit war noch ein zweites Bett dagewesen, in dem das Weib und das Töchterl beieinander geschlafen. Seitdem aber das Weib durchgegangen und das Töchterl »in Diensten« verreist war, wie der Krauthas sagte, konnte aus der Bettstatt ein Tisch gebaut werden für Gäste. Holzknechte sprachen gerne zu, auch Rinden- und Kohlenführer, im Sommer auch Halter, denn der Krauthas schenkte einen Fusel, den er »Schligerwitz« nannte.

Nun stellte er – »wieviel seid Ihrer denn? Siebene?« – sieben Stengelgläschen zurecht, hob aus der Truhe einen irdenen Plutzer und ließ mit feierlicher Gebärde das gelbliche Brünnlein rinnen.

»Packt ihn an, Prinzen!«

Das kratzte einmal, so daß die Buben mit scharfen Atemstößen aus der Brust ihre Kehlen ausfegen mußten. Der Friedl warf eine Krone auf den Tisch, sie drollerte eine Weile und blieb endlich liegen. Das ist für alle.

»Wir müssen anrucken.«

»Wohin wollt ihr denn?« fistelte der Köhler.

»Auf die Wildwiesen, Schneekugel treiben.«

Der Krauthas drehte den Kopf schief, schielte so in die Krume. »Schneekugel treiben? Auf der Wildwiesen? – Teuxelsbuben seid ihr. Darf ich nachkommen mit einem Plutzerl?«

»Gilt schon! Komm nach!«

»Schau, schau!« pipste der Köhler, »auf der Wildwiesen, da werden s' dir aber nit schlecht herabteuxeln!«

»Schaden tun können s' nit da drinnen,« sagte der Friedl.

»Wenn s' kein' Bären treffen. Sonst nit. Na, alsdann, meine Herren, ich komm nach!«

Dann voran durch das Hochtal. Weg und Wasser hatten im Sande sich verloren, die Burschen gingen, sprangen, hüpften über das Steinwerk so dahin.

Blieb auf einmal einer der Gerhaltsöhne stehen, schaute himmelwärts und sagte: »Das ist g'spaßig. Nit ein Fetzerl Gewölk, und mir ist's gewest, als hätt's gedonnert.«

Weiter drinnen begegnete ihnen ein alter Holzknecht. »Wo denn hin, Buben?« fragte er.

»Auf die Wildwiesen.«

»Auf die Wildwiesen?«

»Tut's der Schnee? Wir wollen Schneekugel treiben.«

Der Alte schaute mit Staunen den Friedl an.

»Und der Försterische will auch mit? Der sollt's doch wissen. Schneekugel treiben, jetzt im Frühjahr, wo die Lahnen abgehen! Seit gestern fahren sie. Man kann's eh hören. – Buben, da ist's nix mit dem G'spiel!«

Sie schauten einander an und berieten sich. Es war dumm. So weit herein und umsonst. Die einen wollten doch hinauf. Aber der Friedl war jetzt für die Umkehr.

»Ich hab's halt nicht gewußt, Kameraden, daß der Teufel schon jetzt roglig wird. Die Lahnen heben doch sonst erst nach Ostern an.«

»Ganz nach dem Wetter,« sagte der Holzknecht. »Jetzt gehn's halt einmal ab. Laßt sich nix machen. Na, tut wie ihr wollt, g'sagt hab ich's euch.« Und ging mit geknickten Knien weit ausschreitend seines Weges.

In den Bergen war wieder ein dumpfer Donnerhall.

»Wißt was, Buben,« schlug der Friedl vor, »gehn wir zurück. Kehren wir beim Krauthasen ein auf ein Schligerwitz.«

So haben sie es auch gehalten und ist's gar lustig geworden in der dämmerhaften Kohlenbrennerhütte.

Der Krauthas gestand, er habe sich wohl gedacht, daß sie ehzeit wieder zurückkommen täten. Und er war bereit. Vom Gesicht hatte er sich den Kohlenstaub gewaschen, daß es nun beinahe menschlich aussah. Der Mann war jünger, als er auf seine geknickte Körperhaltung hin geschätzt wurde. Das Gesicht war mager und wies doch keine rechten Knochen. Um die Mundwinkel hatte es Halbringe. War auch glatt rasiert. Nicht ein Härchen im ganzen Gesichte. Schier wie ein ältlicher Dorfschulmeister. Aber nur, solange er den Mund nicht auftat. Sonst kamen bisweilen unschöne Dinge hervor. Seine Sprücheln und Liedeln, da mußte einer schon mehr als ein Glasel Schligerwitz getrunken haben, wenn sie ihm Spaß machten. Er wartete auch weislich die Zeit ab. Unterhielt die Gäste mit kleinen Taschenspielerkünsten. Gar bedächtig und ehrbar setzte er seine Rede, bis er merkte, daß der Ofen geheizt war. Dann begann er vorsichtig loszulegen und sachte kam es immer dicker und dicker. Dabei das ernsthafteste Gesicht von der Welt.

Nun huben sie einmal an und steckten Pfeifen in Brand. Der Friedl hatte eine Zigarre und zwickte ihr mit dem neuen Taschenmesser die Spitze ab.

»Zwicken tät's gut, aber Stoppelzieher hat's keinen.«

Sie standen und lehnten so herum. Es war noch nicht viel los. Den Burschen tat der Branntwein nicht recht schmecken. Und der kaiser-königliche Straßenschotterer wollte der klügste sein. Er goß einige Tropfen Schnaps auf die hohle Hand, rieb sie mit beiden Händen ein und roch. Dann hielt er die Hand dem Nachbar hin: »Riech einmal!«

Der tat's. »O du! Wasch dich besser!«

»Das ist nit die Hand, mein Lieber, das ist der Schnaps.«

»Junger Herr!« lispelte der Krauthas, und um die Mundwinkel spielten zuckend die Halbringe. »Du mir mein Schligerwitz nicht schmachen! Der ist wohl ein gar guter Kamerad, muß ich dir verraten. Hast eh kein Schneid! Sauf Schligerwitz!«

Und mit dem Kopfe den Takt wiegend, trällerte er grinsend:

»Der Schligerwitz, der Schligerwitz,

Der is a guater Spatzenschütz,

Der macht a Schneid und gibt a Hitz,

Der Schligerwitz!«

»Halt's und bring was z' trinken! Hast kein' andern?«

»Wisset, bedenket, meine Herren,« bekannte nun der Köhler, »dasmal ist er nit recht g'raten. Sechs Jahr bin ich Soldat g'west. Und dennoch gehen's auf mich los wie die Hund. Weil ein armes Leut nix haben darf. Verboten haben's mir das Brennen. Heimlich muß ich's tun – bei der Nacht. Da muß mir was in den Kessel sein g'fallen oder was immer. Ich kenn's eh selber, er hat ein Gruchen.«

»Larifari. Brennt hast was Schlechtes. Soll ich dir sagen, was d' brennt hast?«

Beim Jackenflügel faßte der Köhler den Gerhaltbuben, der so gefragt hatte, zerrte ihn abseits, als ob's die andern nicht sollten hören dürfen, und flüsterte: »Ein guten Weiberleutfanger hätt ich.«

Der junge Gerhalt verstand das nicht. Der Kruspel aber, der gelauert hatte, verstand es.

»Her damit, Krauthas!« kreischte er.

Da begann der Köhler mit Umständlichkeit an dem Riedheu herumzutun, das dort im Winkel gehäuft war, und es kam ein Fäßchen zum Vorschein. Roter Schnaps, süß und süffig. Von dem da, so berichtete her Köhler, täten die Holzknechtburschen im Sommer, wenn sie auf die Alm gehen zu den Schwaigerinnen, gerne mitnehmen. »Zum Drankriegen.«

Der schon, der tat's.

»Gelt!« sagte der Krauthas, strich dabei an den Friedl und fragte, ihn vertraulich angrinsend, ob ihm nichts wäre?

»Was soll mir denn sein?«

»Na ja – hab halt g'meint. – Was sagt ihr zu dem da?«

Ein Büschel Spielkarten warf er auf den Tisch.

»Die sollst erst einmal ins Bad schicken,« spottete der Friedl.

»Geh, meinst?« entgegnete der Krauthas pfiffig. »Kunntst dich ja von der Herzdam nit trennen!«

»Wer, ich?«

»Tragst sie eh Tag und Nacht an deiner schneeweißen Brust.«

»Ich? Wen? Die Herzdam?«

»Wettst was, du tragst auch jetzt die Herzdam unterm Brustfleck?«

»Die wird wohl bei ihren Kameraden liegen,« sprach ein Gerhaltssohn und suchte im Kartenbüschel nach der Herzdame.

»Selm wirst sie nit finden,« gixte der Köhler, »die duckt sich jetzt an des jungen Herrn Fridolin Rufmann sein heißes Herz.«

Der Friedl konnte nicht einmal lachen, so schlecht war der Witz.

»Was wettest?«

»Was du willst, Narr.«

»Ein Fassel Rosoli.«

»Wegen meiner!«

»Alsdann nachher greif halt einmal eini,« sagte der Krauthas gemütlich.

Der Friedl tastet in seinem halboffenen Westenlatz herum. »Teuxel, was ist denn das da drinnen?« Und wie er die Hand hervorzieht, hat er die Herzdame.

Gelächter, Geschrei. Mit einem heiteren Fluche schleudert er das schmutzige Blatt in den Winkel. Und jetzt bezahlt der Friedl allen Rosoli, der heute getrunken wird. Von dem konnte man schon mehr hinabtun, der kratzte nicht, der schmeichelte.

Plötzlich ging der Kruspel auf den Kohlenbrenner los: »Du, sag mir einmal, wo hast es denn? Wo hast es denn versteckt heut?«

»Was versteckt?«

»'s Menschl!«

»Ah, das meinst. Das ist jetzt in Löwenburg unten. Der Fratz hat Glück. Ist eine Stadtdam worden. Na, ich glaub's, daß sie sich dorten besser steht wie in der Bärenstuben.«

Der Kruspel zog seinen langen Kinnbacken auf und nieder und sagte: »Geh, schwarzer Ganggerl, tu uns den Gefallen und tausch mit ihr. Nachher werden wir uns auch besser stehen.«

»Gib du lieber Achting, Kruspel, daß dir dein Kinnbacken nit abfallt!« lachte ein anderer.

»Keine Amtsbeleidigung! Ich versteh kein' Spaß, mein Lieber!«

»Aber ich bitte dich, Kaiser-königlicher, das sieht man ja.«

»Wisset, was dem gesund wär?« sagte der Gerhaltsohn, dem Kruspel lustig die Hand auf den Buckel schlagend. »Dem sollt' man einmal einen Schuß Sauborsten in die Haut kitzeln.«

Der Schotterer nahm das für eine Auszeichnung und grinste.

Derweil hub der Krauthas an, seinen schlangenlangen Leib zu wiegen wie eine kokette Tänzerin und gewisse Liedln zum besten zu geben.

»Ih hon, ih hon an olt'n Wetzstoa,

Mei Muada sogg, ich sult'n wektoa,

Mei Voda sogg, ich sult'n g'holtn –«

»Halt's Maul!« fuhr ihn einer an, dem der folgende Vers nur allzugut bekannt war.

Daraufhin stellte sich der Försterfriedl zu den Gerhaltbuben und sie sangen hell und frisch den »Dreispannigen«, einen dreistimmigen Jodler, der die heiseren Ausgelassenheiten des Kohlenbrenners überjauchzte. Aber sie mußten abbrechen, denn plötzlich krümmte der Krauthas sich zusammen und begann zu wimmern: »Magenweh! So viel Magenweh! Weiß der Teuxel, es muß mir was Unrechtes drin liegen!«

»Ja, deine Schweinereien!« sagte der Gerhalt.

»Sei so gut, Gerhalt, zieh mir das Bandel außer!« jammerte der Köhler kläglich. Das Ende eines blauen Bandes stand ihm aus dem Munde hervor.

»Ein Schürzenbandl hat er g'schluckt!« lachte der Gerhaltsohn, »aber beiß mich nit!« Faßte das Band und zog an. Dieses kam aus dem Munde hervor, es war lang, es kam immer und immer heraus, es brach nicht ab und endete nicht. Schon ellenlang schlängelte das Band sich auf dem Fußboden und immer noch spann es der junge Gerhalt hervor. »Dem Krauthasen sein Bandwurm!« Unbändig lachten sie, bis endlich doch die Sache zu Ende war. Der Köhler bedankte sich gar drollig, versicherte, jetzt sei ihm wohl, und schickte sich an, noch andere »Zaubereien« zum besten zu geben, um seine lustigen Gäste noch lustiger zu machen.

»Trinkt's, Buben, morgen sein mer eh in der Höll!« rief übermütig der Friedl und schenkte die Gläser voll.

Da klirrten die Fenster.

Sie stutzten.

»Was ist denn das?«

»Was ist denn das jetzt g'wesen?« –

»Schon wieder!«

»Die Lahnen! Die Lahnen!«

Sie stürzten vor die Tür.

An den Hängen hallten die Donner. An mehreren Stellen sah man es über den Waldwipfeln hoch aufstäuben. Dort drinnen über die weiße Fläche der Wildwiesen herab glitt scheinbar langsam und schwer eine Masse, hinter sich einen breiten, dunklen Streifen lassend. Aber fast gleichzeitig brach es auch vom nahen Berghang herab, daß der Boden schütterte.

Der Köhler faßte seinen Kopf mit beiden Händen, eilte in die Hütte zurück und wimmerte. Das war ein anderes Wimmern als vorher um das Magenweh. Ein Stöhnen der Angst war's jetzt, ein wahrhaftiges. Und als der Friedl hineinlief, um seinen Hut zu holen, umschlang der Köhler ihm die Beine und wimmerte: »Bleib! Bleib da! Mein liebster Herr Friedl, bleib da bei mir. 's ist der jüngste Tag.«

»Der ist noch lang nit, schwarzer Kohlenbrenner! Morgen kriegst das Geld für den Rosoli.«

Und haben ihn allein gelassen in seiner Armensünderangst.

Gegen Abend, als der Schnee fror und es in den Bergen wieder ruhig geworden war, gewann der Krauthas auch seinen Mut. Als er die Gläserreste auf den Erdboden goß und Ordnung machte, sah er auf dem Tisch etwas Glänzendes liegen – ein schönes Zeuglein. Er beguckte es von allen Seiten, kniff die Lippen ein: »Schau, schau, da hat mir einer ein Präsentel gemacht. Das ist gescheit.«

Und schob es in seine Hosentasche.

Eine himmlische und eine irdische Jungfrau.

Die Burschen ulkten heimwärts. Wo es Schnee gab, da bewarfen sie sich mit Ballen. Wo ein Tümpel war, da suchte einer den anderen hineinzuleichen, und der Kruspel mußte wiederholt wegen Beleidigung einer Amtsperson vorstellig werden.

Als sie durch den Hals hinauskamen und das Forsthaus nahe war, wurden sie anständiger. Ihre Rauchzeuge zündeten sie an. Der Friedl hatte keine Zigarren mehr. So wollte er sich ein Haselstöcklein schneiden, um etwas in der Hand zu haben zum Spielen. Er langte mit der rechten Hand in den Sack, dann langte er mit der linken Hand in den anderen Sack, dann wandte er sich um und schaute auf den Weg zurück und dann brach er den Holzzweig mit der Hand ab. Nun hatte er etwas zum Fuchteln, das ist anstatt der Zigarre.

Im Forsthause angelangt, vernahm Friedl, daß Gäste da seien. Der Michelwirt mit seiner Tochter. Der Steirerwagen stand in dem Holzschuppen.

Der Bursche wurde bei dieser Wahrnehmung fast nüchtern. Aber er wagte sich nicht ins Haus, warum, das wußte er nicht recht. Er führte seine Kameraden auf die Kugelbahn, die oben am Waldrande war. Doch keiner traf etwas, die Amtsperson traf nicht einmal den Laden und warf weich. Da sangen sie spottend: »Der Schligerwitz, der Schligerwitz!«

In der guten Stube des Forsthauses war es schon seit frühem Nachmittage hoch hergegangen. Ja, der Michel war wieder einmal da. Der Förster hatte seine Klampfen, wie er die Laute nannte, vom Wandnagel genommen, und so konnten sie sich wieder einmal satt singen miteinander. Schade, daß der schöne Einklang dieser Stimmen von niemandem weiter gehört werden konnte als von der Helenerl, die in ihrem dunkelgrünen Sonntagsgewand auf der breiten Ofenbank saß und mit innerem Behagen an einem feinen Strümpflein strickte; und von der Sali, die heimlich ihr Ohr ans Schlüsselloch hielt; und von dem Waldl im Hof, der gerührt über den lieblichen Sang heulen mußte.

Weil es in der tiefsten Fastenzeit war, so wählten sie fromme Lieder. Michels Kehle hatte dafür einen weichen Mollton. Der geheimen Horcherin, die eine besondere Marienverehrerin war, zur Freude sangen sie die süßinnige Weise vom armen Dienstmägdelein.

»Es war ein armes Dienstmägdelein,

Gar keusch und rein im Leben.

Das ging wohl alle Tage in Wald
Und fand sie eine Bildnus bald,
Sie tragt's mit großen Freuden.

Die Bildnus war all verwüst und wild,
Die Bildnus war wohl zu bekleiden;
Sie tat es zieren wunderfein
All Tag mit einem Blümelein,
Wie s' stunden auf der Heiden.

Es stund wohl an sechs Wochen lang,
Da ward das Mägdlein tödlich krank,
Sie wollt' zu Haus nit bleiben;

Zwei Priester zogen wohl durch das Land
Und über dieselbige Heiden.

Der Weg war ihnen unbekannt,
Zwei Straßen taten sich scheiden.
Sie setzten sich nieder ganz müd und matt,
Der erste, der einschlafen tat,
Der andere tat umschauen.

Da sahen sie ziehen eine ganze Schar
Der schönesten Jungfrauen,
Und in der Mitt' die Helferin,
Maria, die Himmelskönigin,
Noch schöner anzuschauen.

Der Priester fallt nieder auf die Knie,
Er tat sie so schön fragen,
Wo sie wollte gehen hin.
Die hohe Himmelskönigin

Maria tat ihm's sagen:

Sie sagt es ihm gar herzlich fein,
Wohl zu dem armen Dienstmägdelein,
Wie sich's hat zugetragen.
So gingen sie der Heiden zu
Und nach dem Mägdlein fragen.

Sie gingen wohl ins Haus hinein,
Da sahen sie das arme Dienstmägdelein
In großen Schmerzen liegen,
Maria stund ihr wohl zur Seit'
Und tat sie so schön küssen.

Da rufen's die Priester zur selbigen Stund,
Das Wunder, das geschehen:
Jetzt fallt's nur nieder auf die Knie,
Jetzt ist die Mutter Gottes hie!
Da haben sie's nimmermehr g'sehen.

Um so viel eh haben das Wunder wohl
Die Priester aufgeschrieben,
Dem höchsten Gott zu Lob und Ehr'
Dem Menschen auch zu seiner Lehr':
Maria allzeit lieben.«

Während die zwei bärtigen Männer in der Stube dieses liebliche Lied gesungen, hatte die Sali hinter der Tür schon wieder was zu greinen: »Jetzt glaub ich ihnen gar nix mehr! Sie mögen noch so viel schelten und fluchen – fromm sinds! Sie mögen den höllischen Ganggerl anrufen, so oft sie wollen, in Himmel kommes. Wer unserer lieben Frau so schön tut singen, den verläßt sie nit.«

Nun hatten die Sänger noch einen anderen Zuhörer, den sie in allen Weiten des Waldes glaubten an diesem schönen Sonntagsnachmittag. Elias lag oben in der Schlafstube zu allerlängst auf dem Boden. Er hatte ganz leise den Holzschuber aufgemacht, der dazu bestimmt war, des Abends die Ofenwärme der großen Stube in die Schlafkammer zu leiten. Heute strömte durch die Öffnung süße Maienluft hinauf, im Liedesklang von der heiligen Jungfrau Maria.

Der Junge hatte Angst, sie würden das Lied unterbrechen, wenn sie sein Schluchzen hörten. Die Jungfrau Maria war ja seine heimliche Liebe, von der er niemand was sagte. Seit die Sali ihm als kleinem Knaben die Marienlegenden erzählt, war dieses himmlische Anbild in ihm. Als Kind hatte er in Marien die Mutter verehrt, als Jüngling liebte er in ihr die Jungfrau. Von einem Rosenkranze umgeben, von Engeln umkreist, im schneeweißen Gewand, auf dem Haupte die Krone der Himmelskönigin, ganz wie im Liede, so steht sie vor ihm, wenn er betet oder wenn er aufwacht in stiller Nachtstunde. Ernst und gütig, so schaut sie auf ihn herab, und aus den milden Händen, die sie über ihn hält, gehen lichte Strahlen nieder auf sein Haupt: Die heilige Inbrunst seines Herzens, die er nimmer konnte herausbeten, die ihm fast weh tat – in der wundersamen Melodie dieses Liedes löste sie sich selig. Darum mußte der Junge so schluchzen.

Die Sänger stimmten ihre Saiten und räusperten sich für was anderes. Da schlich Elias hinaus, das Marienlied wollte er sich durch keinen anderen Klang aus dem Ohre scheuchen lassen.

Die Sali hatte sich auch zurückziehen müssen von ihrem Horcherwinkel, um den Kaffeetisch zu besorgen. Milch und Sahne, Weißbrot und Butter waren schon lange erwogen und bereitet. Kaffee, die feinste Art, wie man sie in Eustachen nicht kriegt, die man draußen beim Kaufmann in Ruppersbach holen muß. Nun steht alles auf dem zierlich gedeckten Tische bereit; aus der Tasse dampft heiß herzerfreuender Geruch – und nun dankt der Michelwirt freundlich und sagt, Kaffee trinke er nicht.

Anfangs ist die Sali sprachlos. Allmählich kommt sie zu ihren Kräften. Mit umflorter Stimme, der schier das Weinen nahe, in dumpfem Ernste fragt sie ihn, weshalb er denn eigentlich die Einladung zum Kaffee angenommen habe, wenn er keinen Kaffee trinke?!

Dieser Mensch ist so leichtsinnig, daß er lachen kann. Wegen eines Essens sei er nicht gekommen, das habe er zu Hause auch. Er nähme am Nachmittag überhaupt nichts. Zum Plaudern und Singen sei er da und zu sonst nichts. Und ließ die Schale klappfest stehen, bis sie eine Haut hatte. Und saß munter am Tische und strich mit beiden Händen seinen Bart. Dieser lange, schwarze Bart! Nie noch war dieser Bart der kleinen Alten so zuwider gewesen als jetzt, da der Mensch ihr den Kaffee verschmäht. Die Helenerl konnte nach Herzenslust und mit noch so feinem Schick ihr Butterbrötlein streichen und aus der weißen Schale schlürfen – der Sali Freude war dahin. Belebte sich auch nicht mehr, als der Michelwirt mit schmatzendem Behagen Honigbrot aß und alles, was da war, überschwänglich lobte.

Mit drolliger Beklommenheit steckte es ihm dann der Förster: »Ist nicht wieder gutzumachen, Freund, es ist nie wieder gutzumachen! Du kannst sie als Ehebrecherin oder als Leichenschänderin verleumden, sie wird dir verzeihen. Aber daß du ihren Kaffee verschmäht hast, das verzeiht sie nimmer.«

Nach dem Kaffee ging die Helenerl einmal ins Freie, um sich noch vor dem Abenddunkel die kleine Wirtschaft anzusehen.

Sie begegnete dem Studenten, neben dem sie ein Weilchen einherschritt. Er redete aber nicht viel.

Obschon auch sie auf das Reden nicht eingeschlossen war, zu dem möchte sie doch was sagen. Wenn sie nur wüßte, was man mit so einem kleinen Studenten spricht. Ihre gegenseitige Verlegenheit kam ihr übrigens ganz lustig vor. Ja wahrlich, sie könnte ihn fragen fürs erste, ob er nicht einen Kaffee wollte trinken gehen, fürs zweite, ob er schon ein wenig Messe lesen könne? Überlegte sich's aber, ob das eine, das Bemuttern, sich bei so einem jungen Stadtherrn wohl schicke, und ob er das andere nicht etwa für ein Gespötte halten könne.

Er ließ sie rechts gehen, blieb ihr aber zwei Schritte im Abstand. So gingen sie nebeneinander bis zur Brücke und über dieselbe. Und auf derselben sagte sie: »Das Wasser tut so stark rauschen, daß man kein Wort versteht.«

»Ja,« antwortete er und zog das Wort in die Länge, daß es zur Not auch für zwei gelten konnte. Er hatte also doch verstanden, trotz des Wasserrauschens, und war wieder das ganze Gespräch vom Nichtverstehen überflüssig gewesen. Jenseits der Brücke lagen noch Schneereste und dabei die Bretter, teils entzweigebrochen, teils noch aneinanderhängend. Der zerstörte Brunnen quoll irgendwo aus der Erde und sumpfte den Boden.

»Da soll ja die Kapelle gestanden sein,« sagte sie.

»Ja. Da ist sie gestanden.«

Nach einer Weile wieder sie: »Ist's wahr, daß sie eine Schneelahn hat umgeschmissen?«

»Ja, 's selb ist so. Eine Schneelahn.«

Und wieder nach einer Weile: »Um die Kapelle wird Ihnen wohl recht leid sein, Herr Elias Rufmann?«

»Eh na. Ist ein alter Scherben gewesen.« So er und nichts weiter.

Da dachte sie, jetzt laß ich's bleiben. Und war froh, daß der andere kam.

Auf der Kugelbahn hatte der Friedl, während er just die Kugel hinausgeschoben, bemerkt, daß Michelwirts Helenerl dort mit seinem Bruder Elias ging.

Alle neune konnten fallen, seinetwegen! Er guckte nicht weiter danach, er eilte hinab und über die Brücke.

»Du bist ja nicht artig, Elias!« rief er lustig, nahm unter schöner Verbeugung den Arm des Dirndels und hing ihn in den seinen. Dabei lehnte er sich gleich etwas zu stark an, so daß sie leicht zurückwich.

»O, verzeih!« sagte er lachend, »weißt, wenn einer den ganzen Tag auf dem Steinhaufen herumgekugelt ist, da tut's wohl auf dem Blumenbeetel.«

»Sehen Sie, Herr Elias!« redete sie über die Achsel gegen den Studenten hin, gleichsam: Daran nehmen Sie sich ein Beispiel, so muß man's machen, wenn man mit einem Mädel geht!

Dann erzählte der Friedl, wie er den Tag über mit bösen Buben umgegangen sei, so daß Gefahr bestehe, er könne auch selber einer werden, wenn er nicht noch knapp vor Abend sich an ein liebes Mädel mache.

»Bedank mich schön!« antwortete die Helenerl, was freilich ein Spott war, aber ein solcher, für den sie wünschte, daß er nicht übelgenommen werde. Übelgenommen? Nein, das wurde er durchaus nicht. Im Gegenteil, der Bursche gesellte sich noch traulicher, plauderte ihr so nahe ins Gesicht hinein, daß es ein paarmal knapp daran war, sein Mund könne ihre Wange berühren. Die Wirtstochter machte sich nicht viel daraus, sie kannte schon vom Wirtshaus her die Art junger Männer, die etwas unbedacht getrunken haben. Sie hielt ihr Gesichtchen nur ein wenig gegen die andere Seite.

»Aber gar so neidisch sein, Helenerl!« scherzte er. »Laß mich doch deine Äugerln anschauen, wird eh bald finster!«

Sie wendete ihr blondes Köpfchen und ließ sie ihn wirklich anschauen. Er tat das schier gründlich und sie schauten sich treuherzig in die Augen.

So waren sie wieder zurück über die Brücke gegangen. Hinter ihnen drein Elias. Das war ihm einmal etwas Neues. Hatte er schon früher keine Worte gefunden, jetzt fand er auch keine Gedanken. Er war verblüfft.

Zum Hause gekommen, nahm die Helenerl rasch ihren Arm an sich und ließ den Friedl allein stehen. Er schaute ihr nach und schnalzte mit der Zunge. Zum Fenster rief die Sali heraus, wo sie denn alleweil herumgäulen täten, die Buben? Ob sie den Kaffee das drittemal aufwärmen solle?

Während die beiden Alten in der großen Stube bei der angezündeten Lampe und beim Glase Wein noch frohgemut beisammensaßen, plauderten, erzählten, dann wieder eins sangen, gingen die Brüder noch einmal über die Brücke und drüben auf der Straße gegen die Schlucht hinein. Es dunkelte schon stark. Sie hatten eine Unterredung. Der Friedl hatte erzählt, daß aus dem Schneekugeltreiben auf der Wildwiesen nichts geworden war, weil die Lahnen gingen, daß es hingegen aber um so lustiger beim Krauthasen hergegangen. Das wäre ein närrischer Kauz, dieser Krauthas, und was er für Kunststückeln mache mit den Spielkarten, mit Bandeln und anderen Sachen. Feuerfressen könne er auch. Etwas unsauber, aber komisch. Ein kohlschwarzer Zauberer, den müsse der Elias doch einmal anschauen gehen.

»Ich muß morgen wieder hinauf zu ihm; willst mit?«

Elias sagte rundweg nein.

»Na ja, 's ist auch noch ein zu kalter Wind für dich in der Bärenstuben. Später einmal gehen wir miteinander hinauf. Mußt dir doch auch einmal den Holzschlag anschauen, wo ich meine Arbeit hab. Und nachher gehen wir wieder einmal miteinander auf die Seealm. Weißt, wie dazumal.«

»Laß mich aus mit der Alm!«

»Weil du damals noch ein Fratz bist gewest. Wenn man groß ist, schaut's auf einem hohen Berg ganz anders aus. Da mußt einmal mit.«

»Ja, vielleicht geh ich einmal mit.«

Auf das Klappern oben am Waldrande sagte der Friedl: »Haben die Bären sich immer noch nit genug Kugel geschoben! Man sieht ja nix mehr. Die Gerhaltischen sind solche Kegelfresser. – Elias, du bist ein Musterbruder!«

Da er seinen Arm zärtlich um den Nacken des Studenten legte, so fragte dieser gelassen: »Willst was von mir?«

»Bloß zehn Kronen, aber die muß ich haben.«

»Und die soll ich dir borgen?«

»Na, gerade das verlange ich nit,« lachte der Friedl, »kannst mir sie auch schenken.«

»Und wenn ich nichts habe?«

»Ich bitte dich, du hast immer was.«

»Und warum hast denn du nichts? Kriegst mehr als ich im Monat, verdienst dir auch was, ich verdiene mir nichts.«

»Und brauchst auch nix. Weil du ein braver Junge bist.«

»Und du?«

»Ich? Ein Lump. Das heißt, nein, noch bin ich keiner. Daß ich halt alleweil so viel aufg'legt bin zu allem, was lustig ist. Und daß alles Geld kostet, was lustig ist, ich kann nix dafür. Ist so weit ja nix Schlechtes. Aber wenn man was verspricht und nit hält, dann ist man ein Lump. Und so einer bin ich schon morgen, wenn ich die zehn Kronen nicht hab.«

Elias machte ein strenges Gesicht. An seinen Professoren hatte er es gesehen, wie man die Stirn runzelt und die Augensterne zurückzieht, tief in die Knochen hinein. »Friedl,« sagte er, »weil wir schon von Lumpen reden, wie heißt denn ein Mensch, der was verspricht und weiß, daß er's nicht halten kann?«

»Das hab ich nit gewußt heute drinnen beim Krauthasen. Auch dich hätte er so gefangen.« Dann erzählte er die Geschichte von der Herzdam, von der Wette und vom Rosoli. »Es ist eine Spielschuld, mein Lieber!« sagte er, um die ganze Größe der Angelegenheit darzutun. »Und jetzt, ob ich morgen ein Lump bin oder nit, das kommt auf dich an.«

»Hörst du, das ist eine Erpressung!«

»Wer ist schuld als du, wenn du nit hergibst!« sagte der Friedl lustig.

»Gut, aber zu Ostern mußt du mir meine Sache zurückgeben.«

»Elias,« sagte der Friedl, »zurückgeben, das kann ich nit versprechen. Damit du siehst, daß ich kein Lump bin.«

»Nun, dann muß ich freilich.«

Der Junge zog aus dem Hosensacke sein Geldtäschchen, es war nichts drin als ein einziger sorgfältig zusammengefalteter Zehnkronenschein.

»Aber das ist das letztemal. Du mußt dich bekehren. Nimm dir ein Beispiel an unserem Vater.«

»Wär mir nit zuwider. Vormittag beim Michelwirt Wein trinken und nachmittag zu Haus Wein trinken. Geh, schau nit so grantig. Will mich ja bessern. Seh's eh ein, daß es so nit kann fortgehen. Es ist halt just einmal zu lustig auf der Welt.«

Leise sagte Elias: »Denk ans Fegfeuer!«

»Jesses, ans Fegfeuer! Laß mich aus mit dem Fegfeuer!«

»Nachher möchte ich dir noch was sagen, mein lieber Bruder« Elias zuckte ab, aber es kam doch. »Wie du zu der Michelwirtischen bist gewesen, vorhin!«

»Mit wem meinst?«

»Mit der Helenerl. Und noch dazu beim hellichten Tag!«

»Nein, es ist schon bissel dunkel worden.«

»Wie du sie gleich so hernimmst! Und so Sachen plauschen mit einem jungen Mädel! Just, daß du sie nicht hast abgeküßt auf der Straße!«

»Tu nit greinen, geistlicher Herr, ein andersmal werd ich's schon heimlich tun.«

»Du tust alles verdrehen, und ich sage dir, garstig ist das, mir hast gegraust! Ich glaube schon bald, du hättest sie verführen mögen!«

»Du, die mag einer nit so leicht verführen,« versicherte der Friedl.

»Weil sie schon verführt ist. Eine Kellnerin! Da gehört nicht viel dazu.«

Jetzt blieb der Friedl stehen und betrachtete den kleinen Studenten von oben bis unten. Und schüttelte den Kopf und lachte.

»Allen Respekt! – Aber weißt, mein lieber Bruder, erstens ist das keine Kellnerin. Und zweitens, wenn's auch eine wäre! Ein so liebes Täuberl sie auch tut sein, probier's nur einmal mit ihr, mein Lieber!«

Hinter dem Hause plötzlich ein großes Gelächter. Einer der Burschen lief um die Ecke, mit den beiden Händen die linke Wange haltend, als ob sie ihm davonlaufen wollte. Der Kruspel. Eine unerhörte »Amtsbeleidigung«. Mit der Helenerl hatte er in seiner Art vertraut werden wollen. So schallend hatte es geklatscht, daß die Gerhaltbuben auf der Kegelbahn anfangs geglaubt, der Förster habe aus seiner »Schrottpfeife« einen Schuß tun wollen und sei ihm das Zündhütchen abgeschnalzt.

Der kaiser-königliche Straßenschotterer, der nun auch die seine hatte, meinte wohl, das sei gerade der beste Abgang; so tapfte er weit- und krummschrittig heimwärts.

Ihm folgten in gemütlicher Stimmung die Gerhaltbuben. Bald darauf rollte auch das Steirerwäglein die Straße entlang gen Eustachen. Und stille war's im Forsthause.

Nächtig träumte Elias von der himmlischen Jungfrau; und der Friedl von der irdischen.

Der Krauthas und seine Hauswirtschaft

Der Förster saß noch spät in der Nacht in seiner Stube, rauchte aus der großen Pfeife mit dem langen Rohr und las eins aus der Bibel.

Er war in einer gehobenen Stimmung, wie allemal, wenn er mit dem Freunde zusammengewesen, dem liebsten, treuesten Menschen, den er nebst seinen Söhnen auf dieser Welt wußte. So wie im Singen harmonierten sie auch in allem anderen. Und wo sie verschiedene Meinung hatten, da war es erst recht köstlich, da trachtete einer den anderen zu verstehen und erweiterte an den Meinungen des anderen sein eigenes Denken.

Der Michel hatte mancherlei erlebt und als Wirt an der Straße vieles erfahren, was einem Waldförster sein Lebtag nicht nahekommt. Mit Handwerksburschen wie mit Bauern, mit Touristen wie mit fahrendem Volk und fahrenden Herrschaften pflegte der Michel stets ein Gespräch anzuknüpfen. Er verstand das gar witzig anzufangen, machte seine Schwänke, seine unbefangenen Bemerkungen und holte damit die Leute aus, ohne daß sie es merkten und ohne daß er es eigentlich beabsichtigte. Seine sinnige Natur trieb ihn auch an, manches Buch zu lesen und die aufgenommenen Gedanken weiterzuspinnen. Er wurde nicht das, was er las oder hörte, und doch änderte sich daran sein Wesen; das rege Gemüt schmiegte sich an manchen fremden Geist, der nicht so treu war wie er.

Aber auch der Förster war nicht bloß Förster, er war dazu noch ein Mensch, der über die Wipfel seines Waldes hinaus angeregt sein wollte, der sich mitteilen wollte, Teilnahme begehrte. Im Denken und Sprechen war er wohl nicht so fix, doch wenn er singen konnte, mit dem Freunde singen konnte – dann war er ein glücklicher Mensch. Daß sein schöner Baß in Michel den richtigen Tenor gefunden hatte, diese Frohheit faßte er oft in dem Worte zusammen: »Ja, wenn ich den Michelwirt nicht hätt!« Er hatte ihn, und die ruhige Freude darüber las er in die Bibel hinein und aus der Bibel heraus. Beim Nachtgebet dachte er an seinen Wald, an seine Buben, an seinen Freund und darauf gab's einen guten Schlaf.

Zu einem so gründlichen, murmeltierartigen Untertauchen in das Nichts brachte er es freilich nicht wie sein Sohn Fridolin. Bei dem war alles ausgelöscht, Schneekugeltreiben, Krauthas und Helenerl. Er lag im Bette wie ein Klumpen Erdstoff, der atmet.

Elias konnte keinen Schlaf finden. Zuerst hatte er lange gebetet, dann war er ins Sinnen gekommen und dabei war ihm bange geworden. – Was wird's noch werden mit meinem Bruder? Ein so weltlicher Mensch! Von Himmel und Hölle will er nichts hören. Immer Lustbarkeit, Leichtsinnigkeit, sogar sündige Sachen. Man hört von ihm kein Morgengebet und kein Abendgebet und nichts. Tut man ihn erinnern, so lacht er; was soll das noch werden? Drei Finger möchte ich mir abhacken lassen dafür, wenn er anders wäre. – – Dann betete er wieder, bis auch über ihn der Friede kam.

Sogar die alte Sali hatte vor ihrem Einschlafen den Tag noch einmal überdacht. – Singen können die zwei! Wenn ihnen nit auch die dummen Schelmenliedeln täten im Kopf stecken, Vorsinger kunnten sie werden bei der Wallfahrtschar nach Mariazell. – Aber eine solche Hochmütigkeit! Schau dir einmal die Hochmütigkeit an! Wie viele wären froh, wenn sie so einen Kaffee kunnten haben! Ich halt' nix mehr auf den Michelwirt!

Am nächsten Morgen gingen sie miteinander ins Gebirge, der Förster und der Friedl. Ersterer hatte einen Stock, dessen Handhabe aus einem eisernen Griff bestand, der an einer Seite Hämmerlein, an der anderen ein kleines Beil war. Der Friedl trug über der Achsel eine Holzhacke. Auch Elias war eingeladen worden, mitzukommen. Der blieb zu Hause, er habe zu lernen. In der Schlucht schattete es noch; an den Uferrasen der Tauernach Eiszapfen. Auf den Berggipfeln Sonnenschein.

Bald hinter dem Halse trennten sich Vater und Sohn. Der Förster der Ach entlang, dann in den Forst hinan, um schlagbare Stämme zu märken. Es mußte geplendert werden. Aus dem noch nicht schlagreifen Wald mußten die kranken, schadhaften Bäume entfernt werden. Schnee- und Windbrüche gab es. Die gebrochenen Stämme sind Brutstätten für das Insekt, sie müssen fort. Der Förster zeichnete die Arbeit an. Plötzlich begann er zu fluchen. An einigen Fichtenstämmen waren ihm wieder solche Wunden aufgefallen.

»Wenn ich nur diesen gottverfluchten Pechkratzer einmal könnt erwischen! Die schönsten Bäume bringt er mir um! Ich wollt's erraten, wer's ist. Aber derweil die Untersuchung nicht kommt, muß man den Mund halten. Die Spitzbuben haben heutzutag ein großes Recht.«

Der Friedl ging der Bärenstuben zu, nach dem Teschenwald, wo die Holzknechte arbeiten. Bei dem Krauthasen sprach er vor und begehrte ein Stamperl Noten. Im Wirtshaus einkehren und nichts trinken, das schickt sich nicht.

»Kriegen jetzt auch wieder einen guten Weißen,« gestand der Kohlenbrenner vertraulich. »Hab schon wieder was im Kessel, da hinten oben!«

»Lang hab ich heut eh nit Zeit. Da hast,« sagte der Bursche und warf ein zerknülltes Papier auf den Tisch. »Gib heraus!«

Der Krauthas machte einen langen Hals, krabbelte mit seinen dürren, rußigen Fingern das Papier auseinander. »Junger Herr, da soll ich herausgeben? Was glaubst denn, daß ein Fassel Rosoli kostet?«

»So laß wenigstens den da,« der Bursche deutete auf sein Gläschen, »draufgehen, du alter Rab!«

»Wegen ein andersmal,« gab der Köhler bei und der Handel war geschlichtet.

Schon im Fortgehen blieb der Friedl an der Tür stehen: »Du, Krauthas! Hast gestern nicht ein Taschenmesser gefunden?«

»Hast eins verloren? Ah, schad, schad drum!«

»So muß es mir anderswo aus dem Säckel gefallen sein.«

»Da bei mir hab ich nix gesehen. – Heilige Mutter Anna! Was kommen denn da lauter für Leut!«

Erschrocken hatte der Kohlenbrenner die zwei Gestalten bemerkt, die sich der Hütte nahten. Ein Gendarm und der Gerhalt von Eustachen. Ersterer, in der Hand bereit haltend das Gewehr mit dem aufgepflanzten Bajonett, schaute zur Tür herein: »Der Bartel Krauthas? ja?«

Hinter ihm der vierschrötige Gemeindefürstand mit einem großen Stecken. Mit behäbiger Würde stand er da, das rote, rauhe Gesicht rasiert bis auf einen grauen Bartkranz, der sich hinter Wangen und Kinn herumzog von einem Ohr zum andern. Unter dem großen schwammigen Filzhut hingen geringelte Haare herab, etliche über die Stirn, dickes Gelocke, schwarzgraues, auf die breiten Achseln.

»Guan Morgn, guan Morgn schön!« fistelte der Kohlenbrenner. »Darf ich was aufwarten?« Denn daß sie schon das Schnapsglas bemerkt hatten, sah er.

»Ihr schenkt Schnaps aus, Krauthas?« fragte der Gerhalt mit seiner rauhen, aber gutmütig tönenden Stimme.

»Immer einmal ein bissel, ja. Fürs Magenweh. Gelt, Herr Rufmann, jetzt ist's schon besser?«

»Magenweh? Ich weiß nix davon,« lachte der Friedl.

»Der Teuxel brennt schon wieder aus!« kreischte der Köhler und tat, als wollte er hinaus zu den Kohlenmeilern, um Flämmchen zu dämpfen.

»Na, na, Krauthas, er brennt nit aus,« sagte der Gerhalt, »du bleibst hübsch da in der Hütten und tust uns deine Sachen aufzeigen.« Auf den Gendarmen weisend: »Der Herr da ist so viel neugierig, was du alles hast.«

Als der Friedl merkte, hier werde es ungemütlich, ging er davon, eilte in den Teschenschlag zu seiner Arbeit. Unterwegs dachte er noch: Futsch ist das schöne Messer! Aber dem Elias nichts sagen.

In der Kohlenbrennerhütte begann die Hausdurchsuchung. Die Truhe barg ein halb Dutzend Schnapsplutzer. Unter dem Riedheu ein Branntweinfäßchen. Wie bedenklich viele Magenleidende es doch in der Bärenstuben geben mußte! In der Ecke hinter einem Bretterverschlag ein Haufen alter Kleider, darunter ein Lodenrock. Der kam dem Gendarmen so groß vor, daß er ihn entfaltet in die Luft hinaushielt: »Krauthas, schliefens einmal in diesen Rock 'nein!«

Doppelt schlug der Lodene dem hageren Manne um den Leib zusammen. Da sagte der Kohlenbrenner: »Ein armer Teufel, der sich sein Gewand muß zusammenbetteln, kann es sich freilich nit anmessen lassen.«

»Was ist denn das?« fragte der Gendarm und zog aus der Fletzrunse einen eisernen Pechschaber hervor.

Der Krauthas tat ärgerlich. »Jetzt liegt alleweil noch die dumme Pechkratzen umeinander. Schon im vorigen Herbst hat's ein Holzknecht, oder was er ist g'west, dagelassen.«

»Du Krauthas!« rief der Gemeindefürstand und er tat's mit amtlich erhöhter Stimme. »Du weißt, daß das Pechschaben verboten ist. Ein Ameiseierhäfen hast auch dort unter dem Glump. Ich hab's schon gesehen. Und wer's nit sieht, der riecht's. Daß das Ameisgraben verboten ist, weißt auch. Zweimal hab ich dir schon Verwarnung zugeschickt. Soll ich dich einsperren lassen?«

»Ich bitt, Herr Fürstand,« jammerte der Köhler und stand fast gebrochen da. »Wildern tu ich eh nimmer.«

»Ich glaub's. Weil gar kein Wildbrat mehr umlauft. Vom Pechern ist jetzt die Red! Und leicht noch von was anderem! – Oho! Bleib nur da, Krauthas!«

»Ich bitt, Herr Fürstand, 's Kohlenbrennen tragt nit viel.«

»Mußt schon so gut sein, Krauthas, und mußt uns ins Steingrabel hinaufführen.«

»Ins Steingrabel? Ja wegen was denn nit! Der Steig ist halt schlecht jetzt im Frühjahr, wird noch aller verschneit sein.«

Er war aber nicht verschneit, der Steig, er war leidlich ausgetreten. Der Köhler trachtete links ab gegen die Erlstauden.

»Na, na, Krauthas, ins Steingrabel wollen wir!«

»Im Steingrabel ist wohl nit viel Rars zu finden. Und tun jetzt auch alleweil die Lahnen gehen.«

»Macht nix, wir wollen just einmal ins Steingrabel.«

Und in dem versteckten Waldwinkel, in der Höhlung eines Felsens hatte der Krauthas seine Branntweinbrennerei. Mehrere Säcke voll gedörrter Ebereschenbeeren, Heidelbeeren und mancherlei Kräuter- und Wurzelwerk. Auch halbverfaulte Schwämme und Unrat in einem Haufen. Aus rohen Steinen waren kleine Öfen hergerichtet, über denselben berußte Kessel, unter denselben Holzscheiter, just zum Anzünden.

Als der Krauthas sah, seine Destillationsanstalt wäre entdeckt, meinte er, es sei am besten, aus der demütigen Bittweise zum kühnen Angriff überzugehen. Wenn man den Leuten auch noch ihren letzten Erwerb wegnähme, da müßten sie stehlen gehen oder noch was Ärgeres. Was er ihnen getan habe, daß sie ihn zugrunde richten wollten, wie sie seinen Vater zugrund gerichtet hätten. Wie sie dem braven armen Mann die schöne Wiese abgegaunert hätten mit der Siebentalerwette, das hab' er sich gemerkt. Und wenn reiche Leute schelmen und rauben dürften bei hellichtem Tag, so werde ein armer Hascher wohl auch noch ein bissel Pech und Branntwein brennen mögen. »Oder nit? Oder will der Herr Durchlaucht, oder wem's gehörten, die Ebereschenbeeren selber fressen?«

So heftig war er geworden, daß sein dünnes Stimmlein mehrmals überschlug.

Der Gendarm hatte am schwarzledernen Lendengürtel, neben der Stilettscheide, zwei Handschließen aus glänzendem Stahl hängen. Die nahm er jetzt vor. Aber der Gerhalt meinte, das Wichtigste sei, die Sachen in Beschlag zu nehmen. Sie hoben die Kessel aus den Öfen, schleppten solche herab in die Hütte, taten den eisernen Pechkratzer dazu und allerlei Verdächtiges, das banden sie mit einem Strick zusammen. Der Gerhalt schrieb mit dem Bleistift schwerfällig auf ein Stück Papier: »Dem Bartel Krauthas weggenommen. Martin Gerhalt, Fürst.«

Als sie mit dieser Arbeit beinahe fertig waren, kam der Förster Rufmann daher. Er hatte auf seiner Waldlehne die Markierung geleistet und wollte nun in der Hütte einkehren auf einen Tropfen Schligerwitz. Er wollte sich stellen, als sei er der Meinung, daß der Köhler arglos manchmal einen Plutzer Zwetschgenbranntwein aus Ruppersbach halte, für sich und zur Magenstärkung für andere. In Wahrheit gedachte er dem Krauthasen auf die Schliche zu kommen.

Kaum der Krauthas in seiner Bedrängnis des Försters ansichtig wurde, tat er einen Freudenschrei und fiel vor ihm auf beide Knie. Und bat unter

Händeringen um Hilfe. Man wolle ihm sein Restlein Habschaft wegnehmen, er sei ein blutarmer Teufel und müsse sich in die Ach legen, dort wo sie am tiefsten. Dem Förster war es bald hinterlegt, daß er hier den Pechschaber und Ameisengraber vor sich habe. Doch eben, weil man den Mann nun hatte, der auch gar nicht weiter leugnete, war sein Zorn verraucht. Jetzt konnte man sich vor ihm ja leicht schützen. Der Schlucker tat ihm schon leid.

Als der Gendarm den Krauthasen nun fesseln wollte, um ihn bequemer einführen zu können, brummte der Fürsteher: »Ist eigentlich eine dumme G'schicht. Jetzt gehen wieder die gerichtlichen Schererein an.«

Und sagte der Förster: »Ich denk', meine Herren, das tun wir nicht. Im Kotter wird der Mensch zwar älter, aber nicht besser. Das Brennen kann ich ihm nicht erlauben und nicht verbieten. Ist Sache des hochgebornen Herrn Staates, zu wachen, daß die Grafen und Juden in Galizien in ihrem Erwerb nicht geschädigt werden. Aber die Ameishaufenschleiferei und die Pechschaberei ist meine Sach und die soll ihm für diesmal geschenkt sein. Viel wird er's nimmer treiben. In etlichen Tagen, bis diese Meiler abgekohlt sind, soll er schauen, daß er weiterkommt!«

Damit war der Krauthas freigesprochen und davongejagt.

Locken, locken, Eier locken!

In Eustachen und weiter herum ist es Sitte, daß zur Osterzeit in allen Häusern, wo es junge und auch ältere Dirnlein gibt, Eier hart gekocht und rot gefärbt werden.

Die Hühner tun um diese Zeit das ihrige. Jede hat ihr besonderes, von der Hausmutter sorgsam gehütetes Nest, wo sie dem Tag oder dem zweiten Tag ihr Ei legt. Und wenn eine ihre Frucht an unbekannter Stelle ablegt, so gackert sie nachher so heftig und lange, bis auch dieses »vertragene« Ei aufgefunden wird. Da brauchen in einem hühnerreichen Hof die Leute bloß zu sammeln. Nun, und um die Osterzeit werden solche Eier in kochendem Wasser mit Farbstoff rot gefärbt. Manch eine Maid hält einen ganzen Nähkorb voll roter Eier bereit und wartet auf die Eierlocker. Denn die jungen und älteren Knaben, zu einzeln oder in Gruppen, gehen um diese Zeit von Haus zu Haus »Eier locken«. Bei den kleinen Buben sind die Eier Hauptsache, bei den großen die Maidlein, so sie spenden.

So hatte der Friedl sich zu den Gerhaltbuben gesellt.

An den Osternachmittagen zogen sie von Haus zu Haus, sagten vor der Tür ihr Sprüchlein her und hielten ihre Leinwandsäcklein auf. Wer kein Säcklein hatte, der brachte eine Zipfelmütze mit. Sie wurden überall gut aufgenommen; die Gerhaltbuben als die Söhne des Fürstandes, der Försterfriedl, weil er der Försterfriedl war. Den hübschen, frischen, lustigen Jungen hatte man überall gern. Er hatte so einen treuherzigen Übermut, der gerade den Weibsleuten gefiel.

»Du, Poldlhoferin,« bettelte in einem der Bauernhäuser ein Gerhaltbub, »magst nit mir auch ein paar geben?«

Seit wann man mit einem Ei nit mehr zufrieden wäre?

»Seit der Försterbub zwei kriegt.«

»Ei, der Dunner! Zwei hätt ich ihm geben, dem Friedl?«

»Wohl, wohl, zwei hast ihm geben, dem Friedl.«

»So muß ich mich narrisch vergriffen haben.«

»Vergreif dich noch einmal narrisch!«

»Ah, ich weiß schon, für seinen Bruder, den Studenten, ist eins vermeint gewesen.«

»Vermein halt meinem Bruder auch eins. Dem, der noch daheim ist.«

Da blieb der Jungbäuerin nichts anderes übrig, als auch dem Gerhaltsohne zwei Eier zu schenken. Der andere Gerhaltbub übte dieselbe Erpressung und sie mußte sich fügen, weil ihre heimliche Bevorzugung des Försterbuben an den Tag gekommen war.

So traten die Buben auch vor die Tür des Michelwirtshauses. Alle drei zusammen, mit gleichtönigen Stimmen, in der Art, wie Bauernleut' beten, sagten sie ihren Spruch auf:

»Die Glocken, die locken

Zur Osterfeier,

Wir locken, wir locken

Die roten Eier,

Bei schönen Dirnlein

Mit rotem Mund,

Frisch und gesund,

Frisch und gesund!«

Trat Frau Apollonia heraus, schaute die Burschen an und sprach mit gutem Humor leise: »Hätt nit denkt, daß die jungen Buben zu einer alten Frau kommen, Eier locken.«

»Nein, nein!« riefen sie lustig, »zu der Helenerl kommen wir!«

Sollten halt ein bissel ins Haus gehen. Trat denn das Wirtstöchterlein mit dem Nähkorb vor, waren aber bloß etliche Leinwandflecke drin und ein Zwirnsträhnchen.

»Wird halt nix meh da sein,« sagte sie schelmisch und wühlte mit der Hand unter dem Zeug. »Hab's schon all weggeben, seid halt zu spat kommen. Schau, schau, da ist noch eins!« Sie zog ein rotes Ei hervor und schenkte es dem älteren Gerhaltsohn in sein Leinwandsäcklein.

Bettelte der jüngere, sie möchte suchen; es wäre gewiß noch eins drinn.

»Glaub kaum,« sagte sie, »ist keins meh da.« Sie grub mit der Hand unter dem Zeug. »Richtig, da hat's noch was!«

Aber als sie es hervorzog, war es ein Zwirnknäuel.

»Geh, Dirndel, eins ist schon noch drinnen,« schmeichelte er. »Locken, locken, Eier locken!«

Brachte sie schließlich noch eins zum Vorschein und legte es dem jüngeren Gerhaltsohn in die Zipfelmütze, gar behutsam, daß die, so schon drinn waren, nicht Schaden litten.

»Und jetzt, jetzt geht nur wieder um ein Häusel weiter.«

... »Ich nix?« fragte der Friedl. »Locken, locken, Eier locken!«

»Aber Tschapperl, wenn ich nix meh hab!«

Das glaubte er nicht.

»Eins hast schon noch, Helenerl,« flüsterte er und machte einen »Krückerlmund«, wie Kinder, wenn ihnen zum Weinen ist. »Schau, Dirndl, – schau! Für mich hast schon noch eins. – Laß mich suchen!«

»Ihrer ein Dutzend hab ich ghabt,« versicherte sie. »All sein's weg.«

»Laß mich selber suchen. Ich find noch eins!«

»Nau – wenn du noch eins findest! So such halt.«

Er wühlte im Nähzeug. »Au weh!« rief er plötzlich und zuckte zurück. Am Nadelkissen hatte er sich in den Finger gestochen. Da wurde er hell ausgelacht.

Aber als sie abziehen wollten, winkte die Helenerl dem Friedl mit den Augen, ganz flüchtig, wie ein Blitzchen. Der Försterbub verstand und blieb noch ein wenig allein im Vorhause stehen, bis sie aus der Kammer trat mit einem roten Ei, wunderschön kirschrot, schöner als die anderen. Sie steckte ihm's rasch zu: »Friedl, das ist für dich extra eins, für dich ganz allein!« und schlüpfte davon wie ein Vöglein.

Einen Juchschrei hatte der Bursch getan, als er über den Antrittstein der Tür hinaussprang. Die Kameraden hatten seine Beglückung nicht wahrgenommen. Sie neckten ihn, daß er abgeblitzt wäre, er trällerte lustig sein selbsterdachtes Sprüchlein:

»Wir locken, wir locken

Die roten Eier

Bei schönen Dirndlein

Mit rotem Mund!«

Als die Häuser, in denen etwas zu erhoffen, abgegangen waren, wobei es noch mancherlei Schalkerei gegeben, eilten die drei Burschen in eine Heuscheune, denn es regnete. Dort sollte der große Eierschmaus stattfinden.

Sie machten behutsam ihre Säcklein auf und zählten die Beute. Und begannen nun, um die Dinger auf ergötzliche Art zu zerbrechen und dabei weitere Beute zu machen, die üblichen Eierspiele. Sie rollten die Eier über den Bretterboden hin, um mit dem einen das andere zu treffen. Der eine versteckte das Ei im Heu und die anderen mußten es suchen. Der eine hielt in halbgeschlossener Faust das Ei hin und der andere schleuderte ein Zweihellerstück darauf, um es mit der Schneide zu treffen. Dann wieder stellten sich zwei Burschen hin und tutschten mit den Spitzseiten zwei Eier zusammen. Wessen Ei bei solchen Spielen unverletzt blieb, der war Gewinner auch des zerschlagenen.

Der Friedl hatte das seine vom Wirtshaus nicht aufs Spiel gesetzt, sondern es mit dem Sacktuch umwickelt, in der Tasche geborgen, und mit den übrigen gewann er so viel, daß er die Kameraden einladen konnte zu einem Eierschmaus, wobei die versehrten Stücke völlig entschält und die hartgesottenen, glänzend weißen Eierleiber, Eiweiß und Dotter mit Salz verzehrt wurden. Die Gerhaltbuben hatten in einem früheren Jahre einmal die Erfahrung gemacht, wie weit das gehen dürfe mit dem Verzehren harter Eier, so ließen sie es mit vier oder fünf Stücken gut sein, die übrigen schenkten sie kleinen Buben, die beim Eierlocken noch nicht so glücklich gewesen waren als die großen.

Als der Friedl heimwärts ging, traf er auf der Straße den Kruspel, der wollte ihm Eier abbetteln. Da sagte der Försterbub spottweise: »Willst ihrer haben, so geh selber locken. Kannst auch bei der Michelwirtstochter anfragen. Vielleicht kriegst wieder was.«

Da fuhr der Straßenschotterer wütend auf ihn los.

Der Bauernfeiertag

Am Osterdienstag ging's wieder ausgelassen her beim schwarzen Michel in Eustachen. Der Osterdienstag ist einer jener Bauernfeiertage, an denen die Leute nicht arbeiten und auch nicht fromm sein wollen.

»Die Kleinfeiertagssünden hab ich allerweil am liebsten!« rief ein derber Bauernknecht in der Wirtsstube und setzte sich zwischen zwei dralle Mägde, an deren Wangen weniger die Jugend als der Wein blühte. Beim anderen Tisch spielten ihrer etliche Bauern Karten. Mit dem »Zwicken« hatten sie angefangen, mit dem »Einundzwanzigerln« wollten sie weiter tun. Der Michel nahm ihnen das Kartenbüschel auf. Sie meinten, er wolle es mischen, aber er steckte es in die Tasche.

»Das Einundzwanzigerln, meine lieben Leut, das ist verboten. Wer's nit glaubt, der soll die Polizeiordnung fragen, sie hängt an der Tür.«

»Laß sie hängen. Die Polizeiordnung brauchen wir nit und deine Karten auch nit!« Scharf rief es einer und zog aus seinem Rocksack ein anderes Kartenbüschel.

»Brav bist,« lachten dem die andern zu, »ein guter Christ tragt sein Gebetbüchel immer im Sack bei sich. Also, na, vorwärts! Ausgeben!«

Bei einem dritten Tisch hatten sie gewürfelt und waren dabei strittig geworden. Der Wirt trachtete, sie zu beruhigen. Einem besoffenen Schneider verweigerte er weiteren Trank. Da wollte ihm der äußerst Gekränkte das leere Bierglas an den Kopf werfen.

»An den harten Steirerschädel? Schad ums Glas,« lachte ein anderer und nahm es dem Betrunkenen weg. Da fuhr der Schneider so heldenhaft auf, als wollte er einen Mord begehen, stolperte aber an dem Tischpfosten und fiel um.

Das beste Mittel, die wilden Tiere zu zähmen, war fast allemal, wenn der Michel zur Zither griff; doch heute waren ihnen seine Lieder nicht »geschmalzen« genug. Almlieder, Jägerlieder – fades Zeug. Da wußten sie selber was »Feineres«.

»Bin gestern gong gasseln

Zas Nochbarn sei Dirn.

Hons Fensterl nit troffn,

Hon za da Goas einigschrian.«

Und der Nächste folgendes:

»Annamirl, tua lei lisn losn,

Wia da Vigl-Vogl sche singg in Wold!

Annamirl, mochs Fensterl auf,

Mir is scha kolt.

Mir is scha kolt ban Steh,

Dirndl moch auf!«

Das wiederholte ein anderer so:

»Annamirl, tua lei lisn losn,

Wia da Vigl-Vogl sche peckt ba da Nocht ...«

»Gebt's aufs Feuer acht, es sind Schindeln aufm Dach!« so unterbrach der Wirt, denn es gab auch Leute in der Stube, die für solche Sachen noch schreckige Ohren hatten. Deswegen hub der Wirt was anderes an:

»Han ih denn nit a schens Hüaterl auf!

Han ih denn nit a schens Federl drauf!«

Alsbald fielen andere singend ein:

»Mei Federl, mei Hüaterl, juchhe!

Bi mein Votern sei lustga Bua!«

Der Michel sang weiter:

»Han ih denn nit a schens Röckerl an!

Han ih denn nit a schens Knöpferl dran!«

Und die anderen:

»Mei Knöpferl, mei Röckerl,

Mei Federl, mei Hüaterl, juchhe!

Bi mein Votern sei lustga Bua!«

Der Michel:

»Han ih denn nit a schens Schuacherl an!

Han ih denn nit a schens Schnallerl dran!«

Die anderen:

»Mei Schnallerl, mei Schuacherl,

Mei Knöpferl, mei Röckerl,

Mei Federl, mei Hüaterl, juchhe!

Bi mein Votern sei lustga Bua!«

Am Tischlein neben dem Uhrkasten saß ein ältliches Ehepaar, das wollte seinen häuslichen Zank abwechslungsweise einmal im Wirtshaus abwickeln. So oft er aus seinem Glase einen Trunk tat, fiel sie ihm in die Hand: »Sein laß! Hast eh schon zu viel!« Und keifte ihm ins Gesicht hinein, dieweilen er mit der Faust vor ihrer Nase fuchtelte.

Immer noch mehr Leute kamen. Die Stube war schon voller Dunst und Tabakqualm, Gelächter und Geschrei und Gefluche darunter. Die Kellnerin eilte hin und her, aus und ein: »Was schaffens? Bier, Wein, weißen, schwarzen? Kuttelfleck, Rostbraten, Kälbernes?« Doch die Stimmung war schon weniger für »Kuttelfleck« als fürs Fluchen, Zündeln und Raufen.

»Ich weiß nit,« sagte das buckelige Weberlein aus Ruppersbach, das an der Ofenbank saß, zutraulich zum Michel, »wegen warum die Leut gar a so tun schimpfen. Ist eh so viel gemütlich im Wirtshaus. Wär eh so viel gemütlich, wenn die Leut nit alleweil taten schimpfen. Warm ist's schön. 's Weinl ist gut, schön plauschen kann man miteinand und ein Fried hätt ma, wenn d' Leut nit alleweil taten schimpfen.«

»Recht hast, Weber,« gab der Michel bei, »ja, wenn halt all so wären wie du, selm wohl, selm!«

Wurde der Kleine noch zutraulicher und lispelte: »Gelt, Michel, wenn *sie* kommt, wenn *sie* gach kommt, du tust mich verstecken?«

»Wer soll denn kommen?«

»Meine Alte, mein, du! Bin nit ein Augenblick sicher; gelt, du bist so gut und sagst, ich bin nit da. Dir glaubt sie's schon. Mir tat sie's nit glauben. Mir tut sie gar nix glauben. Mich tut sie ausgreinen,« gestand er weinerlich. »Mein lieber Michel, du glaubst es nit! Alleweil, den ganzen Tag tut sie greinen.«

Bei diesem Eingeständnis verfiel der Weber in ein solches Selbsterbarmen, daß der Michel schelmisch seinen Kopf zwischen die Schultern niederzog, die Lippen über die Zähne einkniff und mit dünner Greisenstimme dem Unglücklichen zum Sänger wurde:

»Der Wirt is mei bester Freund,

's Weib is mei größter Feind,

Daß doh de Weiber

So zwider mögn sei!«

Allsogleich sangen es an den Tischen mehrere nach, unter der Melodie eines Wallfahrerliedes, und kreischend wurde es wiederholt:

»Und daß doh de Weiber, de Weiber, de Weiber

So zwider mögn sei!«

Durch den Küchenschuber kam fortwährend dampfende, duftende Gottesgab herein: Braten, Triet, Kuttelfleck, Lüngerln, Kaffee. Und fiel es dem Michel ein: Während wir da das närrische Spottlied lärmen, ist die Frau ununterbrochen mit Fleiß und Sorge tätig, daß die Gäste befriedigt werden. Und wann denn eigentlich ihm, dem Michel, die Frau Apollonia Anlaß gegeben habe, solche Liedeln laut zu machen? Auch seine brave, gute Hausfrau mit zu beschimpfen, um die besoffene Bande zu unterhalten? Ein Grausen befiel ihn. Den Hausknecht rief er: »Poldl, geh, bind die weiß Schürzen um und hilf der Kellnerin einschenken. Ich hab ein Weg zu machen.«

Holte in seiner Stube Rock und Hut und ging davon.

Die Luft war feucht und kühl, es hatte geregnet. Eine friedsame Stille, und dieses leichte, reine Atmen! Wie töricht, in einem dumpfen, stinkenden Kasten zu sitzen, zu schreien, zu fluchen, zu schweinigeln, sich krank zu fressen, sich zur Bestie niederzusaufen! Und das nennen sie Feiertag, das ist ein Bauernfeiertag! –

Am Dorfende, wo die Landstraße hinausführt über die braunen Felder, die stellenweise anhuben zu grünen, arbeitete der Kruspel. Mit einer eisernen Krücke kraute er den Straßenkot ab, um ihn dann auf der Schiebtruhe wegzuschaffen.

Da dachte der Michel: Das ist zwar eine Dreckarbeit, aber ist Arbeit. Und noch dazu eine ehrliche. Ich bin der Wirt zum schwarzen Michel, vor dem alle den Hut rucken, und meine Arbeit weist nicht so viel Rechtschaffenes auf wie die da von dem Straßenputzer. Der schafft den Dreck weg, ich sammle ihn an, eine ganze Stuben voll. Und muß den Kasperl spielen, damit dieser Unflat auch genügend Kurzweil hat. Wegen der paar Groschen da! Ekelhaft. Vor Zeiten, da die Straßen noch voller Leute und Fuhrwerk sind gewesen, ja, da haben solche Wirtshäuser auch was Ordentliches vorgestellt. Und die Wirte schon auch. Ihre Schilder über dem Tor sind ferme Adelswappen gewesen. Mein Vater, Michel Schwarzaug wie ich! Ha, lachen muß ich! Der hat sich auf den schwarzen Michel einen Kren eingebildet. Beim Wirtshaus ist das Schild die Hauptsach', hat er gern gesagt. Seit einhundertdreißig Jahren sind die Schwarzaugen auf diesem Einkehrhaus und seit so lange heißt's zum schwarzen Michel; hat jeder Bub, der das Haus übernommen, Michel heißen und schwarz Aug' und Haar haben müssen. Und wenn ich blond wär' gewesen, hätt' er mich verjagt, wie ein strohgelber Bruder meines Großvaters verjagt worden ist. Das Schild, ja, das ist rein geblieben derweil. Aber das Einkehrhaus will zu einer Lumpenschenke werden. Dazu paß ich nimmer und mein Weib auch nit und die Helenerl schon gar nit. Wenn's ein Touristenwirtshaus wäre, ein Alpenhospiz. Wo die harten Stein- und Eisberge, die wilden Wetter Wacht halten, eine heilige Wacht in der Hochwildnis, daß keine Sündhaftigkeit und kein Frevel mag aufkommen. So ein Bergwirt in der Einsam, zu dem nur die fröhlich-frommen Naturanbeter hinaufsteigen, was kann er schaffen, wie vielen Leuten kann er Gutes tun und wie dankbar sind sie für die Heimstatt, für die wirtliche Sorgfalt in des Wetters Unbill und in den Gefahren der Hochtouren.

So sann der Michel. Mit Wehmut fast erinnerte er sich ans alte Hospiz auf dem Hohen Tauern, wo er einmal eine Weile Kellnerjunge gewesen. Das ganze Haus stand im Dienste der Nächstenliebe. Immer die geheizte Stube, die warme Suppe, wartend auf den erschöpften, halberstarrten Ankömmling. Immer stieg jemand auf den Moränen umher, sah und horchte hinab in die Kare, in die Wände, in das Eis, ob nicht etwa jemand in Not sei. Aus vielen Ländern kamen hochgemute Menschen zusammen, fanden sich gegenseitig brüderlich bereit zum Beistand. Alles war lautere Kraftfreude, Naturfreude. Am Abend mahnte der Wirt beizeiten die Gäste zu Bette, auf daß sie am nächsten Frühmorgen mit frischer Begeisterung des Hochgebirges Herrlichkeit genießen und feiern konnten. Ja, da weiß der Wirt, wozu er auf der Welt ist.

»Na, Michelwirt!« sagte er laut zu sich selbst. »Für so was bist du zu alt. Angehender Fünfziger, da zahlt sich keine große Veränderung mehr aus. Aber so kann's auch nimmer lang bleiben.«

Damit war sein Sinnen nicht zu Ende. Das spann sich weiter: Zuletzt ist eins wie's andere. Wie sich's der Mensch einbildet, nit anders. Wie er sich's einbildet. Ja, wenn's so wär, daß der Mensch sein Leben, wenn es aus ist, allemal beim Anfang wieder anheben könnt! Oder müßt! Und wiederholen, eins wie's anderemal, ganz gleich. Nachher möcht sich's schon auszahlen, daß man betrübt wär um das verpfuschte Leben, das immer gleich verpfuscht wiederkehrt. Nachher schon. Aber so nit. So zahlt sich's nit aus, daß sich einer abgrimmt wegen der paar Jahrln da. Vorher nix und nachher auch nix. Bissel Einbildung, paar besoffene Bauern da, haben's eh hart auf der Welt, nix Gutes. Bisweilen eine Sauerei, wenn sie sich dabei unterhalten. Warum nit! Ist ihnen zu gunnen. So muß man sich denken; aber Schandbares nix, nur nix Schandbares einbilden. Bissel ehrbar sollt's wohl hergehen im Kopf und im Haus, wenn man schon meint, daß eins ist. Aus den schwarzen Micheln ist ein blondes, blauäugiges Dirndl worden, mit den Schwarzaugen ist's aus. Aber auch ums Blauäuglein herum – wenn man sich schon einbildet, daß eins ist – muß es ehrbar hergehen. Immer kommt mir für, es steht eine Veränderung vor. So kann's nimmer lang bleiben.

Es war dort, wo die Straße auf einer langen Holzbrücke über die Mur führt, hinauf gegen Sandau und Sandwiesen. An der Brücke kehrte er um; aber nicht mehr auf der Straße ging er zurück, sondern am Fußsteig, den Fluß entlang. Er schaute ins Wasser, wie es in hohen braunen Wellen daherwogt mit stiller Gewalt, ohne Rauschen und Brausen. Aber der Boden dröhnte leise. Ist es der Regentage wegen oder ist im Hochgebirge schon die Schneeschmelze eingetreten?

Auf einem Uferstein sitzt ein fremder Mensch im schwarzen Gewand und hält die Angelstange über das Wasser hinaus, zieht sie aber nie in die Höhe. Der Michel steht hinter einer Weide und schaut dem Fischer zu, will just einmal wissen, wie lange bei Fischern die Geduld vorhält. Ja – sie hält bei Fischern länger vor als bei Wirten; der Mensch sitzt unbeweglich da und hält die Stange unbeweglich hinaus. Da tritt der Michel ihm nahe und spricht mit Fröhlichkeit: »Ja, will denn gar nix anbeißen?«

Der Fischer schaut nicht erst um, wer es sei, der da fragt, gleichgültig gibt er zur Antwort: »Anbeißen schon, aber 's ist allemal nur ein Fisch.«

»Ja, mein Lieber, was wollt Ihr denn sonst fischen?«

»Menschen –«

Der Michel schüttelte seinen schwarzlockigen Kopf und ging seines Weges. Den Mann hatte er nicht gekannt. Menschen will er fischen, wie Petrus, vielleicht auf Gassen und Straßen, oder in Wirtshäusern? Gut. Aber aus dem Wasser Menschen! ...

Der Einbildung hing er noch lange nach.

Dann wollte er durch die Au und das Lärchenwäldchen ins Dorf zurückkehren. Allein hier war das Wasser ausgetreten und aus dem trüben Spiegel standen die Bäume auf. Er mußte wieder zur Straße hinüber.

Dort setzte sein Sinnen neuerdings bei den schwarzen Micheln ein und wieder mündete es beim blonden Mädel aus. Was wird die einmal für einen fischen? Na, die fischt nicht, im Gegenteil, daß sie nur nicht einmal wo anbeißt! Angeln tun ihrer etliche. Recht oft beobachtet er heimlich. Sie ist das stille, heitere Dirndel wie immer. Ahnt es gar nicht, wie sie von den Augen junger Männer aufgegabelt wird. Es wäre freilich ein leichtes Anheiraten, so ein Mädel, so ein Wirtshaus; das berufenste in der ganzen Gegend von Löwenburg bis in die Sandau hinauf. Sie wird keine schlechte Auswahl haben, ja, sie müßte eigentlich schon drauf gekommen sein – auf den rechten –. Wollt mich wundernehmen, wenn sie alleweil noch nix tät merken! Oder ist's ein stilles Wasser? Ein tiefes?

Und war es, daß der Michel schon in der nächsten Viertelstunde zweien Verehrern seines Töchterleins begegnen sollte.

Mitten auf der Straße waren zwei Burschen aufeinander geraten, ineinander verschlungen zu einem heftigen Ringen. Der eine suchte den anderen von sich zu schleudern, der andere klammerte sich an den einen fest und wollte ihm ein Bein stellen. So fuhren sie wie ein wildes Tier mit vier Beinen quer auf der Straße hin und wieder, strampfend, schnaufend – wortlos. Es waren der Straßenarbeiter Kruspel und Försters Friedl. Der Michel, der von den Ringenden nicht bemerkt wurde, schaute wohlgefällig zu. Buben müssen raufen, das macht sie stark und mutig. Und der Stärkere wird wohl der Försterische sein! Er war es nicht, wenigstens nicht der Abgefeimtere. Plötzlich lag er, durch eine tückische Wendung hingeschleudert, daß der Straßenkot hoch aufspritzte. Der Kruspel ließ aber nicht ab, er stürzte sich auf den Unterliegenden, stemmte ihm die Knie in den Magen, krampfte seine Finger in die Gurgel und würgte ihn. Als er den Michelwirt gewahrte, wie dieser fluchend herbeisprang, stieß er dem Försterischen noch rasch zweimal die Faust ins Gesicht, ließ los und flüchtete sich mit großen Sätzen in den Lärchenschachen.

Der Friedl sprang auf und wollte jenem nachlaufen. Gerade vor dem Michelwirt, denn er schämte sich, unterlegen zu sein.

»Oho!« rief der Wirt und fing ihn ab. »Im jetzigen Festanzug kannst nit heim. Komm, wir gehen durch den hinteren Hof ins Haus und in meiner Stuben ziehst du einen anderen Menschen an.«

Der Friedl, der sich erst den Lehm aus dem Mund sprühen, aus den Augen reiben mußte, sah es wohl ein, daß er in seiner schmutztriefenden Gestalt für alles unmöglich war; er flüchtete sich in das ihm vorgeschlagene Versteck, um sich in den Jägeranzug des Wirtes zu hüllen.

Der Wirt selbst hatte stark im Gastzimmer zu tun. Dort waren sie während seiner Abwesenheit glücklich raufend geworden und hieben mit Fäusten und einstweilen noch zugeklappten Messern aufeinander. Die Weibsleute hatten sich in die Küche eingesperrt. Der Hausknecht versuchte, den Frieden mit einem Heugabelstiel herzustellen. Den Stiel fing ihm ein Bauernbengel ab und wollte dann den Hausknecht behandeln wie ein Fuder Heu, da trachtete dieser seiner eigenen Sicherheit zu. Mitten ins Gepolter hinein trat nun der Michel. Da duckten sie ein wenig ab. Vor dem kleinen schwarzen Mann hatten sie Respekt. Wußten nicht warum, aber hatten ihn.

»Ja, Leuteln, was machts denn da!?« sagte er.

Mit gellendem und mit heiserem Geschrei wollten sie ihm die Ursachen des Streites beibringen; jeder war der Unschuldige und alle anderen waren die Lumpen und Hunde und Ochsen. Jeder rief den Wirt zum Schiedsrichter an und verlangte, daß er die anderen durchhauen helfe, wenigstens durchhauen lasse. Blut gab es auch schon, einstweilen nur aus den Nasen.

»Aber Nachbarn und Kameraden,« rief der Wirt, »wenn ich vermitteln soll, so muß der Handel erst ruhig besprochen werden. Das wollen wir auf dem Anger draußen machen. Unter den Linden. In der Stuben ist mir die Luft zu schlecht.«

Schreiend und lallend torkelten sie über die Schwellen hinaus, und als alle draußen waren, schrie ihnen der Michel nach: »Geht heim und schlaft euch aus!« Und warf hinter ihnen die Tür ins Schloß.

So ist der Bauernfeiertag würdig beschlossen worden.

Zwei Knaben gehen aus bei der Nacht

Es war tiefnächtig.

Elias lag im Bette und seine frommen Betrachtungen über den Schlaf gingen in diesen über und wurden Träume. Da kam der Friedl nach Hause. Manchmal schon war er zur Nachtzeit heimgekommen, aber so vorsichtig hatte er die Tür noch nie auf- und zugemacht, so leise war er wohl noch nie durch die Stube geschlichen. Ohne Licht zu machen, zog er sich aus, pferchte das Gewand auf dem Boden seines Kastens zusammen und suchte seine Werktagskleider hervor für den morgigen Tag. Niemand sollte es wissen, was ihm passiert war. Dann aber schrie er aus dem Schlafe auf, so laut, daß Elias wach wurde. Der glaubte, den Namen Kruspel gehört zu haben. Am nächsten Morgen fiel es ihm auf, daß der Friedl nicht lustig war, daß er schiefe Wangen hatte und am Kinn eine Hautabschürfung.

»Fehlt dir was, Friedl?« fragte er.

»Halt's zsamm!« schnauzte ihn der Bruder ab. Weiter nichts, aß seine Rahmsuppe, nahm das Beil über die Achsel und ging davon.

Darüber war Elias den ganzen Tag gedrückt. Er hatte sich in Schulgegenständen Wiederholungen auferlegt; aber im Latein stand der Friedl mit vergrämtem Gesicht, in der Mathematik stand der Friedl schweigsam und finster, das eiserne Beil auf der Schulter. Elias hatte Angst und wußte doch wieder nicht warum. Sind ja so viele Leute ungut aufgelegt, wenn nach einer Reihe von Feiertagen wieder der Werktag kommt. Warum soll denn just der Friedl immer lustig sein! Und hat er ihn nicht schon selbst zu größerer Ernsthaftigkeit ermahnt, wenn er zu lustig war? Und warum soll er nicht das Beil auf die Achsel nehmen, wenn er in den Holzschlag geht? Da nahm sich der Junge vor, recht angelegen lieb zu sein mit seinem Bruder, wenn er am Abend zurückkommt von der Arbeit.

Um die gewöhnliche Stunde kam er zurück, aber nicht mit einem Scherzgruß, wie er sonst die Seinen zu begrüßen pflegte. So wortkarg war er beim Abendessen, daß ihn der Vater fragte: »Ist dir was, Friedl?«

»Nein!«

Bald ging er zu Bette, lag so ruhig, als ob er schlafe. Aber plötzlich, als längst alles still geworden war im Hause, sagte der Friedl halblaut und kalt: »Den Kruspel muß ich umbringen.«

Elias hatte es gehört. Hatte es schrecklich verstanden und doch nicht verstanden. Er stand auf, zog sich an und setzte sich ans Bett zu Häupten des Bruders. Dort blieb er unbeweglich sitzen, wohl eine Stunde lang. Zu den Fenstern schien der Mond herein. Elias wußte nicht, was das war. Er betete. Dann legte er seine kühle Hand ganz leicht auf das Haupt Friedls.

»Geh schlafen,« sagte dieser, »umbringen nit, aber ein Denkzettel soll der kriegen!«

Wagte es der Student und fragte beklommen: »Friedl, was hat's denn gegeben?«

Der Friedl richtete sich im Bette auf. – »Vorgestern, ich will heimgehen vom Eierlocken. Beim lichten Tag ist's noch. Auf der Straßen bei dem Lärchenschachen der Wegmacherbub. Wir warteln. Er springt her, packt mich an. Ich wehr mich, er schlägt mir das Bein aus, würgt mich, stößt mir die Faust ins Gesicht – zweimal, das für die Michelische, sagte er, und das für dich! Der Michelwirt ist just dahergegangen, da lauft er davon.«

Der Friedl krümmte sich zusammen und dann stieß er zwischen den Zähnen hervor: »Und ich bring ihn doch um.«

»Also gerauft habt ihr,« sagte Elias völlig erleichtert.

»Raufen nennst du das, wo er das Mädel mißhandelt. Gerade so gut wie sie persönlich. Wenn er einmal sagt: das ist für die Michelische! Weil sie ihm damals eine hat gegeben, so hat er ihr jetzt die dreckige Faust ins Gesicht gestoßen, dieser Schandbub, dieser Straßenräuber! Dieser Erzgalgenstrick!«

Elias war beinahe froh, als der Bruder endlich fluchte. Das in Wut halberstickte Erzählen ohne allen Schimpf war unheimlicher gewesen.

»Mußt denken, Friedl, sie hat nix davon gespürt.«

»Gespürt? Dummian! An dem ist's ja nit!«

»Weiß sie was davon?«

»Der Narr bin ich nit, daß ich ihr's hätt gesagt.«

»Nun schau, wenn sie nichts davon weiß! Und bist du nicht froh, daß du was für sie hast leiden können?«

»Ich denke, mein Lieber, der Wegmacherbub wird was für sie leiden müssen, *dann* werde ich froh sein.« Er biß die Zähne aufeinander, daß sie knirschten.

»Aber Friedl,« sagte Elias, »wer wird sich denn wegen solcher Sachen so giften! Hast ja selber den Schaden vom Giften. Der Kruspel lacht, wenn er's erfährt, daß er dich so wurmen kann. Der Wegmacherbub ist Luft und sonst gar nichts, so mußt du denken. Und dir nichts machen aus ihm. Hernach gift't er sich.«

»Großartig, wie du gescheit bist, Student!«

»Mein Gott, ich gescheit!« antwortete Elias einfältig. »Wie soll denn ich gescheit sein können! Hab noch nichts erlebt. Kann mir wohl denken, daß es schwer sein wird, zu verzeihen, wenn einer so was am eigenen Leib erfahren hat. Aber schau, der Christ muß sich was gefallen lassen können. Bist ja im Vorteil. Denke, wenn *du* so gemein wärest wie der Kruspel, *das* wär ein Jammer! Er ist ein starkes Tier und hat dich auf den Erdboden geworfen. Du bist ein starker Mensch und stehst wieder auf. Und gehst deines Weges und bist still und vergißt. Hättest du denn keine Freude an dir, wenn du so sein könntest? Gib dich zur Ruh und denke, daß auch der Herr Jesus hat unschuldig müssen leiden. Was dem Menschen kommt, das soll er mannbar ertragen und still sein. 's ist ja bald vorbei. Denke, Fridolin, auf dieser Welt währt's nicht lang und nachher, wie wird der Kruspel in der Ewigkeit ein armseliger Wurm sein und du ein schöner Engel!«

»Weißt du,« sagte jetzt der Friedl, »meinetwegen mag der Wegmacherbub nachher sein, was der will, nur Prügel muß er jetzt kriegen. Geh in dein Bett, du frommes Knäblein du, auf deine Christenlehr kommt mir der Schlaf. Gute Nacht!«

Das ist in derselben Nacht gesprochen worden, dann schliefen sie ein, und der Mond legte seine blassen Fenstertafeln auf die Dielen hin und der nächtliche Frieden lag über den beiden jungen Herzen, in welchen die Sanftmut und die Rache wohnten.

Dann kam wieder ein Tag und wieder eine Nacht. Der Friedl hatte seines Feindes nicht mehr erwähnt, er war nicht heiter, aber auch nicht mehr finster. Elias war voll Beseligung darüber, daß sein Zureden beruhigt hatte. Er konnte nicht wissen, daß der Bruder in seiner Rocktasche ein Pappenschächtlein hatte, und noch weniger, was da drinnen war. Der Friedl ließ manchmal die Augen rollen und schwieg. Da ist es in einer Nacht gewesen, daß Elias plötzlich erwacht. Draußen in der Vorstube ein Geräusch, als ob jemand etwas vom Wandnagel herabgenommen hätte. Elias schaute auf das Bett seines Bruders hin, der Mond schien auf das weiße Linnen, es lag wulstig zurückgeworfen, der Friedl war nicht da. Der Junge sprang rasch auf und zog sich an, auch Stiefel und Hut, und ging hinaus. In der Vorstube ein Blick an die Wand, wo das Schrotgewehr zu hängen pflegte; das war nicht da.

In der nächsten Minute eilte Elias über die Brücke der rauschenden Ach und auf dem Wege dahin gegen Eustachen. Was kann er sonst wollen bei der Nacht? Da gibt's ein Leben zu retten! Nicht an das Leben des Wegmacherbuben dachte er, als er eilte, mehr laufend als gehend. Das Leben seines Bruders, das zeitliche und das ewige! Das ist schon wert, daß sich einer die Lunge zu Tode läuft. So viel wird schon übrigbleiben, um ihn zu beschwören: Bei dem Andenken unserer Mutter, tu's nicht! Der Friedl hatte sie ja noch gekannt, fünf Jahre lang war sie bei ihm gewesen, hatte ihn hundertmal geküßt und gesegnet. Er kann's nicht tun. Mutter im Himmel, bitt für ihn bei Gott zu dieser Stunde! Der Vollmond, der sein weißes Licht so mild vom Himmel gießt, das ist ein Gnadenstrom! –

Schon war Elias am Wegkreuze, wo das Hochtal in den Murboden ausweitet, und hatte ihn noch nicht eingeholt. Hatte der Friedl den Fußsteig über die Böschung am Waldrande genommen? Dann muß er ihn am Rain treffen, hinter der Lechnerhütte. Der Kruspel wohnte bei seiner Base in der Lechnerhütte. Also quer über die Wiese hin.

Da hört er Schritte, er horcht, er weiß noch nicht, woher, sie tapfen nur so in der Luft; vom Waldrande herab kommt eine schmale, lange Gestalt, gespensterhaft lang, denn es war ein Mann und sein Schatten, die sich in gerader Linie fortsetzten. Elias ging ihm langsam entgegen.

»Wer ist's?« fragte der Friedl erschrocken.

Der Student antwortete nicht, trat an den Bruder entschlossen heran und langte nach dessen Gewehr. Sie rangen. Schweigend rangen sie um die Waffe, nicht heftig oder zornig, nur zäh und überlegsam, scheinbar fast gemütlich. Aber die Arme, die sich gegenseitig zu biegen, zu fassen, abzuwehren suchten, waren stramm gespannt. Nach einer Weile standen sie still und schnauften. Elias hielt seinen Bruder am Rockflügel fest.

»Gib mir das Gewehr, Friedl!« sagte er halb drohend, halb bittend.

Der Friedl war ein wenig überrascht von der Kraft des schlanken Burschen, obschon er selbst ihm seine zwanzigjährige Gewalt noch nicht eigentlich hatte spüren lassen. Er hatte nur den Angreifer vor sich abzuhalten und das Gewehr hinter dem Rücken zu bergen. Da machte Elias plötzlich einen Sprung, erfaßte den Riemen, im nächsten Augenblicke wurde die Waffe festgehalten von vier Händen, da knallte es und die Schweinsborsten sausten in die Luft hinaus. Damit hatte der Kampf ein Ende. Der Friedl ließ die Waffe los, was sollte sie ihm auch, er hatte keine Ladung für einen zweiten Schuß; seinen Ärger wußte er nicht anders anzubringen, als daß er dem Studenten mit aller Macht ins Gesicht schrie: »Du dummes Schaf!« und langsam dahinsüffelte über die taunasse Wiese.

Elias ging mit seiner Trophäe wieder ins Hochtal hinein, dem Forsthause zu. Das »dumme Schaf« machte ihm gar nichts. Er nahm es für eine Umschreibung des einfältigen und unschuldigen Schäfleins in der Bibel. Er kam sich bedeutend vor! Wie ein tapferer Kämpfer, wie ein eifriger Seelsorger.

Über den dunklen Bergen lichtete sich der Himmel. Es war der Morgen da. Über die Ach geschritten, versteckte der Junge das Gewehr unter dem Brückenkopf, und wie er aus dem Hause geschlichen war, so wollte er wieder hineinschleichen. Es war ja natürlich, daß von dieser Geschichte niemand etwas erfahren dürfe. Aber es kam anders, als er sich das gedacht hatte.

Ein Weilchen nach Mitternacht hatte die alte Sali an die Schlafzimmertür des Försters geklopft. Ob er nichts höre? rief sie durch das Holz, im Hause sei ein Unfrieden, vom Vorboden her habe sie etwas vernommen und das Haustor habe sie gehen gehört.

»Hast es abends gut zugesperrt?«

»Zweimal den Schlüssel um.«

»So kann niemand hereingegangen sein.«

»Aber, Herr Rufmann, was hilft denn das! Wenn ich was gehört hab!«

»Wenn was wär, so müßt sich der Waldl gemeldet haben,« meinte der Förster. »Geh einmal hinaus und schau nach.«

»Wer, ich?« entgegnete sie durch die halbgeöffnete Tür, zitternd vor Erregung und Angst. »Nit ums Halsabschneiden!«

»Das wär was Neues, Sali!«

»Ich bin aufgenommen für meine Dienste, Herr Oberförster, aber nit für solche Sachen bei der Nacht!« »Oberförster« sagte die Alte, da mußte sie schon arg gereizt sein.

Also stand Rufmann auf und ging hinaus. Das Tor war nicht versperrt, nur angelehnt. Da fiel es ihm ein: Der Friedl! Am Ende geht dieser Racker aus! Er polterte die Treppe hinauf und in die Schlafstube seiner Söhne. Richtig! Friedls Bett ist leer. Der wagt was! Sollt's schon der Vater nicht wahrnehmen, so nimmt's der Student wahr. Und vor diesem schämt er sich nicht? – Er hielt den Leuchter über das andere Bett. Und – auch der junge Theolog ist nicht da ...

Jetzt war noch die Sali erschienen. Als sie den Förster vor den leeren Betten stehen sah, starr vor Verblüffung, da eilte sie die Treppe herab, klammerte die Finger aneinander, indem sie dachte: Jetzt hab ich was angestellt! Mein Gott, jetzt hab ich was angestellt!

»Eierlocken werden sie sein gangen,« rief sie nachher.

»Ja freilich, Eierlocken! Jetzt bei der Nacht! Weiberleutschmecker sein s'. All zwei. Der junge Lecker auch schon, das krank Buberl! Ja, wohin soll man die

Kinder denn geben zur Erziehung, wenn sie sogar im Priesterseminar nixnutzig werden! – Plutzersakermentsbuben! Wenn ihr heimkommt, freut euch!«

Er zog sich vollends an, ging in die Nacht hinaus und horchte. Das Rauschen der Ach. Er schaute in die Gegend hinaus zu den in Berg und Tal verstreuten Hütten. Bei welcher mögen sie Unterschlupf gesucht haben? Diese und jene fiel ihm ein, die so leichtfertig sein möchte. Er ging ums Haus herum. Im Hofe sprang ihn der Waldl an; geschmeichelt von dem Besuch zu solch ungewohnter Stunde wollte er des Hausherrn Gesicht belecken. Dieser schob ihn barsch von sich und schritt weiter.

Die kühle Luft brachte sein erzürntes Gehirn so weit herab, daß er den Friedl beinahe verstand. Denn er erinnerte sich zufällig, daß auch er einmal zwanzig Jahre alt gewesen war. Jetzt ist ihm freilich schon die Zeit der Tugend gekommen, da der Mensch vergißt, daß sich alles wiederholt.

So ein Kindl, wenn's auf die Welt kommt, wie man da gleich meint – was Apartes. Nachher in der kindlichen Unschuld, mit dem weichen, guten Herzlein, mit den hellen Äuglein – so was Himmelartiges! Daß man denkt, aus dem wächst sich was Besseres, das macht sich, als ob es die Sach einmal um ein paar Staffeln höher bringen könnte. Und bis so ein Ding sich auswachst, ist es der alte Adam. Ein Geschlecht wie das andere, wir kommen nicht weiter. Bei dem Älteren möchte ich's noch begreifen, begriffe ich's eher. Aber bei dem Kleinen! Geistlich will er werden, der Ludersbub! –

In solcher Stimmung war der Förster, als Elias ans Haustor kam. Er vertrat dem Jungen den Eingang.

»Wo bist gewesen?«

Elias erschrak und schwieg.

»Wo du gewesen bist!« rief der Förster, und rief es ein drittes Mal.

Antwortete der Junge: »Ich kann's nicht sagen.«

»Weil es ihm in der Geistlichenschule zu streng ist,« fuhr der Förster zürnend fort, »so läßt er sich krank melden, damit er aufs Land kann und allerhand Lumpereien treiben. Beim Tag hockt er über den Büchern, dieweilen er wohl an den heimlichen Spitzbübereien sinnt. Beizeiten fängst du an mit dem Heucheln und Huren, hörst du! Die Heuchelei hab ich schon gar gern, alles wollt ich dir lieber verzeihen als diese gottvermaledeite Heuchelei. Beim Tag ja, da gibt er dem andern gute Lehren, und bei der Nacht – Racker seid ihr!«

Elias schwieg. Starr schaute er dem zornigen Vater ins Gesicht und schwieg.

»Oder hat dich der Friedl verführt?«

»Nein,« sagte der Junge schnell und kurz.

»Wo ist der Friedl?«

Der Friedl war vorher vom Waldweg herabgekommen. An der Hausecke hatte er gehorcht, und als er nun merkte, was es gab, trat er vor. Der Förster fuhr ihn derb an, wo sie die Nacht zugebracht hätten?

»Mit der Büchse sind wir ausgewesen,« antwortete der Bursche.

Der Förster hob betroffen sein bärtiges Haupt. »Mit der Büchse?«

»Marder schießen.«

Der Förster schwieg ein Weilchen. Dann schüttelte er den Kopf. »Försterbuben. Und wissen nicht, wann man Marder schießt.«

»Ist der auch mitgewesen?« fragte er, den Studenten am Rockkragen fassend und ihn dem Friedl vorschiebend.

»Wo hast denn das Gewehr?« fragte der Friedl den Bruder.

»Unter der Brücke ist's.«

»Unter der Brücke? Will doch einmal sehen, ob's wahr ist,« sagte der Förster.

Da fand sich unter dem Brückenkopf das Schrotgewehr und nun sollte er es wohl glauben. Und wie gerne! Gerade gescheit ist das nicht, in der Nacht Marder schießen gehen! Aber schöner ist's doch immer als das andere, was er geargwohnt. Und jetzt tat's ihm leid, daß er den Jungen so wild beschimpft hatte. Er nahm den Studenten beiseite und stellte ihn scharf zur Rede, weshalb er sich bei den Anschuldigungen nicht verteidigt habe.

»Mir scheint, mit Absicht hast du mich ins Unrecht setzen wollen – wie? So darfst du es nicht wieder machen. Ein Mann, wenn ihm unrecht geschieht, muß sich rechtfertigen. Gut, ich fordere Respekt von meinen Kindern, aber daß sie sich von mir unbegründet schmähen lassen sollen, das mag ich nicht, das schon einmal gar nicht. Irren kann sich ja der Mensch. Und da ist's mir schon lieber, sie widersprechen mir, und wenn's auch grob wäre. Lieber wie die Muckerei, wo man sich nicht auskennt. So – Elias, jetzt geh zu deiner Suppe. Und merk dir's!«

Mit diesem Sermon hatte der Alte sein ungeberdig gewordenes Herz beruhigt. Anstatt sich selbst macht man die Vorwürfe denen, so man unrecht getan hat.

Der Elias aber dann zum Bruder: »Marder schießen! Warum hast du den Vater angelogen?«

»Warum hast du mich denn nit Lügen gestraft? Bist eh daneben gestanden.«

Dachte sich der Student: 's ist wahr, ich bin selber nichts besser.

Sie sprechen von einem glückseligen Tag

Hatte Rufmann sich diesmal gleichwohl geirrt – angestochen war die Frage doch.

Er beobachtete den Friedl immer wieder ein bißchen. Fiel ihm weiter nichts auf, als daß er in letzter Zeit statt vorwitziger Gsangeln zarte Liebeslieder sang, ganz kurze, und gar nicht laut sang. Im Text lag's nicht so gerade, der war feststehend, wie alle jungen Mannsleut im ganzen Tauerngebirge. an der Melodie lag's, in ihr spürte der Vater, und er war Kenner, das heimliche Liebesatmen des Sohnes. Er hatte bald eine Ahnung, von welcher Seite der Maienhauch kam.

Und eines Tages steckte ihm's die alte Sali vergnüglich – die Leut täten tuscheln! Ja, ja, die täten allerhand tuscheln – vom Försterbuben und von der Michelwirtischen!

»Ah na, das glaube ich nicht,« sagte Rufmann. Aber er glaubte es sehr schnell und er glaubte es sehr gern. Es geschieht ohnehin wunderselten, daß ein geheimes Herzensträumen wahr wird. So sehr der Alte sich entsetzte in selbiger Nacht, tatsächlich hatte er für seinen Buben Liebespläne gesponnen, lange bevor diesem von einer Frau etwas eingefallen war. Das war's ja eigentlich, weshalb er so erschrak, als der Bub in der Nacht in Verlust geraten. Wenn er bei einer Unrechten klopfte! Und jetzt soll er warten, bis es die Jungen anzetteln, die lieben, dummen, ungeschickten Jungen. Und sollt sich blind und taub stellen, da doch schon halb Eustachen sehend und hörend ist. Hatte er nicht einen Freund, mit dem er sonst alles zu besprechen pflegte? Das halbe Anspielen und das halbe Verdecken tut's nicht. Die halbe Wahrheit ist eine halbe Lüge. Wie Falschheit kam's ihm vor, daß er nicht schon einmal offen über die Sache mit dem Michel geredet hatte.

Eines Tages saßen sie beisammen im Wirtsgarten. Es war ein klarer Tag nach einer klaren, kalten Nacht. Erst war das schlanke Mädel zwischen Busch und Baum dahingegangen gegen den Gemüsegarten, an dessen Rande sie auch ihre Blumen hatte, noch kaum erblüht, nur schwellend in zarten Knospen.

Die beiden Männer hatten anfangs beim Frühschoppen ein Gespräch geführt, dann huben sie an wie immer zu singen. Was gerade so anflog.

»Es waren einmal zwei Knaben,

Die zogen am Morgen aus;

Weiß' Federn auf dem Hute,

Das Herz voll frischem Mute –

Und kamen nimmer nach Haus.

Der erste der ist begegnet

Wohl –«

»So, jetzt weiß ich nicht weiter,« unterbrach Rufmann sein Singen. Da sprang der Michel ein:

»Der erste der ist begegnet

Des Königs Herrlichkeit.

Der tat mit Laub ihn zieren

Und auf das Schlachtfeld führen

Wohl zu dem Todesstreit.«

Nun wußte der Förster schon weiter:

»Der andre der ist begegnet

Wohl einer schönen Frau.

Der tat aus Lieb erblinden

Und konnt den Weg nit finden

Zurück ins Vaterhaus –«

»Du bist um einen halben Ton zu tief gewesen,« sagte der Michel.

»Es tut's nicht mehr recht. Ohne meine Laute ist's nichts.«

»Lassen wir's gehen,« sagte der Michelwirt. Dann schwiegen sie. Der Förster räusperte sich. Da sprach der Michel: »Was hab ich nur sagen wollen? Ich hab dir was sagen wollen.«

»Ich habe dir auch was sagen wollen,« drauf der Förster.

»Ja richtig, Paul. Einen guten Tag müssen wir uns einmal antun. Weiß nit, was das ist, im heurigen Frühjahr kommt mir das Sonnenlicht nit so hell vor wie sonst. Wir müssen uns öfter einen lustigen Tag machen.«

»Ja, wenn man das immer so könnte!«

»Du, man kann's! Rufmann, man kann's! Nur Übung! Mir fehlt sie ja selbst noch arg, die Übung. Im Denken sind wir alle noch Stümper. Können uns das Angenehme nit stärker vorstellen wie das Unangenehme. Das muß gelernt werden. Nachher ist's gewonnen. Was man sich denkt und einbildet, das ist.«

»Ach, mit deiner Einbildung!«

»Geh, Freund, laß mir diese Einbildung,« sagte der Michelwirt, »wenn ich sonst nimmer aus weiß, flüchte ich zu ihr. Sie ist mein Extrastübel.«

»So sollst es haben, dein Extrastübel.«

»Und lachest mich doch heimlich aus. Aber es ist einmal so. Ich sag dir, es ist so. Jeder kann sich die Welt machen, wie er sie haben will. Er denkt sie so.«

»Nicht einmal eine Kegelkugel lauft, wie man sie schiebt, und erst die Weltkugel wird laufen, wie man's denkt!« sagte der Förster. »Was hilft's, wenn ich mir zehnmal denke, die Waldbäume sind frisch und gesund, wenn sie doch ihre Wunden haben und dieser verdammte Pechschaber wieder da ist. – Was hilft's, wenn ich mir denke, meine Buben sind unschuldige Kinder, dieweil sie doch schon brandluntenheiß verliebt sind.«

»All zwei?«

»Wenigstens der eine für zwei, der Friedl.«

Der Michelwirt spielte ein erschrockenes Gesicht und antwortete: »Verliebt! Um des Himmels willen, wird doch das nit sein! Ein zwanzigjähriger Bursch verliebt! Das ist unerhört.« Dann sprang er über: »Sag mir, Rufmann, hast du nie ein Liebeslied gesungen? Wie singen sie sich denn am schönsten, allein oder zu zweien?«

»Du hast recht, du hast recht,« sagte der Förster, denn nun hatte er den Wirt dort, wo er ihn brauchte.

»Michel, tut dein Töchterl, die Helene, auch gern singen?«

»Das kannst dir denken. Aber nur, wenn's niemand hört. Mir scheint, das Mädel schämt sich, daß es singen kann.«

»Was wolltest du denn sagen, Freund, wenn mein Bub deinem Mädel das Schämen – wegen des Singens meine ich – abgewöhnen möchte?«

»Wenn sie gut zusammenstimmen, warum denn nit?«

Das war Wortes genug. Der Förster brauchte nicht mehr. Er blieb gleichmütig. Jetzt hatte er Grund unter den Füßen. Und sagte: »Erst muß er mir noch auf eine Forstschule. Aber ich halte es gut für einen jungen Menschen, wenn er frühzeitig weiß, wem er zugehört.«

»Desweg sag ich ja, Rufmann, wir werden noch einmal einen glückseligen Tag miteinander haben.«

Solches ist gesprochen worden im Wirtsgarten zu Eustachen.

»Der andre tat begegnen

Wohl einer schönen Maid,

Der tat vor Lieb vergehen,

Und ist ihm wohlgeschehen

In alle Ewigkeit.«

Sie sangen es selbander und merkten nicht, daß sich das Lied gleichsam von selbst umgedichtet hatte.

Der Tag war heiß geworden. Und als die Sonne herniederbrannte und die Sänger nach besserem Schatten sich umsahen, merkten sie, daß an den Fichten die jungen Triebe welk niederhingen.

»Bissel Nachtfrost haben wir gehabt,« sagte der Förster. »Ich hab's gleich am Morgen bemerkt, die ganze Wiese vor dem Hause grau. Das macht nicht viel, bei uns oben. Im Gebirge tut das noch nichts um solche Zeit. Ihr da in Eustachen seid wohl rund um zehn Tage voraus. Euch meint es der Ringstein gut, der den Tauernwind bricht. Aber trutz sag ich, ihr müßt warten mit dem Kohlpflanzensetzen noch ein paar Wochen.«

Auf dem schmalen Kieswegleinn heran kam wieder das schlanke Mädel langsam und nicht gar lustig. Es glaubte sich allein und zupfte an einem Ruckerl Blütenblättchen ab. Dann warf sie das Blümlein zornig zu Boden und murmelte: »Wenn er nur einmal was sagen tät!«

»Nun, Helenerl, was treibst du, was träumst du, was denkst du?« so grüßte der Förster.

Sie erschrak ein wenig, tat aber nichts desgleichen.

»Meine Freud ist umsonst gewest,« sagte sie heiter, als wäre das spaßig. »Alle Blumen sind hin.«

»Mach dir nichts draus, mein Kind, sie kommen wieder.«

»Es fiel ein Reif in der Frühlingsnacht!« summte der Michel.

Elias bleibt lieber daheim

Auf seine Anfrage ans Seminar, wann für Elias der Urlaub zu Ende sei, war der Bescheid gekommen, der Junge könne selbstverständlich jeden Tag einrücken. Sollte es aber zu seiner völligen Kräftigung notwendig sein, so wolle man raten, ihm das Jahr dreingehen zu lassen, daß er sich im Herbste zum neuen Schuljahre gestärkt einfände.

Rufmann besprach sich darüber mit dem Michelwirt. Der fragte zuerst, was dem Studenten eigentlich fehle? Man merke ihm nichts an. Der Förster gab zu, daß er selber nicht klug werde.

»Die Sonne will ihn nicht bräunen. Und leicht ermüdet, wie Jungen in diesem Alter schon sind, wenn sie stark wachsen. An Appetit fehlt's gerade nicht; Kostverächter, sagt die Sali, wäre er keiner. Auf den Rahmkaffee, sagt sie, gehe er wie ein Wolf aufs Schafblut. Aber« – so schilderte Rufmann weiter – »zu wenig lustig ist er mir, zu totig, lost so herum. Bissel schneidiger, wenn er wäre.«

»Die Stadtkrankheit hat er,« sagte der Michel. »Nervös ist er. Beim Studieren hat er sich überanstrengt. Das gefällt mir von seinem Rektor, daß er ihm Urlaub gibt zu einer gründlichen Kräftigung. Daß das Werkzeug fest sein muß, wenn der Geist was leisten soll, das wollen die gelehrten Herren sonst nit immer einsehen. Laß ihn halt heraußen ein halbes Jahr.«

»Ein Jahr länger in der Sorge. Ist halt bitter,« meinte der Förster.

»Es bezahlt sich, Rufmann. Es geht nachher um so flotter vorwärts. Endlich und schließlich, mein Freund, sollst du nit vergessen, daß auch unsereiner ein Recht hat auf das Patenkind. Kannst du dich noch erinnern, bei der Taufe, wie ich ihm den Namen Elias hab ausgesucht? Der Himmelfahrer. Und daß er, hab ich spaßeshalber gesagt, nobel fahren kann, wie sein Namenspatron. Hast du drauf gesagt: dann sollt ich ihm schon auch den feurigen Wagen dazu kaufen –«

»Aus Fürwitz, Michel, aus Fürwitz.«

»Wenigstens für ein Radel dazu werd ich doch gut sein. Feurig machen muß er den Wagen freilich selber, wenn er für den hochwürdigen Beruf die rechte Begeisterung hat.«

Dachte der Förster: Ein Radel? Wie ist jetzt das wieder gemeint? Und der Michel redete weiter: »Ob unser Elias einmal mit einer bischöflichen Kalesch wird fahren, das ist stark ungewiß. Wie mir scheint, tut er sich mehr auf einen frommen Landpfarrer zusammen als auf einen Kirchenfürsten.«

»Wäre mir alles eins, nur daß er sein Amt ordentlich erfüllt, das liegt mir an. Ist aber nicht zu glauben, Michel, wie diese zwei Brüder unterschiedlich sind! Nur ein Viertel, wenn der Student von des andern leichtem Sinn hätte! Und der andere so viel von des einen Ernsthaftigkeit und Frommheit. Wenn man die könnte so ein bissel durcheinanderschütteln, wie, möchte ich sagen, der Pfarrer beim Altar Wasser und Wein.«

»Laß nur Zeit,« sagte der Michel, »unser Herrgott wird den Kelch schon schütteln. Bis der Friedl nur erst den Lebensernst kennen lernt – es pressiert nit! Laß es nit pressieren, Rufmann! – Dann wird er schon ernsthaft werden. Und wird auch er nit verschont bleiben von harter Zeit. – Die macht den Menschen fest oder matt. Matt macht sie deinen Buben nit, dafür steh ich fest. Und beim andern, beim Elias, wird's so sein: Der kommt erst zum leichten Sinn, bis er an anderen und sich selbst einmal erfahren hat, wie hart es hergeht auf der Welt. Jetzt besteht sein Welt- und sein Himmelglauben noch aus Buchstaben. Später wird er aus Arbeit, Leiden und Mitleiden bestehen. Und um solche Zeit wird der Mensch, der einen Kern in sich hat, erst geweckt und heiter. Elias ist zu früh ins Institut gekommen; ist schon derowegen nit schlecht, wenn er jetzt ein wenig herumsteigen kann und sehen, wie's ausschaut in der Welt.«

»Ich werde ihn einmal fragen, ob er jetzt lieber ins Seminarium will oder daheim bleiben im Forsthaus.«

»Frag ihn. Wollen's einmal sehen. Dir ist's lieber, wenn er sagt: Seminarium. Mir ist's lieber, wenn er sagt: Forsthaus.«

Eine Freude war es dem Rufmann, wie der Michel diesmal wieder gesprochen hatte, so recht aus der Wirklichkeit heraus. Der Wirt aber hatte sich dabei gedacht: Ich muß ihm so sprechen, daß er sich die Sache von besserer Seite kann einbilden. Er bildet sich den Buben ja doch weitaus am liebsten so ein, daß er daheim ist. –

Und am nächsten Sonntag, als der Förster und Elias miteinander von der Kirche gingen aus Ruppersbach, sprachen sie davon. Auf die Frage, was ihm lieber sei, antwortete zuerst der Student, er gehe gern ins Seminar, und er bleibe auch gern daheim.

»Das ist wieder einmal keine ordentliche Antwort, Bub! Deine Herren Professoren wünschen vor allem, daß du gesund werdest.«

»Aber Vater, was ihr nur habt. Ich bin ja gar nicht krank.«

»Also willst du wieder hinein?«

Jetzt schwieg der Junge und ging still hinter dem Vater einher. Als dieser einmal umschaut, hat der Student nasse Augen.

»Mir scheint, Elias, du bleibst jetzt doch noch lieber daheim!«

Barg der Junge sich leidenschaftlich schluchzend an des Vaters Brust: »Ich bleibe gern daheim. Ich bleibe viel lieber daheim. Mein Vater – ich mag nicht fort, ich bitt dich, laß mich daheim bleiben!«

Das war Antwort genug.

Wer hat dich aufgebaut, du hoher Wald!

Um das Forsthaus, wie sehr es auch im kühlen Schatten der Berge steht – begann sachte die Herrlichkeit.

Die Eriken, Schneeglöckchen Und Weidenkätzchen hatten schon lange den bunten Tanz eröffnet zwischen Schnee und Eis. Nun waren auf den Angern die weißroten Ruckerln da und der goldkronige Löwenzahn, auf den Wiesen die blauen Meingedenk, selbst in den Sümpfen der Ach leuchteten die Dotterblumen. Blumen und Rosen aller Art hatte die Sonne hervorgelockt aus feuchter Scholle, um sie zu küssen und in warmer Liebe zu erziehen zu Wesen, die was taugen. An den Hängen grünten die Lärchen, aber je höher hinauf, je blasser ihr Grün. Nahe den Almen standen sie noch in ihren fahlen winterlichen Besen. Auch die Fichten setzten schon ihre weichen Triebe an und die Blätterröllchen der Laubhölzer entfalteten sich mehr von Tag zu Tag. Die Ach rollte rasch und wild in ihrem Bette. Je sommerlicher der Tag, je wilder schwoll die Tauernach. Die Brücke zitterte leise. Aber das Grollen und Drohen kam nicht auf. Vogelsingen überall und ohne Ende, und wo irgend ein paar Bäume sich gegenüberstanden, da saßen auf den Wipfeln Finken und führten miteinander das hellzwitschernde Vogelgespräch. Aber auch die Amsel war überall, die Lerche war schon da, allerlei Gefieder schwätzte, lockte, freite, zankte, sang und jubelte durcheinander und mehr als einer auf den Gipfeln rief mit heller Stimme: »Elias! Elias!«

Dieser bereute es nicht, sich für das Bergland entschieden zu haben. Mit dem Bruder gab's zwar jeden Tag Meinungsverschiedenheit; aber wenn er glaubte, ihn gekränkt zu haben mit seinen lehrhaften Zusprüchen, ging er ihm so lange nach und legte ihm alles, was er hatte, zu Füßen, bis der Friedl wieder »gut« war. Insgeheim nahm dieser dem Studenten nichts übel, er tat nur manchmal so, um den kleinen Theologen unterzukriegen.

Elias fing nun an, seine Bücher zu vergessen. Gerne ging er mit dem Vater in den Wäldern um, ließ sich von ihm das Wesen der Bäume deuten, das Leben der Holzknechte schildern und auch die Arbeit von da an, wo mit blinkender Blattsäge der Baum gefällt, zu Blöcken geschnitten, auf Holzrinnen zu Tal gefördert, zu Scheitern gespalten, zu Meilern geschichtet, mit Löschkohle bedeckt, angezündet und zu kostbaren Kohlen gebrannt wird. Oder wie die Stämme in langen »Blöchern« nach Eustachen zum Sägewerk geschleppt und dort zu Brettern geschnitten oder als Zimmerbäume der fernen Eisenbahn zugeführt werden. Die Lärchenstämme reisen in die weite Welt zu Wasserbauten, zu Schiffsmasten. Das Holz der Buchen und Wildulmen wird in den Häusern als Brennstoff verwendet. Die

Ahorne bekommt der Böttcher, die Birken der Wagner, die Eschen der Holzschnitzer; aus dem verknorrten Gezirm zimmert der Tischler die wertvollsten Möbel für Touristenhäuser und Jagdschlösser. Da staunte der Elias. Das waren andere Buchstaben, als die in seinen Grammatiken standen. So buchstabiert aus dem Wald sich ja die Welt zusammen!

Eines Tages kamen sie in die Bärenstuben. Dort waren gewaltige Holzstöße geschichtet und daneben mehrere Meiler gebaut. Aber sie rauchten nicht. Der Förster öffnete mit einem eisernen Zungenschlüssel die Hüttentür. Modrige Luft auf dem Fletz, wüstes Gestrohe und ein paar faulige Lappen. Er erzählte dem Jungen, wie hier eine Weile der Krauthas gehaust habe. Ein tüchtiger Kohlenbrenner, aber sonst ein Strick. Um die mühseligen Eltern zu ernähren, habe dieser Krauthas einmal zu wildern angefangen und sei dann eine Weile gesessen. Habe nachher keine Arbeit finden können, bis man es bei der Kohlenbrennerei mit ihm versucht. Aber es sei schon gar nicht gegangen. Mit einer Wurznerin hätt er zusammengewohnt, die sei ihm durchgegangen, ihre Tochter wäre ein bildschönes Dirndel gewesen, das ein Herr aus Löwenburg, der es auf einer Gemsjagd kennen gelernt, mit sich genommen. Viel Ehre würde auch da nicht herausschauen. Bei der Tochter solle der Krauthas nun auch wohnen. »Wenn dieser Mensch nicht viel nutz geworden ist,« schloß der Förster, »so muß es einen nicht groß wundern. Was so ein armer Teufel durchzumachen hat – der müßte aus besserem Holze sein als die meisten Leut, wenn er nicht schließlich ein Spitzbub werden soll!«

Dann besuchten sie die Holzschläge des Teschenwaldes und der Wildwiesen, wo Elias das erstemal Respekt bekam vor seinem Bruder. Der Friedl werkte mit Beil und Säge wie ein richtiger Holzknecht, in Hemdärmeln, und hübsch verschweißt wie die anderen. Flink griff er ein. Bei der Niederlegung einer großen Tanne, die während des Falles an dem Geäste anderer Bäume hängen geblieben war, verriet er eine solche Geschicklichkeit, daß der Förster schon Bravo rufen wollte, wenn es ihm nicht noch rechtzeitig eingefallen wäre, daß die Arbeit kein Theater ist. Gar ernsthaft und schier schweigsam gehabte sich der Friedl; wenn er aber zwischen Schub und Hieb doch ein kurzes Wörtlein sagte, so war es ein lustiges. Der Wegmacherbub war nahezu verschwitzt; indes, die Schweinsborsten, die seiner Haut zugedacht gewesen, sollen ihn schon noch einmal kitzeln.

Elias hatte dem jungen Holzknecht eine Weile schweigend zugeschaut, dabei kamen ihm aber ungute Gedanken. Er maß diese kernige Arbeit an der seinen auf dem Papier. Wie die windig ist! Hier sah er, daß körperliche Arbeit gar nicht so mechanisch ist, wie man sagt. Wieviel Denken und Geschicklichkeit gehört dazu, bis so ein mächtiger Tannenbaum in Scheitern liegt oder gar zu Bauten verarbeitet ist. Und wie wenig Geist ist vonnöten, um grammatikalische Regeln zu lernen, nach der Schablone mathematische Rechnungen auszuführen, die Kapitel aus Katechismus und

Kirchengeschichte zu memorieren und dergleichen! Ist nicht im Lehrzimmer die Mechanik und im Walde der Geist?

Von jetzt ab hatte Elias Hochachtung vor dem Bruder, und um so größer war auch seine Zufriedenheit, ihn bei jenem wilden Beginnen verhindert zu haben. Das war auch eine Tat gewesen und nicht ein Schulpensum. War er doch noch immer der Meinung, es habe sich damals um einen Mord gehandelt.

Eines Tages hatte sich auf ihren Waldwanderungen auch der Michelwirt angeschlossen. Der hatte einen Bergstecken bei sich, denn seine Absicht war: höher hinauf. Auf dem Rauhruckjoch besaß er ein Touristenhospiz, das stets mit den feinsten und vornehmsten Gästen überfüllt war. Aber nur in der Vorstellung. Es machte ihm mehr Vergnügen als das Wirtshaus in Eustachen und gar keine Sorgen. Ein nicht eingebildeter, sondern ein wirklicher Besitz von ihm war eine Schwaigerei auf der Twengalm, die im nächsten Sommer in Betrieb gesetzt werden sollte. So wollte er nun nachsehen, ob Sturm Und Schnee die alte Hütte nicht mitgenommen hatten im vergangenen Winter, oder welche Ausbesserungen nötig sein sollten.

Durch den Hals hinein bildeten sich die munteren Männer, der Rufmann und der Michel, ein, sie wären ein paar frische Holzknechte, und sangen zu zweien:

»Und die Holzknechtbuaben

Müssen fruh aufstehn,

Müssen 's Hackerl nehmen

Und in Holzschlag gehn.

Wann die Sonn schön scheint

Und das Hackerl schneidt,

Lebt der Holzknechtbua

In frischer Freud.«

Später auf stillen Forststeigen war der Michel wieder einmal zu kleinen Betrachtungen aufgelegt. »Das ist der Unterschied,« sagte er, »der Holzknecht hat Sonntag, wenn er ins Wirtshaus geht, und der Wirt, wenn er in den Wald geht. Da hab ich einmal gelesen: Im Wald geht der Mensch spazieren wie durch seine Kindheit. Kann mir denken, wie's gemeint ist.«

»Ja,« sprach der Förster, »der Wald ist auch unser Ahnensaal. Vor tausend Jahren sind wilde Menschen da gewesen, vor zehntausend Jahren wilde Tiere.«

»Und vor ungezählten tausend Jahren nichts als wilder Wald allein. Die Tanne soll ja der älteste Baum sein, noch aus der Eiszeit her.«

»Aus der Eiszeit. Und hat uns doch so viele Wärme aufbewahrt, wenn man an die Steinkohlen denkt.«

»Aber – ein Holzschlag, wenn man's nimmt, ist was Trauriges,« meinte der Michel und betrachtete die gefällten Stämme.

»Warum? Ich mach's nicht so wie der Kaiser, der – wenn Krieg ist – die Leut in ihrer besten Jugend schlagen läßt. Ich schlage den Baum mit achtzig Jahren. In früheren Zeiten hat man so einen Stamm hundertfünfzig Jahre stehen lassen können und noch länger, ist immer noch besser geworden. Bei euch draußen in Eustachen stehen ein paar Holzhäuser, die sind über zweihundert Jahre alt, und wenn das eingezimmerte Holz auch ungefähr so alt war, nachher kann man wohl sagen, diese Häuser sind noch vor der Entdeckung von Amerika gewachsen. Aber es ist ganz des Teufels, auch der Wald verlumpt. Das Knieholz am Rauhruck oben ist einmal hochstämmig gewesen, und diese stattlichen Fichten und Lärchen werden einmal Knieholz sein oder lumpiges Gestrüpp. Dazu gehört freilich mehr als ein hundertjähriger Kalender.«

Dann sprach der Förster, der nun so recht in seinem Bereiche war, von der Wesenheit der Fichten. »Die hat's gern im Gestein, in Spalten, und erzeugt sich selbst den Erdboden aus den Nadeln, die alle Jahre abfallen. So schaffen sich auch andere Bäume ihre Scholle.«

»Wenn auch der Mensch sich seinen Boden selber machen könnte!« sprach der Michel.

»Das ist der Unterschied. Die Pflanze nährt den Fruchtboden, der Mensch verzehrt ihn.«

»Glaubst du nicht, daß wir gute Erde geben werden in Pfarrers Garten?«

»Habe nie gehört, daß auf dem Kirchhof bessere Erdäpfel wachsen als auf dem Acker mit Kuhfladen.«

Da lachten sie.

»So ein Baum«, meinte nun mit Schalkheit der Michel, »kann sich auch billiger hergeben, weil er sich billiger in Händen hat. Ein Samenkorn fällt zu Boden, und ohne viel Umstände steht ein kleines Fichtlein auf.«

»Ganz so einfach wirst dir's nicht vorstellen dürfen,« sagte der Förster.

Noch besser als die Fichte kam bei diesen Betrachtungen die Tanne weg. Der Graf unter den Nadelbäumen. Sein feines Holz, seine köstlichen Öle, sein weiches Grün, der heilige Christbaum! Auch singen kann er. Die Resonanzböden der Zither, der Geige, der Laute, mein lieber Michelwirt, sind aus Tannenholz. Ist nicht bloß im kalten Norden, ist auch im klassischen Süden daheim. Den schönen Weibern des Kaukasus grünt die Tanne, die Banditen des Apennin verbirgt sie, den Spaniern schmückt sie die Altäre, den Hirten Arkadiens baut sie Hütten, und vom Libanon hat sie das Kreuz Christi geliefert.

»Und hier, sieh dir einmal diesen Lärchbaum an,« sagte der Förster, »so glatt und schlank und weich in seiner Jugend gewachsen, so verkrüppelt und verknorpelt ist er jetzt in seinem Alter. Aber die Gicht hat er doch nicht. Ich will ihn noch zwanzig Jahre stehen lassen. In der zarten Jugend läßt er sich gerne verdrängen von den Nachbarn; wird er aber einmal groß, dann zeigt er ihnen den Herrn. Er überdauert alle. Wenn alles fällt um ihn, er ist der einzige, der auf dem Schlage stehen bleibt. Im Winter wirft der Kerl seinen grünen Pelz weg und läßt sich vom Schneesturm auslüften. Davon mag es kommen, daß er so stark ist.«

Der Michel ging darüber hinweg und sagte: »Soll ja der Muttergottesbaum sein. Wenigstens bringen die ungarischen Wallfahrer der Maria in Zell grüne Lärchenkränze mit, die sie unterwegs gepflückt und geflochten haben, und mancher trägt aus dem Gebirg einen weißgeschälten Lärchenstab mit heim auf die Pußta. Wenn der Mann stirbt, wird ihm der Stab mit in den Sarg gelegt.«

Über die Kiefer, die in Fichtenwald eingesprengt war, sagte der Förster, daß sie durch Wohlleben in üppiger Erde leicht verdorben werde, auf schlechtem, dürrem Boden gedeihe sie um so frischer. Sie sauge so viel Sonnenschein in sich, daß sie den ganzen Winter über die Bauern mit Kienspanlicht versorgen könne. Selbst im Walde leuchten der Kiefer rote Stämme wie Glutsäulen auf in das Gewölbe der Baumkronen.

»Mensch!« rief plötzlich der Michel, »was höre ich da alleweil? So hast ja auch du dein Extrastübel! – Herzenskerl du!« Und umschlang heftig des Försters Nacken. Dieser legte auch seinen Arm über die Achsel des Freundes, und sie sangen hinaus in die hallenden Berge:

»In dem Wald will ich verbleiben,

Weil ich leb' auf dieser Erd.

Will mich ganz dem Wald verschreiben,

Nun ade, du schnöde Welt!

Ich verbleib allzeit im Wald,

Bis die Welt zusammenfallt.«

Nur zu bald haben sie aus dem schönen »Extrastübel« wieder hinaus müssen. Der Förster, schon während des Singens war ihm etwas aufgefallen im Gefällholz, hub jäh an zu fluchen. Es war stellenweise das dürre Holzwerk nicht sauber aufgearbeitet, da konnte der Borkenkäfer nisten, der den Fichtenwald umbringt. Und da war unter einem Lärchbaum ein auseinandergestöberter Ameishaufen. Die Ameisen aber sollte man lassen passieren, wie sie die Stämme hinaufwurlen und ins Astwerk hinaus, als Jäger nach allerlei Gewürm und Gezücht, das den Baum krank machen und allmählich töten kann. Die zierlichen Falter dort im Geäst der Kiefer? Was ist der kleine Kieferspinner für ein großes Ungeheuer! Er legt sein Ei in das Holz und züchtet Verderben. Aber da kommt die Schlupfwespe, legt ihrerseits Eier in die Raupen des Kieferspinners. Der Schmetterlingsleib hat ein Wespenherz, und an diesem Zwiespalt stirbt der Falter. Die Förster können diesem Baumverderber nicht bei und sind der Schlupfwespe sehr dankbar für ihr Schelmenstück. Wer nun im Walde morschendes Holz liegen läßt oder die Ameisen stört oder die Schlupfwespen vertilgen wollte, den trifft des Försters Fluch. »Da sollen sie sich anderes Wildbret suchen, meinetwegen!«

Nit so giften soll er sich, denkt der Michel, das muß weggesungen werden. Und wie er das Wort »Wildbret« hört, rollt's ihm auch schon hell aus der Kehle:

»Bin a lustiger Wildbratschütz,

Und spann mein Hahnl guat,

Und wenn ich Reh und Hirschen siach,

Da wachst mir halt, da steigt mir halt

Mei Federl aufm Huat!«

»Weißt kein besseres?« fragte der Förster.

»Also singen wir halt ein anderes,« sagte der Michel; »Zank nit, gestrenger Herr Forstverwalter, und tu mit:

Wenn ih geh auf die Pürsch

Zittern d' Reh, zittern d' Hirsch,

Ja, sie fürchten mei Blei,

Ih schiaß selten vorbei!«

Aber auch da sang der Rufmann nicht mit. »Solche Gsanger kann ich nicht leiden.«

»Bist ein merkwürdiger Förster, du, der von der Jägerei nix wissen will.«

»Ob der Schmarotzer Hirsch heißt oder Borkwurm. Im Wald kann ich solch Getier nicht brauchen. Die Gemsen, das ist was anderes, die sind im Steingebirg, die können nicht viel schaden.«

»Frisch auf, zum Gamselschiaßen!« trällerte der sanglustige Michelwirt. Es kam wieder zu nichts. Ein alter graubärtiger Waldbär, der Holzmeister Fernand, begegnete ihnen und brachte für den Förster frischen Ärger.

Er kam vom Hochgebirge her, wo er zeitweilig beim Jagdschlosse nachzusehen hatte. Quer über den Rücken aneinandergebunden trug er ein Paar Ski, die nach beiden Seiten lang hinausstanden. Oben um das Jagdschloß lag der Schnee noch klafterhoch. Und doch hatte der Teufel den Weg dahin gefunden. Der Fernand berichtete, daß im Jagdschloß eingebrochen worden sei. Durch das Dach, und die Diebe müßten es hoch haben hergehen lassen im Fürstenzimmer; die Öfen voll Asche, Reste von Konserven, geleerte Weinflaschen und Zigarrenkisten. Der Silberschrank jedoch sei nicht erbrochen worden.

»Ist mir unlieb,« brummte der Förster, »so sind's keine Berufsdiebe gewesen, so ist's wer von unseren Leuten gewesen.«

»Etwan ich!« bäumte der Holzmeister sich auf und funkelte mit Adleraugen auf den Förster.

»Na, freilich du,« lachte dieser und klopfte dem Alten auf die Schulter. »Der Fernand schaut gerade so aus, als ob er in fürstlichen Jagdhäusern heimliche Gelage halten tät.«

»Kann auch mein' Dienst aufsagen, wenn Mißtrauen ist.«

Sie hatten zu tun, ihn zu beruhigen.

Endlich kamen sie zur Stelle, wo unsere Freunde sich auf den Rasen setzten, ihr mitgebrachtes Mittagsbrot verzehrten und zu endgültiger Schlichtung auch dem Holzmeister davon boten.

Und nach dem Mahle sagte der Michel: »So, jetzt heißt's auf die Höh!« und bog ab, den Fußsteig nach der Twengalm.

Der Förster und sein Sohn Elias gingen über den breiten Bergrücken hinaus, zwischen jungen Fichten. Mehrmals hörten sie den Michel jauchzen auf seinem steilen Anstiege. Der Förster jauchzte zurück und eiferte den Studenten an, es auch zu versuchen. Dieser hätte es ganz gern probiert mit einem lustigen Juchschrei, aber er schämte sich und tat es nicht. Doch wenn er schon nicht jauchzen mag, so möchte er jetzt beinahe etwas sprechen: es ist ihm das Herz gar zu unruhig geworden. Diese Waldnatur! Dieser Kampf der Wesen, dieses Im-Gleichgewicht-bleiben und ewige Sieghaftsein des Gleichen! Diese wonnesamen Liebestriebe überall, und diese Geheimnisse … Fast war ihm, als flüsterte etwas: Elias, hier verlierst du deinen Glauben! Aber ein lebhafteres Gefühl wogte ihm durch Leib und Seele: Elias, hier findest du ihn! Wer hat dich aufgebaut, du schöner Wald? –

Als sie nachher auf einer Waldblöße rasteten, im Anblicke der weiten Landschaft, über Berg und Tal hin, bis zu dem ätherblassen Gebirgsstreifen, hinter dem die Welt erst groß anhebt, hier, so recht im stillen Sonnenfrieden des Mittags, sagte Elias mit leiser Stimme: »Vater, ich möchte mit dir einmal was reden.«

»Liebes Kind, so rede. Ich schaue dich ja schon lange auf das hin an, daß du was auf dem Herzen hast, und kommst nicht dazu, es zu sagen. Du weißt ja, daß du mir alles anvertrauen kannst. – Was hast du mir denn zu sagen, Elias?«

Diese Worte sind so grundgütig gesprochen worden, daß dem Jungen das Weinen näher stand als das Reden. Er schwieg noch ein Weilchen, und dann begann er seine Mitteilungen.

»Du wirst dich gewundert haben, Vater, daß sie mich für krank heimgeschickt haben, und daß ich doch nicht krank bin. Aber wenn ich hätte dort bleiben müssen –. Hab nimmer lernen können, nimmer essen und nimmer schlafen.«

»So bist du doch krank gewesen.«

»Vielleicht, Vater. Aber anders, wie sie meinen.«

»Heimweh?!« fragte der Förster.

»Ich glaube nicht. Dann hätte es die Jahre früher kommen müssen. Es ist was anderes gewesen.« Elias zuckte ab, schwieg ein Weilchen, und mit der Stimme leise zitternd, sagte er: »Den Glauben habe ich verloren.«

»Den Glauben? An was? Ans Lernen, an deine Fähigkeiten?«

»Den Glauben an Gott!«

»Den Glauben an Gott verloren? Das versteh ich nicht.«

»Es ist auch nicht so, ich kann's nur nicht sagen.«

»Solltest du in schlechte Gesellschaft geraten sein?«

»Beim Religionsunterricht.«

»Ja, was redest denn, Elias!« rief der Vater, »gerade der Religionsunterricht in Ruppersbach hat dich dahingebracht, daß du Priester werden wolltest!«

»Das war der Religionsunterricht bei unserem Herrn Pfarrer. Wo wir immer von Gott gehört haben, der uns alle auf den Händen trägt und nicht verläßt, von Jesum Christum, dem lieben Heiland, und wie er uns lehrt und tröstet, durch sein heiliges Vorbild und Opfer uns zum ewigen Leben führt. Aber im Seminar ist das was anderes.«

»Wieso? Liegt's an dem Religionslehrer?«

»Oh, der ist gut. Der hat mich immer gefragt, warum mir denn kein Essen schmeckt, warum ich so schlecht aussehe, ob mir was wäre? Ob ich warme Kleider hätte? Von Religion hat er mir nie was gesagt außer der Stunde. Er kann auch nichts dafür, daß es in der Schule so vorgeschrieben ist.«

»Und was sagen denn die anderen, deine Kollegen?«

»Nichts. Die schimpfen nur über das viele Memorieren. Das Memorieren macht mir nichts, aber sonst –. Du mußt dir unser Religionsbuch einmal ansehen, ich hab's mitgebracht. Ja, und da ist mir halt so kalt geworden und bang. Wie wenn man den Glauben verliert. Und bin ganz krank geworden.«

»Du mein, du mein!« seufzte der Förster. »Das soll ein anderer verstehen. – Und ist dir jetzt auch noch so?«

»Wie ich wieder in unser Hochtal komme, ist mir auf einmal wieder gut gewesen.«

»Über Religionssachen soll man nicht grübeln, mein Kind!«

»Aber im Seminar muß man grübeln, das ist es ja. In dem Buch ist alles so beschrieben und ausgeklügelt und bewiesen, wie eine Mathematik-Aufgabe. Einmal auf dem Spaziergang im Garten habe ich es dem Religionslehrer doch gesagt, da antwortete er: ›Rufmann, denke doch nicht immer, wie Gott ist, denke vielmehr, wie du sein sollst.‹ Das hat mir gefallen. Aber in der Religionsstunde ist immer so viel von den Beweisen Gottes und der Kirche die Rede, und ich weiß nichts damit anzufangen. Je mehr mir Gott bewiesen wird, je fremder wird er. Ich hab's gar nicht gewußt, daß man an Gott zweifeln kann, und bei diesen Beweisen ist mir der Zweifel erst gekommen. Und habe gesehen, die Kirche ist nur da, um immer zu sagen: Glaube, glaube! Gott ist, erstens weil, und zweitens weil und drittens weil. Und lauter so Gründe, die kein Leben haben. Und denkt man auf einmal: Wenn so viele Beweise und Versicherungen nötig sind, *da ist er am Ende gar nicht.* Und wenn man alle Tage hört, daß es Millionen und Millionen Ketzer gibt auf der Welt, die nicht an Gott glauben und nicht selig werden können. Und so ohne Liebe von ihnen die Rede ist, und daß man mit ihnen nichts zu tun haben soll. Daß sie wohl auch an ihre Gottheit glauben, die aber alle falsch sind. Und doch auch die Heiden ihren Glauben beweisen und sagen, daß es der einzig richtige wäre. Und haben auch die nicht den rechten Glauben, die sich ganz und strenge ans Evangelium halten, und haben die nicht den rechten Glauben, die in Gottvertrauen und Nächstenliebe und Sittsamkeit und Geduld leben: sie können nicht selig werden, wenn sie nicht auch alles andere glauben und tun, was die römisch-katholische Kirche verlangt. Immer nur diese Kirche und immer nur von dieser Kirche, und alles andere von der ganzen Welt ist nichts, nur diese eine Kirche, die fort und fort sagt: Glaube mir, *nur* mir, keinem andern und hieße er auch Christus.«

»Jetzt übertreibst du aber doch, Elias!« mahnte der Vater, »wenn du sagst, daß die Kirche wahrer als Christus sein will.«

Da sagte der Student in seiner kranken Erregung: »Wir haben einen Ausspruch lernen müssen, nämlich, daß ein katholischer Priester größer sei als die Heiligen im Himmel, als die Engel, ja als die Mutter Maria, weil der Priester bei der Messe Jesum Christum erschaffen könne, und die Engel können das nicht. Und ist der katholische Priester größer als Jesus Christus selbst, weil der Schöpfer ja über dem Erschaffenen geht – so ungefähr, mir schwindelt alles im Kopf. Solche Sachen! Da muß man ja krank werden.«

Nun schüttelte der Förster gar bedenklich den Kopf, wußte aber nichts anderes zu sagen als: »Das geht vorbei. Elias, das muß vorbeigehen. Du sagst es selber, wie der Religionslehrer gut ist. Halte dich an ihn, nicht ans Buch. Das Buch wird so was Theoretisches sein, wie mein Handbuch der Botanik. Ist notwendig, so ein Leitfaden, aber wenn ich die Forstwirtschaft praktisch danach einrichten wollte – na, ich danke! Man vergißt ja so bald alles wieder.«

»Und *hab's* schon fast vergessen,« sagte Elias. »Jetzt daheim, da ist es ja wieder besser. Wenn man immer so im Wald sein könnte! Da möchte man freilich den Glauben nicht verlieren.«

»Warte nur, mein Sohn. Wie du beschaffen bist, da werden sie dich ohnehin in ein entlegenes Walddorf stecken als Kaplan. Und wenn du gar Bergpfarrer in der Einöde sein wirst, da kannst du die Bücher, die du nicht magst, in den

Ofen schmeißen und mit dem Herrgott persönlich verkehren. Verloren hast du den Glauben nicht. Sei nur wieder froh, wie du es als Kind bist gewesen.«

Der Junge schaute dem gütigen Vater treuherzig ins Gesicht und sagte: »Jetzt ist mir auch schon leichter.«

»Sei nur so gut und sage niemandem davon. Auch dem Friedl nicht, am wenigsten der Sali. So Sachen muß man mit sich selber ausmachen. Du bist nicht der einzige, dem es so ergeht. – Hörst du den Michel? Jetzt ist er schon oben bei seiner Hütten. Wie hell der kann jauchzen! Mein Sohn, das kommt auch von einem guten Glauben.«

Der Fremde aus dem Preußenland

Um die Feierabendzeit im Wirtshause »Zum schwarzen Michel«, als sie wieder einmal ein Weilchen gesungen hatten, tat der Förster Rufmann einen Trunk aus seinem Weinglase und fragte halblaut den Wirt, ob er das Lehrbuch des Studenten schon angesehen hätte? Der Michel holte das Buch aus dem Wandkästchen hervor, legte es dem Förster hin und sagte: »Du kannst es schon mitnehmen.«

»Was sagst du dazu?«

»Mein, was ist da viel zu sagen. Die jungen Leut müssen so viel *wissen*, daß ihnen zum Glauben nix mehr übrig bleibt.«

Der Förster dachte nach, neigte ein paarmal den Kopf und sagte: »Ist auch eine Antwort.« Wußte aber doch nicht viel damit anzufangen. Das viele Wissen, dachte er, wäre ja wohl nicht schlecht, wenn man nur auch das wüßte, ob alles *wahr* ist, was man wissen muß.

Die Sache war damit erledigt. Rufmann steckte das Buch, über welches er vom Freunde die Meinung hatte hören wollen, in seinen Sack. Der Michel klimperte auf der Zither. Da rief die Kellnerin Mariedl, die, wenn ihre Beine nicht laufen mußten, den krausigen Kopf gerne zum Fenster hinaussteckte: »Jess', wer steigt denn lauter auf der Straßen daher?«

Einer der Holzknechte, die grobhemdärmlig am Nebentische saßen, guckte auch. »Oho! das ist ein Seltsamer! Muß ein Geistlinger sein.«

»Ein Geistlinger, du Lapp!« rief die Kellnerin lachend. »Und hat ein' großmächtigen Schnurrbart.«

»So ist's halt ein Husar.«

»Mit einem pechschwarzen Gewand?«

»Ist ja eh weiß bis zu den Knien hinauf.«

Das war richtig. Der Wanderer auf der Straße war fast bis zu den Knien des schwarzen Beinkleides mit Straßenstaub belegt. Hingegen stak im Knopfloch des schwarzen Rockes eine kleine Heckenrose. Eine stattliche und vollgepfropfte Seitentasche war halb verhüllt durch einen grauen Mantel, den der Reisende über der einen Achsel hängen hatte. Die offene Weste, die ebenfalls schwarz war und eine Uhrkette an sich hängen hatte, ließ das Wollenhemd sehen, das ohne Kragen und Krawatte nur mit einem Bändchen am Halse zusammengehalten zu werden schien. Der schwarze weiche Hut war über und über besteckt mit Feldblumen. Er saß so weit hinten am

Nacken, daß man die braunen Haarlocken sah, die feucht und wirr über die Stirn herabhingen. Dieses Gemisch von Würde und Lässigkeit war auch in dem stark geröteten Gesichte mit den funkelnden Brillen und dem buschig über den Mund niederhängenden Schnurrbart. So kam er daher. Mit einem starken Knüppelstock setzte er weit aus, und mit großen Schritten eilte er, das Wirtshauszeichen an der Wand musternd, dem Tore zu.

Im Vorhaus erhob er seine laute, etwas schnarrende Stimme und fragte, ob hier Nachtquartier zu haben wäre.

»Herr Vater!« rief die Kellnerin den Wirt.

Dieser blieb an seinem Tische sitzen, Bauernwirte laufen ihren Gästen nicht entgegen, und gab durch die Tür hinaus Antwort: »Nachtquartier? Warum denn nit? – Mariedl, führ den Herrn ins Haarstübel hinauf!«

Die Kellnerin wollte dem Fremden Mantel und Tasche abnehmen, dieser sagte fast rauh: »Lassen's Jungfer! Ich trage meine Sachen selbst.« Und wie merkwürdig er die Worte aussprach! Woher er denn sein muß mit seiner krummen Zunge!

Das »Haarstübel« war recht heimlich, es hatte mehrere Kästen, einen alten Schubladenschrank, dessen obere Lade als Tisch herzurichten war, und auf der Bettstatt einen Berg von Kissen, Decken, Tuchenten, den die Kellnerin Mariedl abzutragen begann, um aus diesen Dingen ein Bett zu bauen. Zwei Fenster mit roten Vorhängen gingen nach dem Garten hinaus. Der Fremde warf seine Sachen auf einen ledernen Lehnstuhl und öffnete sogleich die Fenster. Das tat er mit merklicher Lebhaftigkeit und brummte etwas von schlechter Luft.

»Der Luft ist eh gut,« meinte die Kellnerin, »aber schmecken tut's a bissel. Der Haar tut a so schmecken.«

»Was die für eine Sprache hat! *Der* Luft! *Der* Haar!«

»Weil das die Haarkasten sein!«

»Haare habt Ihr in diesen Kästen?«

»Und bramelvoll auch noch!« antwortete das Mädel.

Es mögen wohl Pferdehaare sein, dachte der Fremde, von Mähnen und Schweifen. Solche sollen sich gut verkaufen. Die Kellnerin tat stolz um die Schätze und öffnete einen der Kästen. Da sah er nun die weißgeblichenen, wachsglanzigen Flachsrocken, die in länglichen Rollen gewunden, geordnet übereinanderlagen.

»Ah, schön! Flachs, Flachs, ich liebe ihn, den Flachs – aber nur im Kasten, nicht am Leibe. An den Körper gehört Wolle. Seien Sie mal so scharmant, Jungfer, und bringen Waschwasser! Aber gleich einen Bottich voll, nicht im Rasiertellerchen, wie es hierzulande üblich ist.«

In der größten Krautschüssel, die im Hause auffindbar war, brachte sie frisches Wasser und einen großen Seifenwürfel.

»Wünsch gute Verrichtung!« sagte sie, denn mit so einem Herrn muß man höflich sein, und ging davon.

Dann nahm er sich in die Arbeit.

Als der fremde Gast nach einer Weile ins Gastzimmer kam, war er, »wie aus dem Schachterl«. Das schwarze Gewand rein gebürstet. Am Halse ein frischer Wollenkragen mit rotblau gestreifter Binde; aller Schweiß aus Gesicht und Haar getilgt, sogar der Schnurrbart nach beiden Seiten ausgekämmt und die Brillen klar gemacht.

Der Michelwirt, ohne sich vom Sitz zu rühren, lud den Fremden ein, an seinem Tische, gegenüber dem Förster Platz zu nehmen.

Die Kellnerin fragte: »Was schaffens, Bier, Wein, schwarzen, weißen? Was zu essen?«

»Bringen Sie mir mal ein Glas Milch.«

»Milch?«

»Milch.«

»Milch will der Herr. Weiß nit, ob eine ist.«

»Vorhin sah ich von der Weide fünf Kühe in den Hof gehen,« sagte der Fremde.

»Mir noch ein Bier!« rief einer der Holzknechte.

»Und mir einen halben Liter Wein!« rief ein anderer.

Hernach kam Frau Apollonia selber von der Küche herein. Den Mann mit solchem Begehr wollte sie sich ansehen. Der gefiel ihr.

Die aufgeärmelten Arme über die Brust gelegt, fragte sie ruhig: »Wollen Sie gekochte Milch oder rohe?«

»Ungekocht. Natur.«

»Süße oder saure? Oder Buttermilch? Oder kuhwarme?«

Jetzt mußte der Fremde lachen über die große Auswahl an Milcharten. Dann verlangte er saure.

Die Holzknechte pochten mit ihren Gläsern auf den Tisch: »Mariedl, hörst nit! Noch ein Bier mag ich!«

Und als der Fremde die Hälfte des großen Milchglases auf einen Zug leer trank, packte am Nebentisch der Holzknecht den Henkel seines Bierglases und trank es auf einen Zug aus. Stieß das Glas auf den Tisch: »Nachfüllen, Kellnerin!« und schaute beinahe herausfordernd den Fremden an: So macht man's hierzuland im Wirtshaus!

Der Wirt leitete ein Gespräch ein mit den üblichen Fragen: »Woher? wohin?«

»Ja, mein lieber Herr Wirt,« antwortete der Fremde halb ernsthaft, halb lustig: »Ich komme und weiß nicht woher, ich gehe und weiß nicht wohin. Mich wundert's, daß ich fröhlich bin.«

»Na, gescheiterweis. Woher denn?«

»Nächsther einmal von Löwenburg.«

»Und von da aus?«

»Über die Hügel.«

»Wo ist das, über die Hügel?«

»Über den Rauhruck, oder wie das heißt.«

Der Michel blickte den Förster an, als wollte er sagen: Kommt dieser Mensch denn vom Himalaja, daß er unsere Berge Hügel nennt? Wir wollen es schon noch erfahren.

»Ich halte ihn für einen Preußen,« murmelte der Förster.

Im weiteren Gespräch erfuhr man jedoch nichts, als daß der Herr auf einer größeren Fußreise durch die Alpen begriffen sei.

»Fußreise! Das ist einmal was Gescheites,« sagte der Wirt. »Der Mensch kommt mit zwei Beinen auf die Welt und nit mit dem Radel.«

»Wenn schon, so hat einer im Kopf um eins zu viel!« bemerkte drüben einer der Holzknechte. Das war auf Leute gemünzt, die statt Bier – Kuhmilch trinken! – Indes, der Fremde aß auch Hausbrot dazu.

Die Frau Apollonia kam noch mit einem durch Schafhaut luftdicht verschlossenen Glastopf herein und fragte, ob etwa Honig gefällig sei? Der Fremde fand das prächtig. Milch und Honig? Das Land habe er schon lange gesucht.

Nachdem er geschmaust, kam er mit einer Frage vor. Was das zu bedeuten hätte in diesem Ort? Unterwegs, als er ans Dorf gekommen sei, habe er gesehen, wie man im Wäldchen junge Birken und Lärchen von der Wurzel gehauen habe, um sie dann längs der Straße an beiden Seiten in die Erde zu stecken. Es seien aber keine Kinder gewesen, die etwa im Spiele diese merkwürdige Allee gepflanzt hätten, sondern Erwachsene, alte, ernsthafte Männer darunter.

»Ah,« sagte der Wirt, »das ist wegen der Fronleichnamsprozession. Der Herr muß von weit kommen. Morgen ist ja Fronleichnamstag und da schmückt man die Gassen, wo die Prozession geht, mit solchen Bäumlingen. Bald werden sie auch da vor mein Haus kommen mit ihren Steckstangen, die Bäumelsetzer. Da draußen auf dem Anger wird sogar ein Altar aufgerichtet, fürs zweite Evangelium. In Eustachen geht es immer feierlich her dabei. Weil wir alle drei Jahre nur einmal Fronleichnam haben. In den anderen Jahren ist die Prozession unten in Ruppersbach, wo der Herr eh vorbeigekommen sein wird. Wir Eustacher haben halt keine Kirchen, nur eine Kapellen da unten auf dem Platz; dort wird morgen das Amt gehalten und von dort geht der Umzug aus.«

Indes schien der Fremde sich weniger für die Fronleichnamsprozession zu interessieren als für die hingeschlachteten Jungbäume.

»Habt ihr denn keinen Förster im Land?« fragte er.

»Ihrer nit viele, aber auch nit schlechte,« antwortete der Wirt.

»Und was sagen sie zu dieser grauenhaften Waldverwüstung?« rief der Fremde aus.

Wendete sich der Rufmann, sein langes Pfeifenrohr auf den Tisch legend, so halbwegs gegen ihn und sprach lässigerweise, als ob es ihm nicht eigentlich dafürstünde, da mitzureden: »Der Förster wird wahrscheinlich sagen, daß es für den Jungwald ganz vorteilhaft ist, wenn bisweilen geplendert wird. Sonst erstickt ein Jungling den andern. Bei dem Lärchenanwuchs kommt höchstens der Zehnte auf, alle anderen werden an sich hin, wenn man sie nicht herausnimmt. Hat der Herr nicht selber den Hut voller Blumen, toter, statt lebendiger! Na ja, die Wiese hat ihrer noch genug. Und die Birken sind erst recht nicht umzubringen; da kann man alle Jahre lichten. Jawohl, die Bäume langen bei uns just noch aus, daß man ihrer etliche auch zur Ehre Gottes verwenden mag.«

»Sagen Sie mir einmal, lieber Herr,« sprach darauf der Fremde, »was denken Sie, wird euer Herrgott die lebendigen Bäume nicht lieber haben als die Baumleichen an der Straße, die morgen schon welk ihre Zweige hängen lassen?«

Der Ausdruck »euer Herrgott« rauchte dem Förster in die Nase. »Mein Herr,« sagte er, »wenn Sie einen anderen Herrgott haben, so kümmern Sie sich um den und lassen den unseren in Ruh!« Bald hernach stand er auf, reichte dem Michelwirt die Rechte und ging heim ins Forsthaus.

Die Holzknechte am Nebentisch hatten es dem Fremden so oft und gründlich gezeigt, wie es hierzulande im Wirtshaus der Brauch ist, bis sie ihr überlautes Geschrei nur noch lallen konnten. An Pfeifen saugend, in denen nichts mehr brannte, grölten sie nach Bier und Wein. Als der Wirt ihnen dartat, daß nichts mehr eingeschenkt werde, schimpften sie noch eine Weile über einen solchen »Hadererwirt« und torkelten endlich davon.

Als der letzte die Zimmertür polternd hinter sich zugeschlagen hatte, sagte der fremde Gast mit dumpfer Ernsthaftigkeit: »Die sind vergiftet!«

»Was?« rief der Wirt, beinahe auffahrend. »Vergiftet? Wieso? Von wem?«

»Vom Bier.«

»Gehns weiter, besoffen sind sie.«

»Es ist eine Alkoholvergiftung, Herr Wirt. Nur schade, daß ich bei der löblichen kaiser-königlichen Staatsanwaltschaft nicht die Anzeige machen kann, daß im Wirtshaus »Zum schwarzen Michel« wieder einmal einige Personen vergiftet worden sind.«

Da der Michel jetzt erst die Schalkheit merkte, mit der die Anklage versetzt war, so sagte er lachend: »Nicht bald etwas wär mir lieber, als wenn die Polizei mir immer einmal die Stuben ausfegen wollt! 's ist wirklich und wahrhaftig eine Schweinerei.«

Nun kam der Fremde in einen guten Redefluß, davon ausgehend, daß es sich nicht bloß um die Schweinerei handle, vielmehr um das Verderben des Volkes. Er sprach von naturgemäßer Lebensweise und kam auf den Alkohol, als den größten Feind des Menschengeschlechtes. Verarmung, Verkümmerung, Verblödung, Todschlag, Mord, unbeschreibliche andere Verbrechen und früher Tod in allen Arten.

»Soll denn das wirklich so arg sein?« sagte der Michelwirt.

»Über die Maßen ärger, als man's sagen kann!« rief der Fremde mit Leidenschaft. »Cyankali, Arsenik, Strychnin und alle Gifte zusammen sind nicht so gefährlich als Alkohol. Weil die Bestie so falsch ist, weil sie anfangs so wohl bekommt, weil sie sich sogar für heilsam ausgibt, während sie den Organismus langsam aber sicher zerstört, bis das Opfer jäh zusammenbricht und hin ist.«

Der Wirt sagte nichts, schlug aber die Hand auf den Tisch. Auch er hatte ein Glas Wein vor sich stehen, wenn auch stark gewässerten. »Ganz trocken kann einer doch nit dasitzen bei den Gästen.« Aber jetzt hatte er keinen Durst.

Die Kellnerin kam, rieb sich mit der Schürze die Hände ab, was so ihre Gewohnheit war, wenn sie die Lumpentische abgeräumt hatte, und fragte den Gast: »Schaffens vielleicht zum Nachtmahl was Gebratenes?«

»Haben Sie Hafergrütze? Natürlich nein, das habe ich mir gedacht. Aber doch Weizenmehl und Öl? und ein paar Eier? Gut, so lassen Sie mir einen Pfannenkuchen machen.«

Da ging in der Küche wieder das Bedenken an. Pfannenkuchen mit Öl? Nun wem's schmeckt! – Als nachher der Fremde in seiner Mehlspeise statt Tafelöl Leinöl hatte, wollte er aufbegehren, schwieg aber, dachte: Ländlich, sittlich! Leinöl ist vorzüglich – und aß mit Geduld den Pfannenkuchen.

Endlich begleitete der Wirt den Gast in die Schlafstube, brannte dort die Talgkerze an und schob Schreibzeug vor mit der Bitte, sich in den Fremdenzettel einzutragen. Während es der Gast tat, guckte der Michel ihm über die Achsel.

»Nathan Böhme aus Frankfurt.«

Als der Fremde in der Stube mit ihrem eigentümlichen Flachsgeruch allein war, ging er an die Tür, zog von außen den Schlüssel ab, steckte ihn von innen an und schloß ab. Dann untersuchte er Kästen und Wände, leuchtete mit der Kerze auch unters Bett. Dann stützte er die Ellbogen aufs Fensterbrett und schaute hinaus in die Nacht. Links von der Straße her der Schein einer Fackel und das Geräusch arbeitender Burschen, die Birken und Lärchen in die Erde steckten und einen Bau aufführten. Rechts über dem Dache eines Wirtschaftsgebäudes und über dem Heckengebüsche des Gartens her dunkle Bergkuppen, darüber der gestirnte Himmel, über welchen in langem Striche eine Sternschnuppe niederfuhr gegen das Gebirge.

Endlich schloß er das Fenster und ging ans Bett, wo er aufs Nachtkästchen die Uhr legte und unter das Kopfkissen ein Ledertäschchen barg.

An demselben Abend hat der Michel mit Frau Apollonia noch Mutmaßungen angestellt über den Nathan Böhme aus Frankfurt.

»Frankfurt soll es aber zwei geben, eines liegt in Preußen. Der Aussprache nach ist's einer. So ein räsonnierender Besserwisser. Verdächtig ist mir der Name.«

»Ich halte ihn für einen anständigen Menschen,« sagte Frau Apollonia, »er hat so schön fürlieb genommen mit der Dienstbotenkost. Möcht froh sein, wenn die Dienstleut sich allemal so ein Essen taten gefallen lassen.«

»Weil's wahr ist, daß unser Herrgott allerhand Kostgeher hat,« sagte der Michel, da gab Frau Apollonia keine Antwort mehr. Sie schlief.

Der Michelwirt aber mußte seinen Tag fortschleppen noch tief in die Nacht hinein. Dieser wich nicht aus dem Kopf. Auch vergangene Tage kamen herbei, wie hungrige Hunde, und fraßen den Schlaf. Dem Michel war eingefallen, wie in Eustachen und Umkreis gar so viele Leute stürben, zumeist Männer in den besten Jahren. Seit einem Jahre der Franz am Brückl an einem Nierenleiden, der Oberhuter am Schlagfluß, der Siedelknecht an Leberentartung, der Schnellheißer und der Schuster-Hans haben auch an den Nieren was gehabt. Dem Fankelknecht ist das Hirn zergangen. Der Dämmerlschneider ist gar ins Wasser gefallen heimwegs in der Nacht. Das alles in kurzer Zeit. In früheren Jahren auch nicht viel anders. Auf dem Kirchhof Hügel an Hügel, eine lange Reihe, Männer und Männer in jungen Jahren. Die Weiber leben länger, die gehen nit so viel ins Wirtshaus! – Und nun kam es ihm vor, wo denn diese Leute ihren Tod geholt haben könnten? Wohl gar in seinem Haus! Wenn er doch recht hätte, dieser Räsonnierer! Wenn's halt richtig wahr wäre, das mit dem Alkohol! Man hört neuzeit öfter und öfter davon, daß geistige Getränke so schädlich sein sollen. Darum nur recht viel Wasser ins Faß!

Dieser echte Gastwirtsgedanke hätte bei einem andern die grabenden Bedenken ertränkt, der Michel jedoch sah immer noch die Gräberreihe auf dem Kirchhof.

Coelesti benedictione ...!

Am nächsten Morgen – viele hundert Kinder hatten tagelang darum gebetet – glasklarer Himmel.

Schon vor Sonnenaufgang hörte Nathan Böhme das Getrappel von der Straße her. Ein Böllerschuß auf der nahen Anhöhe hatte ihn geweckt. Er dachte: Der Kaisertag! Welch krachende Kaisertage hatte er schon erlebt! In Eustachen heißt's: Der Herrgottstag! Die Straßen und Gassen sind hin und hin so dicht bestanden von grünendem Jungbaumwerk, daß man die Gebäude dahinter kaum sieht und alles in einem Parke zu wandeln glaubt. Die Morgensonne beleuchtet die weißen Wände der gemauerten und die roten der alten hölzernen Häuser, die geschmückt sind mit Ranken. In allen Fenstern stehen Heiligenbilder mit Blumen und Kerzenleuchtern. Die Gassen und Plätze sind belebt von weißgekleideten Mädchen, jungen und alten, die auf bloßem Haupte den Rosmarinkranz tragen. Alles Weibervolk der Gegend, was sich noch mag und will als jungfräulich bekennen, hat heute ins Haar ein grünes Kränzchen geflochten. Am unteren Ende des Dorfes vor der gemauerten Kapelle, die unter den drei Linden steht, versammelt sich das Volk und die Geistlichkeit von Ruppersbach. Und die zwei Glöcklein bimmeln immer, auch jene zu rufen, die noch nicht da sind.

Vom Michelwirtshause ist schon alles fort und das Haustor geschlossen. Die Fenster haben besonders reiche Zier, gestiftet von dem Haustöchterlein Helenerl. Von einem Fenster des oberen Stockwerkes, zwischen Blumen und Lichtern durchguckend, schaute der Fremde herab. Das hat ihm aber Frau Apollonia gesagt, er muß sich so halten, daß er nicht gesehen wird. Sie möchte ungern einen Gast im Hause haben, der nicht an der Fronleichnamsprozession teilnimmt. Freilich war auch sonst noch einer zu Hause geblieben, und zwar der alte Einleger Wenzel, der an dem stundenlangen Marsche dieses Gottesdienstes nicht teilnehmen konnte, weil er fast lahm war. Er sollte auch achtgeben, daß an den Fenstern kein Licht »auf Schaden brenne«. Nun hatte er sich neben dem Fremden eine Bank ans Fenster gerückt, um auch ein wenig mithinausgucken zu können.

»Wenn sie kommen, nachher tun wir eh miteinand einen Rosenkranz beten,« schlug er vor. Aber dazu kam es nicht, abgesehen davon, daß der Frankfurter kaum mithalten hätte können. Vielmehr sie kamen allmählich ins Schwätzen und der verkrüppelte Alte mußte alles erklären, was da war und geschehen sollte.

Böhme hatte sich aus der Reisetasche den Feldstecher geholt und beobachtete mit steigendem Interesse das Leben auf der Straße. Es war so freudig erregt und gehoben, als ob alle Menschenkinder heute Bräutigam und Braut wären.

Auf dem Platze gegenüber dem Fenster stand der Altar mit seinem Quaderntische, seinen Marmorsäulen, seinen goldenen Engeln, seiner alabasternen Marienstatue, mit seinem rotsamtenen Tabernakelbaldachin, seinen bunten Ranken und Rosen und endlich den zwölf silbernen Leuchtern – wie aus der Erde gezaubert. Es war bemaltes Holzwerk, aber so stilvoll ausgeführt, daß Böhme sich an den oft gehörten Ausspruch erinnerte, die Älpler wären geborene Künstler; der kirchliche Kultus fördert in ihnen den Hang zum Schauspiel, zur Musik, besonders aber zur bildenden Kunst. Um diesen Altar war ein Wald von jungen Lärchen, Fichten und Birken, die sich in einem weiten Halbrund um den Platz auseinanderflügelten.

Die Leute verloren sich allmählich vom Altar, und der letzte, der davon ging, zündete die Leuchterkerzen und in der roten Ampel vor dem Tabernakel das »ewige Licht« an.

Es war still geworden, und der Fremde fühlte sich in eine Spannung versetzt, wie einst in seiner Jugend beim Einzuge des Kaisers Wilhelm in Berlin.

Da verkünden plötzlich Böllerschüsse, daß unten an der Kapelle der Gottesdienst begonnen hat und dort das erste Evangelium bereits stattfindet. Über den Hausdächern her klingen die Glöcklein, tönt das Singen und Beten des Volkes. – Es kommt näher. Es kommt immer näher, bis über der grünen Allee das Kreuz auftaucht und die erste Fahne. Eine rote große Kirchenfahne, von Männern auf drei Stangen getragen. Das Bild auf der Fahne stellt die Gestalt des heiligen Rupertus dar, den Patrons der Pfarre. Dieser Fahne folgt eine lange Reihe von Schulknaben zu Paar und Paar, sie beten mit ihren hellen Stimmen den Psalter; dann folgt eine ebenso lange Reihe von Schulmädchen, solchen, die so arm sind, daß sie kein weißes Kleid haben. Aber ein Kränzlein trägt jedes auf dem Haupte. Diese Mädchen singen ein Lied und tragen eine kleine grüne Fahne voraus mit dem Bilde, wie die heilige Mutter Anna ihr Töchterlein Maria das Lesen lehrt. Hieran folgt unter der blauen Fahne des heiligen Eustach die ältere Männerschaft der Pfarre in einem dichten breiten Strom, der die ganze Straße füllt. Sie beten unter gemeinsamer Stimme den Rosenkranz mit dem stets wiederkehrenden Satze: »Gelobt und gebenedeit sei das allerheiligste Sakrament des Altars!« – An den Platz gekommen, stellte sich alles in weiter Runde auf. Nach den Männern kamen die Jünglinge. Diese beteten laut die Litanei vom Herzen Jesu. Ein strammer Bursche trug die weiße Fahne mit dem Bildnisse des heiligen Aloisius voran. Und den Jünglingen folgte die weiße Reihe der kranztragenden Jungfrauen. Vier derselben trugen eine Muttergottesstatue, über die sich zwei gekreuzte Bogen mit roten Rosen spannten. Die Jungfrauen sangen klingend laut das Lied vom Herzen Maria.

Der Einleger machte den Fremden aufmerksam auf ein schlankes Mädchen mit zwei langen Haarzöpfen und der blauen Schleife um den Leib. Das war die Wirtstochter. Sie schaute frisch in die Welt, tat weniger fromm als froh und ihr Singen war bisweilen ein liebliches Jauchzen.

»Wo die sonst das Göscherl nit aufmacht!« murmelte der Alte.

Die Reihe der paarweise gehenden Jungfrauen wollte nicht enden und wollte nicht enden.

Zwischen dem Singen und Beten durch hatte man schon einigemale das klingende Spiel der Musikkapelle gehört. Nun kam sie in Sicht. Die durch zwei Schullehrer geleiteten Musikanten und Spielleute von Ruppersbach und Eustachen zusammen mit Klarinetten, Trompeten, Flügelhörnern, Trommeln, »Bombardon« und Tschinellen. Sie spielten einen lustigen Marsch. All das Beten, Singen, Läuten und Musizieren vermengte sich in der Luft zu einem summenden Getöse, das der Fremde mit dem Worte »Heidenlärm!« bezeichnete.

Den alten Wenzel stieß das Wort, er wollte ihm etwas entgegnen, bewegte schon Lippen und Kiefer, kaute eine Weile an der beabsichtigten Rüge und schluckte sie endlich hinab.

Hinter der Musikkapelle war eine neue Gruppe von Fahnen, glänzenden Stäben und Bildwerken, die in die Luft ragten, sichtbar geworden. Es kamen noch die Honoratioren, die »Fürsteher« der beiden Gemeinden, der Arzt, etliche Beamte und –

»Unser Herr! Dort ist unser Herr!« flüsterte der alte Wenzel erregt. Er hatte den kleinen schwarzen Michelwirt bemerkt, der mit zu Boden gekehrtem Gesicht einherschritt. Der Wirt schien versunken zu sein in das heilige Begängnis.

»Wenn man weiß, wie der immer einmal lustig sein kann!« sagte der Wenzel. »Schauns, jetzt kommen die Blumenmadeln!«

Drei weißgekleidete Mädchen streuten aus Handkörbchen allerhand bunte Blümlein und Rosenblätter auf den Weg. Das Heiligtum war nahe. Über den wogenden Häuptern heran wehten zwei Fähnlein, glänzend in weißer Seide, funkelnd mit ihren goldenen Kreuzen. Auf ihren Tafeln waren zwei rote brennende Herzen, das eine mit der Dornenkrone umwunden, das andere von einem Schwert durchbohrt. Dann kamen vier in der Luft schaukelnde Laternen, dann kamen sechs alte Männer in roten Mänteln, große Windlichter tragend, dann zwei Knaben in weißen Chorhemden, jeder in der Hand ein Metallglöcklein schwingend, so daß das eine mit tieferem, das andere mit höherem Klang abwechselte, dann kamen noch zwei Knaben in weißen Chorhemden, qualmende Weihrauchgefäße schwingend, und nun –

Der Fremde sah, wie sein alter Cicerone still neben ihm niederkniete, das Haupt senkte und betete.

Es kam der auf vier Stangen schwebende Baldachin: er war aus roter Seide, mit vier goldenen Knöpfen über den Stangen und goldenen Quasten ringsum. Darunter schritten in glitzerndem Ornat drei Priester, wovon der mittlere, umfangen vom weißen Seidentuche, die Monstranze hielt, einen goldfunkelnden Stern mit dem weißen Sonnlein im Mittelpunkte – das Allerheiligste. Mit gesenktem Haupte hielt er es hoch vor sich hin, nach oben etwas zurückgeneigt. Dem Priester, so schien es, zitterten vor Andacht die Hände, womit er das Heiligtum trug. Die Priester an beiden Seiten hielten ihre Köpfe in Demut geneigt, die Augen gesenkt, die Hände in Anbetung gefaltet.

Hinter diesem Höhepunkt ein kleiner Abstand. Dann kam die blaue Fahne der Ehefrauen mit dem Bilde des allerseligsten Josef und seiner Ehegattin Maria. Hinter derselben trappelten ohne weitere Ordnung die verheirateten Weiber, die Witwen, die alten Mägde und Mütterlein am Stocke. Diese beschlossen den Zug, dessen Anwandeln nahezu eine halbe Stunde gedauert hatte.

»Man glaubt's gar nit, wie viel Leut es gibt auf der Welt!« flüsterte der alte Einleger. »Aber jetzt, Herr, jetzt kommt der Segen!«

Nathan Böhme hatte mehrmals Ausrufe des Staunens getan, nun schwieg er und schüttelte den Kopf. Er hätte es nicht geglaubt! Viel hatte er von der katholischen Fronleichnamsprozession gehört, doch daß eine arme Gebirgsgemeinde so etwas zu leisten imstande ist, das war ihm unfaßbar. Entweder es mußte in den Leuten eine abgrundtiefe Frömmigkeit vorhanden sein, die zu so großartiger Gestaltung drängt, oder – gar keine. Alle religiöse Stimmung veräußerlicht, in Kunsttrieb übersetzt – was bleibt übrig drinnen? Auf jeden Fall ist dieser Aufzug merkwürdig. Das Mittelalter zieht mit fliegenden Fahnen durch unsere späte Welt. Wenn so etwas abkäme, es wäre jammerschade. Was Religion! Muß denn im kirchlichen Kultus immer Religion sein? Ist denn nicht auch das Schöne etwas? – So die Gedanken des Fremden. Aber er jagte sie bald davon.

Das Volk mit seinen Fahnen war auf dem Platze zum Stillstand gekommen, ein brodelndes Meer von Menschenhäuptern. Das laute Singen und Beten war verstummt. Die Gruppe des Baldachins mit ihren Fähnlein und Lichtern wendete sich dem Altare zu, wo der goldene Stern, die Monstranze, in das Tabernakel gestellt wurde. Dort an den Leuchtern flackerten alle Kerzen in der sonnigen Mailuft. Die Priester erhoben lateinische Gesänge, die von der Musikkapelle respondiert wurden. Dann las ein Geistlicher in lateinischer Sprache das Evangelium. Über der Menge ein großes Schweigen, von dem Kirchlein her klang die Glocke.

Plötzlich stiegen vor dem Altare Weihrauchwolken auf, daß sie das bunte Bild fast verschleierten. Der Duft kam prickelnd herüber. – Der Priester hob die Monstranze, wendete sich damit gegen das Volk, das niedersank auf die Knie. »Coelesti benedictione …!« Während jedes mit halbgeballten Händen auf die Brust schlug, schwang er das Heiligtum feierlich in Kreuzesform zum Segen. Da klingelten die kleinen Glöcklein und krachten die Böller, daß die Wände schütterten.

Böhmes Aufmerksamkeit war von einem jungen Burschen gefesselt worden. Ein schlanker Junge in dunklem Anzuge stand nahe dem Altare und wendete sein blasses Gesicht unverwandt der Monstranze zu. Anders wie die übrigen stand er da, hielt die Hände gefaltet, halb gehoben in der Luft, und mit einer wundersamen Versunkenheit schaute er auf das Heiligtum. Böhme erinnerte sich an ein altes Gemälde, die Anbetung der Hirten. So wie dort der Jüngling in schwärmerischer Ehrfurcht das Kind in der Krippe anbetet, so dieser Bursche, der jetzt, als die Glöcklein klingelten, niedersank auf beide Knie. Unbeweglich aneinandergelegt die schmalen Hände, das Haupt geneigt, die Augen geschlossen – und an der Wange eine helle Träne …

Als der Segen gegeben war, erhoben sich die Fahnen, bewegte sich die Menge, hub an die Psalter weiter zu beten, die Litaneien zu sprechen, die Lieder zu singen, und der Zug wallte in der Ordnung, wie er gekommen, weiter. Eine Strecke noch die Straße entlang, dann über den Feldweg zu den Häusern an der Ach, wo an einem ähnlichen Altare, wie der vor dem Wirtshause, das dritte Evangelium abgehalten wurde. Das letzte der vier Fronleichnamsevangelien fand ebenso feierlich wie vorher das erste im Lindenschatten statt, nahe der Kapelle. Damit schloß die Prozession und löste sich auf.

Die Ruppersbacher nahmen ihre Fahnen, Laternen und anderen Kirchengeräte unter oder über die Achseln und gingen heim, hochbefriedigt von dem Begängnisse. Die Eustacher spazierten froh erregt durch die Gassen, die so schön glatt getreten waren und auf denen die zertretenen Blumen und Rosenblätter lagen. Die Lichter an den Altären, in den Fenstern wurden ausgelöscht, soweit es nicht schon der Wind getan hatte, die Bildnisse aber blieben den ganzen Tag zur Schau gestellt.

Der alte Einleger Wenzel hatte für seine Auskünfte von dem fremden Gast ein Viertelliterlein Wein verhofft und erschrak, als ihm statt dessen ein silbernes Guldenstück in die Hand gelegt wurde.

»Gnädiger Herr!« fragte der Alte, »ist das alles Trinkgeld?«

»Hol's der Teufel mit eurem Trinkgeld! Eßgeld ist es. Nähren sollst du dich besser.«

»Im Essen fehlt mir eh nix,« gestand der Einleger bescheidentlich. »Immer einmal ein Tröpfel Wein, das man haben möcht'!«

Was fängt er jetzt an mit dem Gulden, wenn er sich damit nicht immer einmal ein Tröpfel Wein soll kaufen dürfen! – Mit Schwermut betrachtete er das Geldstück, während er draußen im Garten vor der Bienenhütte saß. Er hatte dem Wirt die Bienen zu bewachen, falls sie plötzlich schwärmen sollten und der neue Schwarm etwa davonfliegen möcht' auf Nimmerwiedersehen. Zwei Körbe waren dies Jahr noch ausständig. Wenn die Schwärme ausfahren und eingeholt werden, kriegt der Wenzel ein Viertel Wein. Das ist was. Aber was ist ein Silbergulden, den der Mensch nit vertrinken darf!

Mit Schwermut betrachtete der Alte am Nachmittag die kleinen Kranzjungfrauen, die an den Wirtsgartentischen heiter umhergaukelten, Backwerk verzehrten und süßen Wein tranken. Sie waren Gast der Frau Apollonia, die mit solcher Ehrenbewirtung das Freudenfest Fronleichnam würdig zu beschließen pflegte.

Ein Ruf nach Nichtsein

Der Michelwirt hatte erwartet, daß Herr Nathan Böhme am nächsten Tage weiterreisen werde. Der Fremde bezahlte zu jeder Mahlzeit seine Milch, seinen Honig und Butter, seinen Roggenbrei, sein Gemüse, sagte aber nichts von einer Abreise. Nun, ist ja recht, läßt sich mit ihm gut plaudern, und von einem Allesbesserwisser kann man doch auch manchmal was lernen. Und fragte ihn der Wirt einmal, wie die Fronleichnamsprozession gefallen habe.

»Da möchte ich nur eins gerne wissen,« antwortete Böhme, »ich sah in der Nähe des Altars einen jungen Mann; wie ein Bauer sah er nicht aus, eher wie ein angehender Studio; ein schmächtiger, etwas blasser Knabe.«

»Ah, das wird der Student gewesen sein, ein Sohn des hiesigen Försters.«

»Sehr andächtig. Ganz rührend anzusehen.«

»Ist es schon, ist es schon, der Elias Rufmann, Seminarist, will in die Theologie.«

»In die Theologie will der? Ach, das ist schade!« sagte der Fremde.

»Ist etwas kränklich, dahero jetzt auf Urlaub.«

»Der Junge hat mich interessiert,« sagte Böhme. Mehr sprach er nicht davon. –

Tagelang blieb nun dieser Fremde im Wirtshause zu Eustachen. Tagsüber ging er in der Gegend umher, stieg auf Höhen, saß am Wasser, redete mit Leuten, sofern sie seine Art verstanden. Abends saß er in der Wirtsstube und hielt solchen, die zuhören wollten, förmliche Vorträge darüber, wie der Mensch leben müsse, um gesund zu bleiben, glückselig zu sein und alt zu werden.

»Wenn einer aber nit alt werden mag, wen geht denn das was an!« redete einmal ein Trinker entgegen. »Was habt ihr denn alleweil gegen den Wein? Der Wein macht lustig und kurz, meinetwegen. Ist's nicht gescheiter als wie traurig und lang? Michel, was sagst denn du dazu?«

»Ich?« entgegnete der Wirt, »ich sag nit: lustig und kurz, und ich sag nit traurig und lang; ich sag: lustig und lang!«

»Geht, hört mir auf!« knurrte von einem andern der besetzten Tische ein alter Almhirt herüber. »Vom Sterben mag ich nix hören, schon einmal gar nit!« Und er tat aus dem Weinglase einen derben Zug.

»Wie die Leute doch wunderlich sind!« sagte Böhme, »da wollen sie vom Tode nichts hören und laufen ihm auf kürzestem Wege in den Rachen!«

Der Michel hatte sich diesmal keinen Trunk vorsetzen lassen. Doch hielt er mit seiner Meinung so wenig zurück als sonst.

»Wenn schon, dann lustig und lang,« wiederholte er. »Übrigens versteh ich nit, was die Leut so viel Wesens machen mit dem Leben da. Das Leben ist doch nur ein klein bissel was. Wir werden müssen nachher in alle Ewigkeit ohne Leben auskommen und wird auch gehen. Was hat man denn von so etlichen Dutzend Jahren, wo man das Wehtun spürt? Was ist denn das Leben anders, als daß man Wehtun spürt? Und so was soll man sich auf alle Mittel und Weise erhalten wollen? Ich versteh das nit. Ein gutes Glasel Wein und ein kleines Schlagel drein, hat mein Vater gern g'sagt, und ist's auch wahr worden, ehvor er von Krankheit und Alter was erfahren hat.«

Böhme strich sich ungeduldig übers Haar und rief: »Was solch ein Wirt schlaue Rechtfertigungen findet für seine Gifthütte!«

Jetzt widersprach der Michel nicht, denn insgeheim war es so, er fühlte, daß in ihm ein böses Gewissen zu betäuben war. Geht's nicht mit Wein, so geht's mit Worten. Die Worte waren ihm heilig ernst, mit dem Leben meinte er's wirklich so, daß es nicht der Mühe wert ist. Aber nur, wenn er drüber nachdachte; wenn er bloß so hinlebte von einem guten Tag zum anderen, wie lustig war ihm das Leben!

Nun hatte ihn dieser Fremde doch beunruhigt. Er genoß nicht mehr so kindlich froh, er begann immer mehr und mehr nachzudenken, und jetzt war's manchmal, als käme die lichte Welt, die durch sein schwarzes Auge einzog, stark verdunkelt in seine Seele.

Einer der Gäste wußte zu erzählen, daß er in Ruppersbach seit zwei Tagen die Pichelbäuerin auf die Gasse heraus schreien höre.

»Mit aufgehobenen Händen schreit sie, daß man sie erlösen soll um Gottes willen von den schreckbaren Schmerzen.«

»Ja, da habt ihr's,« sagte der Wirt, dem Fremden zugewendet, »die Pichelbäuerin, ein krankes Weib, noch gar nit alt. Ein Gewachs im Bauch. Kann ihr niemand helfen, der Arzt sagt, es kunnt noch Wochen dauern. Und hätt die Mittel und laßt sie leiden. Und sie bittet und weint wie ein kleines Kind: Macht ein End mit mir, ihr lieben Leut! Und das ganze Haus, die ganze Freundschaft betet: Wenn's nur endlich einmal aus wär, 's ist nimmer anzuhören, geschweige zu ertragen. Und der Arzt steht da, sieht die schrecklichen Schmerzen, die er noch besser muß kennen als die anderen, und weiß, daß sie so grausam muß vergehen und doch nit kann vergehen. Und hätt was und tut nix. Ich frag: Ist das ein Christenmensch?«

»Aber, mein lieber Herr, das Gesetz!« erinnerte Böhme überlaut, um dieses Gespräch noch weiter zu führen.

Und der Wirt: »Ich pfeif drauf! Was geht den Arzt das Gesetz an, helfen soll er! Die Krankheit soll er heilen, so oder so. Wenn er's kann und tut's nit – wahnsinnig kunnt man werden! Mein Lebtag hab ich die Nächstenliebe so aufgefaßt: Was einer ganz und gar nimmer ertragen kann, das muß man ihm abnehmen. Aber diese Leut binden es ihm nur noch fester an, wenn sie können. Wenn ein Armer, den sie haben niedergetreten und verachtet ohne Barmherzigkeit, wenn er nimmer aus und ein weiß und in den Teich geht, hei, da ist das ganze Dorf auf, um ihn zu retten, man wagt für ihn sogar ein bissel Leben, und alles tut groß mit der Nächstenliebe. Und wenn er dann wieder so weit trocken ist, lassen sie ihn langsam verhungern. Und all Schmerz und Pein kümmert sie nit.«

»Wahr ist's, wahr ist's,« grollte es durch die Stube.

»Wer ruft denn da: Wahr ist's?« fragte Böhme hin, »im Ernstfalle macht ihr's doch alle genau so.«

»Ich nehm mir die Glückseligkeit, wo ich sie find!« rief einer und trank.

Da sagte der Fremde: »Habt ihr denn noch nichts gehört von demselben Mann, der seine Seele dem bösen Geist verschrieben gegen sieben glückselige Jahre? Die hatte der Mann richtig bekommen, und dann hat ihn der Teufel geholt. Der böse Geist Alkohol.«

Doch eben gegen den Preußen ging es, als der Michel in seiner Erregung noch beisetzte: »Ihr alleweil nur: Lang leben, lang leben! O nein, Herr, das Leben grad nur drum ist nicht die Hauptsach. Lustig muß das Leben sein, dann soll's nur dauern je länger je lieber. Wenn's aber *nit* lustig, wenn's ein Elend ist, nachher –. Ich sag's, es muß noch ein Werk der Barmherzigen werden: die Unheilbaren erlösen.«

Nathan Böhme blickte dem Michel mit heimlicher Begeisterung ins zuckende Bartgesicht. Das ist ja ein ganz prächtiger Kerl, dieser Wirt! Aber die Stunde war da, in der ein naturgemäßer Mensch zu Bette geht. Er rief die Kellnerin, um seinen Tag zu bezahlen. Die Mariedl nahm die Banknote, gab sie dem Wirt, und dieser schob sie dem Fremden wieder zu über den Tisch her. Es eile nicht, er könne nicht herausgeben.

»Wenn mir,« sagte hierauf Böhme schier betroffen, »wenn mir in Eustachen keiner die Hundertkronennote wechseln könnte! In der Wüste ist schon mancher bei dem Goldklumpen verhungert.«

»So lang dableiben, bis er aufgeht,« riet der Michel.

»Nau,« lachte ein Bauer, »da kann der Herr alt werden, bis er um hundert Kronen Milch und Mehlnudeln wegbracht hat!«

»Einen Hunderter!« rief vom dunklen Uhrkastentisch eine dünne Stimme her, »vielleicht kann ich!« Ein hagerer, gebückter Mann kam herbei, mit ungeübten Fingern kletzelte er die Banknote vom Tisch auf, hielt sie gegen die niederhängende Öllampe, um zu prüfen, ob sie auch echt sei.

»Ja freilich, du!« spottete der Michel, »du wirst da wechseln können, Krauthas!«

»Kann auch nit, kann auch wirklich nit!« pipste dieser und grub in seinen Säcken herum. »Weil ich die Teuxelsbrieftaschen han liegen lassen daheim.«

Jetzt lachten die Leut'.

Doch fiel einigen sein besserer Anzug auf, den er jetzt trug. Halb herrisch, halb bettlerisch.

Der Wirt fragte: »Wo bist denn jetzt daheim, Krauthas, wo kommst denn her? Stromerst alleweil so herum. Ins Haus bist ganz heimlich herein.«

»Mit Musik hab ich mich mein Lebtag nit ins Wirtshaus bleiten lassen,« antwortete der einstige Kohlenbrenner. »Nicht einmal zur Zeit, als es mir schlecht ist gangen. Und wenn's einem gut geht, muß man erst recht bescheiden sein.« Damit zog er sich wieder in seinen Winkel zurück, wo er Schnaps trank und Rauchfleisch aß.

Aber er nagte die Knochen nicht mit fletschenden Lippen bauernmäßig ab: mit einem zierlichen Taschenmesser löste er ganz geschickt das Fleisch los und brachte es säuberlich in den Mund.

Als der Fremde sein Geld wieder in die Ledertasche getan, diese in dem Brustsack geborgen hatte und dann mit einem barschen »Gute Nacht!« auf seine Stube gegangen war, bezahlten auch die übrigen Gäste ihre Sach' mit Nickel und Kupfer und verzogen sich.

Übriggeblieben in der Gaststube war nur noch der Krauthas. Der klingelte mit den Fingernägeln auf dem leeren Schnapsgläschen.

»Heut wird nix meh geschenkt!« beschied die Kellnerin.

»Nachher zahlen!«

»Was haben S' denn?«

»Nit bei dir, beim Wirt will ich zahlen.«

Sie rief den Michel, der schon zu seiner kleinen Familie in die Schlafstube gehen wollte.

»Na, was ist's denn, Krauthas? Schlafenszeit!«

»Wo darf ich schlafen? Da auf der Bank, gelt?«

»Zahlen will er,« rief die Kellnerin. Da gestand der Mann dem Wirte ein, zahlen könne er heute nicht.

»Weil du daheim ja die Brieftaschen vergessen hast,« lachte der Michel unwirsch auf.

»Hast einmal unrecht, schwarzaugiger Michel. Vergessen kann ich nix, weil ich nix hab!«

»Hast ja doch das große Geld wechseln wollen, Prahler!«

»Prahler? – Das nit, Wirt. Geprahlt hab ich mich mein Lebtag mit nix, außer mit meiner Nixnutzigkeit. Und die hab ich nit von mir selber.«

»Was gehst denn nachher zum Tisch übri?«

»Weil ich einmal ein Hunderter han sehn wollen.«

»Also, was haben wir denn g'habt, Krauthas? Ein Geselchtes, ein Schnaps. – Zwei Schnäps?«

Jetzt klammerte der Mann die dünnen Finger ineinander: »Mein liebster Michel, ich muß heut schuldig bleiben! Und nit bloß das. Ich muß dich um was recht schön bitten. Ich weiß mir nimmer zu helfen.«

»Hast nit ehender gsagt, daß es dir gut geht?«

»Ja, so lang ich Rauchfleisch han gfressen.«

»Willst leicht nit arbeiten?«

»Lassen mich nit. Erst habens mir mein Sach weggenommen, jetzt auch mein Arbeit. Weil mich der Herr Förster von der Kohlstatt hat fortgeschickt.«

»Man weiß schon warum.«

Der Krauthas rülpste und murmelte: »Recht habens eh.«

»Was treibst denn jetzt? Wo hältst du dich denn auf?«

»Wo soll ich mich aufhalten? Bei meiner Tochter in Löwenburg. Aber die hat selber nix. Der bin ich schuldig, und wenn jetzt nit sechzig Kronen da sind, so wird sie gepfändet. Dasmal hilf mir noch aus, Michelwirt. Ich verdien mir nachher schon wieder was. Und zahl's fleißig zurück. Das Alte auch.«

»Krauthas, nit einen Heller,« antwortete der Wirt. »Nur die heutige Zech ist bezahlt. Schlafen kannst in der Scheune auf dem Stroh, wenn du keine Tabakpfeifen hast. Aber leihen, nit einen Heller mehr.«

»Nit?« sagte der Krauthas, »gut.« Ganz leise sagte er's und hub an, sich zusammenzupacken. Anscheinend mit großer Gleichgültigkeit tat er's. »Nit. – Ist gut. Ist auch gut. Nachher hast vielleicht ein altes Leinwandbandel? Ein Spagat tut's auch ...«

»Geh, geh, Krauthas, auf dein Komödiespiel geb ich nix mehr. Du hast das Aufhängen schon zu oft versprochen. Wer so viel davon redet, der tut's nit. Ist überhaupt alles erlogen, was du sagst. Mach, daß du fortkommst. Der Hausknecht führt dich auf die Scheune.«

Als der Michel allein war, verfiel er wieder in seine Grübelei, der er um so öfter nachhing, je tiefer der Zwiespalt wurde zwischen seiner ursprünglichen Lebenslust und seinen trüben Vorstellungen. – Daß der Kerl, so dachte er dem Krauthasen nach, alleweil noch freiwillig weiterlebt! Liegen wird's darin, daß der Bauer nix ißt, was er nit kennt, und daß der Jud die Katz nit im Sack mag kaufen. Schon wer in der Früh aus festem Schlaf geweckt ist, kunnt eine Spur haben, wie gut das liebe Nitsein ist. Das Nitsein – das liebe Nitsein! – Aber die Leut haben keinen Glauben, sie können an das Nitsein nit glauben. Und fürchten gar, es kunnt hinten drüben noch jämmerlicher hergehen als da herüben. Kann man's wissen? Es ist halt doch eine gewagte Sach. – Und schließlich kam es ihm wieder bei: In dem, was der Mensch ist, soll er aushalten, so lang es an sich hält. Daß er wenigstens selber keine Schuld hat. – In Gottes Namen!

Fünf Minuten später war er wieder einmal im lieben Nichtsein auf etliche Stunden.

Von der »Fahne mit dem sauberen Weibsbild«

Förster Rufmann war in übelster Laune. Je seltener das vorkam, um so tiefer griff es. Mit dem »Fürstand« von Eustachen hatte er einen Auftritt gehabt.

Der Dorfvorsteher Martin Gerhalt besaß die einzige Brettersäge in der Gegend. Sie stand an der Tauernach, dort, wo das Hochtal in den Murboden mündet. Seit Menschengedenken hatte diese Säge zum Gerhalthof gehört, und alle Bretter, aus denen in Eustachen, Ruppersbach und weiterum die Heuhütten gezimmert, die Fußböden gelegt, die Dächer gedeckt wurden, waren aus dieser Brettersäge. Die Schneidblöcher hatten entweder die Bauern selber herbeigeführt aus ihren Wäldern oder wurden vom fürstlichen Forstamte geliefert, altherkömmlich um mäßigen Preis. Für jeden geschnittenen Laden ein Reinertrag fiel dem Gerhalt in den Sack, und sein Wohlstand beruhte zum großen Teil aus dieser Brettersäge, die oft nicht mehr als einen Mann beschäftigte und täglich mehrere Dutzend Läden auswarf.

Und nun baut die fürstliche Verwaltung einen Kilometer weiter oben ein großes Sägewerk mit zwei Rotierern und allen neuen Einrichtungen, ein Ungeheuer, das in wenigen Wochen ganze Wälder zu verspeisen imstande ist. Sie sollte nicht allein Bretter schneiden, sondern auch Zimmerholz, Tischlerholz aller Art, und zwar unvergleichlich billiger, als es die alten langsam auf- und niederfahrenden Blattsägen leisten konnten.

Als nun eines Morgens Deichgräber anhuben, für den neuen Bau an der Ach Erde auszuheben, kam der Gerhalt zum Förster und fragte zuerst ganz höflich an, was er ihm, dem Rufmann, nur getan habe, daß er ihn jetzt wolle zugrunde richten.

Der Förster stellte dem Bauer vor, daß er in dieser Sache nichts sei als der Diener seines Herrn. Fürstliche Ingenieure hätten alles angeordnet und davon habe das Forstamt nur ganz weniges auszuführen.

Der Gerhalt ließ sich nicht beruhigen, wurde nur heftiger, erklärte, daß die hohen Herren dem kleinen Mann nichts gönnen, daß sie alles unter ihren Hut und alles in ihren Sack bringen möchten. Daß es wohl noch dazu kommen werde, wie alte Leute geweissagt hätten! zum großen Herren-Erschlagen ... vom Förster aufwärts!

Ganz wohlmeinend hatte Rufmann dem Bauer zugehört, nun aber, beim »Herren-Erschlagen«, erwachte sein Zorn. Er unterbrach den Mann und wies ihm die Tür.

Im Vorsteher kochte die Wut, doch er rang nach Würde.

»Herr Förster,« sagte er, »den Werksmann haben Sie abgewiesen, aber der Fürstand tritt wieder herbei.« Neuerdings stieg er die drei Antrittsstufen hinauf. »Denn er hat ein paar Worte zu sprechen mit dem Papa des jungen Herrn Fridolin?«

»Was ist's mit dem, was habt Ihr?«

»Ja, was ist's mit dem?!« sagte der Gerhalt nach. »Ich hätt leicht gar nix gesagt, wenn nit schon die Leut davon taten reden. Ihr Herr Sohn. Bei der Fronleichnamsprozession hätte er sollen die Aloisiusfahne tragen wie in früheren Jahren. Wissen Sie, was er gesagt hat? Wenn ein sauberes Weibsbild dran wär, wollt er die Fahne schon tragen. Der heilige Aloisius ginge ihn nichts mehr an!«

Darauf der Förster: »Hat er's gesagt, so hat er's im Spaß gesagt, der dumme Bub. Er schwätzt immer so. Wenn man alles für ernst halten wollte, was der sagt – herrje!«

»Jawohl, herrje! Und während der Prozession hockt er hinter der Kapelle im Busch und tut mit ein paar Zigeunerbuben würfeln. Um Geld! An solch einem Tag, während des Gottesdienstes! Die Leut wissen schon davon, auch der Herr Pfarrer. Und alles sagt: So was dürft nit einreißen in unserer Gemein! Einen gesalzenen Schülling auf der Abachseiten! Vor Zuschauern zur Abschreckung!«

Der Förster, wie ein gereizter Löwe fuhr er drein: »Wer hat das Recht, meine Kinder zuschanden zu machen? Wenn eins in Schuld ist, so werd ich's schon selber zu strafen wissen. Und jetzt will ich Ruh haben in meinem Haus! Himmelkreuz verflucht noch einmal!«

Mit gehobenen Armen drang er auf den Gerhalt ein. Dieser wendete sich und ging mit scheinbarer Gelassenheit davon.

Dann war's am Abend, als der Friedl heimkam vom Holzschlag. Am Brunnen, der im Hof des Forsthauses aus einer Röhre in den Trog sprudelte, wusch er sich den harzigen Waldstaub von den Händen.

Trat der Förster zu ihm und sprach: »Du wirst dich lange waschen müssen, mein lieber Friedl!«

Der Bursche tat nicht viel desgleichen. Es rauschte das Wasser.

Der Förster dachte, ich will ihn erst sein Abendbrot essen lassen, später könnte es ihm nicht schmecken. Nahrung braucht er ja doch auf das harte Tagewerk.

Nach dem Abendessen rief er ihn in die Kanzlei, wo sonst nur Geschäftssachen mit Fremden abgetan wurden. Elias brauchte von der Geschichte nichts zu wissen; die Sali noch weniger. Der Förster setzte sich nicht in den Lehnstuhl, sondern blieb aufrecht, fast strammer aufrecht, als er sonst war, stehen und fragte den Burschen: »Sag mir einmal, Friedl, wo bist du am Fronleichnamstage gewesen während der Prozession?«

Der Friedl stutzte einen Augenblick, dann zuckte er ein wenig die Achseln und entgegnete: »Wo werde ich denn gewesen sein? Halt mit.«

»Wo *mit*? Bei dem Umzug? Ich habe dich nicht gesehen. Hast du nicht deine Fahne wieder getragen?«

Auch hierauf die trotzige Antwort: »Soll sie einmal ein anderer tragen. Ich bin kein Kirchenwaschel mehr.«

»So. Zu gering ist dir das. Und beim Faschingbegraben hast du die Ludersstange vorausgetragen. Das war dir nicht zu gering.«

Der Bursche schupfte wieder die Achseln.

»Du sollst gesagt haben, wenn ein Weibsbild dran wär, dann wolltest sie schon tragen. – Hast du diese abscheulichen Worte gesagt?«

Der Bursche starrte auf den Fußboden und antwortete: »Blödsinn!«

»Siehst du,« sprach der Vater mit einem erleichternden Aufatmen, »ich hab's ja auch nicht geglaubt. Daß du mit Zigeunerbuben solltest gewürfelt haben ums Geld, wird ebenfalls nicht wahr sein.«

»Mit wem soll ich gewürfelt haben? Mit Zigeunerbuben? Wo hätt ich denn *die* hergenommen? Mit den Ruppersbacher Schneiderbuben hab ich gewürfelt.«

»Wann?«

»Nu halt – wird eh am Fronleichnamstag gewesen sein.«

»Um welche Stunde?«

»Das weiß ich nit mehr. Was kümmern mich so Sachen.«

»Aber mich kümmern sie, mein Sohn! Die Leute sagen, du hättest während der Prozession gewürfelt. Wie die Judenbuben um den Rock des Herrn. Das geht im Dorf um und sie wollen dir deswegen was antun.«

»Mir? Weil ich gewürfelt hab? – Sie sollen nur kommen!«

»Die dürften ein wenig stärker sein als du, mein Junge! Der Fürstand und – der Gemeindediener! Du kannst dir's ungefähr denken, was sie dir wollen.«

»Mir?!« Der Bursche lachte grell auf. »Sie sollen achtgeben, daß ich ihnen nit –!«

»Was denn, was denn?«

Der Friedl, glühendrot im Gesichte, stürmte hinaus ins Freie und schlug hinter sich das Haustor zu, daß es schmetterte. Seine Drohung hatte unheimlich ans Vaterherz geschlagen.

Am nächsten Tage trug der Förster sein Anliegen zum Freunde. Der Michel wußte schon davon. Er lachte.

»Aber mir ist's deinetwegen,« sagte Rufmann. »Daß du nicht etwa glaubst, so ein Weiberjäger, daß er wäre!«

»Wenn die Rechte auf der Fahn wär – warum denn nit?«

»Aber er hat's nicht gesagt, sagt er.«

»Warum soll so ein junger Kerl das nit gesagt haben.«

»So was wäre mir neu. Das sollt' unsereiner gemacht haben.«

»Ich bitt dich, unsereiner!« rief der Wirt. »Unsereiner ist gar nix besser gwest im gewissen Alter. Wir haben unseren Eltern just so viel Sorgen gemacht, nit um ein Tüpfel weniger als unsere Brut uns. Aber nachher alles verschwitzt. Sich den Kindern zum Muster hinstellen wollen! Weißt du, Rufmann, wenn der Vater zum Sohn sagt: Ich bin in meiner Jugend ganz brav gwest, so lügt er gerad so, als wenn der erwachsene Sohn sagt: Ich weiß nix und will nix.«

»Solange einer an *eine* denkt, ist's ja so weit in Ordnung.«

»Du! Eine ist keinem genug, so lang er sie nit haben kann.«

»Ah, so meinst. Daß er wüßte, wem er zugehört. Na, mir ist's nicht zuwider, wenn wir einmal Ernst machen.«

»Daß der Friedl bissel ein leichtes Bürschel ist – man sieht's ja,« sagte der Michel. »Aber nur nit gleich alles so aufbauschen. Laß ihn ein paar Wochen im Holzschlag und der Tratsch ist vergessen.« Rufmann ging beruhigt heim.

Frau Apollonia und Helenerl taten am selben Tag Wäsche glätten.

Da unterbrach die Frau auf einmal ihr Schweigen und sagte: »Hast es schon gehört? Vom Förster-Friedl reden sie jetzt saubere Geschichten.«

»Ist ja alles nit wahr!« versetzte die Helenerl und neigte ihr Köpfchen über das Glätteisen.

Da wußte es die Mutter, das Mädel hatte es schon durchgemacht, während sie sich noch besonnen, ob man es ihm mitteilen sollte. Sie sagte jetzt auch weiter kein Wort mehr. Um so lebhafter redete die Helenerl im Gedanken mit sich selber: Dem, wenn er wieder einmal kommt, dem werd ich's schon sagen! – Ach Gott, was soll ich ihm denn sagen? Er redet ja nix mit mir ...

Die Ewigkeit ins Wasser gefallen

An dem Baue des fürstlichen Sägewerks wurde tüchtig gearbeitet.

Die Grundmauern waren größtenteils fertig, Zimmerleute hackten große Stämme aus, um auf dem Mauerwerke die Zimmerung zu beginnen. An dreißig Männer waren beschäftigt.

Dazwischen ging der junge Student hin und her und sah den Leuten bei ihrer Arbeit zu. Das Rasenstechen der böhmischen Deichgräber, wo die Ach ihren Fluderarm bekommen sollte; das Behauen der rohen Granitblöcke, aus denen die festgekittete, so hübsch geradlinige Mauer entstand; das Aushacken des klingenden Holzes, das Ineinanderschroten der viereckigen Stämme an den Ecken, und wie sicher und behäbig die Leute daran arbeiteten, das mutete ihn an. Er empfand die Freude, etwas werden zu sehen. Wenn aber die deutschen Zimmerleute mit den welschen Maurern und den böhmischen Deichgräbern haderten, das wollte ihm nicht gefallen. Da suchte er zu beschwichtigen, hin- und herschießenden Spott und Hohn ins Harmlose zu lenken, wofür er schließlich von allen drei Nationen ausgelacht wurde. Daraus machte Elias sich zwar nichts, seine Mission als Friedenstifter machte ihn hochgemut, und der Zimmermeister Josef meinte, wenn das ein Pfäffel werden wolle, so müsse es sich natürlich schon frühzeitig üben im Friedenstiften und im – Ausgelachtwerden.

An diesem Tage erschien auf dem Bauplatz noch ein zweiter, den sie Lust hatten auszulachen. Taten es aber nicht, denn er war sehr zutunlich und offenherzig. Der Fremde war's, den sie den Nathan hießen, oder auch den Preußen, der in seinem schwarzen Anzug, mit den Feldblumen auf dem Hute, immer so herumging, ohne daß jemand wußte, weshalb.

Nathan Böhme beglückwünschte die Leute, daß sie hier ein modernes Sägewerk bekommen sollten, worauf einer der Arbeiter entgegnete: »Was geht uns das Sägewerk an, Lohnerhöhung möchten wir haben.«

Gegen die Mittagszeit bildeten sich drei Herde, wo gekocht wurde.

Als ein Zimmermannsjunge für seinen Herd ein paar alte Bretter hernehmen wollte, die von der Ach angeschwemmt worden waren, machte ihn ein Kamerad aufmerksam, daß die Bretter gewißlich von der Eustachkapelle herrührten, die der Schneeball zerstört hat. Sie waren noch so zusammengenagelt und von dem Spruche standen noch die Worte: »In Ewigkeit Amen« drauf.

»Wirst aus dem geweihten Holz doch nit Sterz kochen wollen?«

Da legte der Zimmermannsjunge die Bretter wieder ehrerbietig an das steile Flußufer, wo sie über die runden Kieselsteine ein wenig niederwärts glitten. Es war anderes Brennholz genug vorhanden auf dem Zimmerplatz.

Und dann begannen die drei Völker sich auszuleben. Die Böhmen kochten Powidl, die Italiener Polenta, die Deutschen Brennsterz. Darüber war Nathan Böhme vergnügt, und er wollte es als Beispiel geben, daß Kraft und Macht der Völker aus der Einigkeit und aus der vegetarischen Nahrung komme.

Dann setzten sie sich in drei Gruppen zusammen, die Böhmen an die Weiden der Ach, die Welschen auf einen sonnigen Steinhaufen, die Deutschen in den Schatten einer breitästigen Fichte, die auf der Matte stand. Dann huben sie an, aus riesigen Pfannen zu essen; die Deichgräber packten und zerrissen ihre Kuchen mit den Fingern und schoben die großen Brocken in den Mund. Die Maurer stachen ihren Polenta hastig mit breiten Gabeln auf, und die Zimmerleute huben ihren Sterz mit großen Löffeln aus, langsam und wuchtig.

Nathan, der sich ein wenig abseits auf den Rasen gesetzt hatte, bewunderte die Eigenheit und Tüchtigkeit dieser Leute, die auch im Essen hervortrat.

Elias wollte just sein Überröcklein nehmen, das er an den Baum gehangen hatte, um ins Forsthaus zu gehen, stand aber jählings still und horchte. Dann trat er einige Schritte hintan, zog sein Hütlein vom Haupte, faltete die Hände und betete.

Von Ruppersbach herauf kamen durch die Luft geschwommen die Klänge der Mittagsglocke. Böhme betrachtete wieder den in Andacht versunkenen Jungen, wie er es am Fronleichnamstage getan. Heute möchte er gerne mit ihm anbinden.

Als der Zimmermeister Josef das Beispiel des Studenten sah, stellte er sein Sterzschaufeln ein und sagte: »Läuten tun's. Wir wollen den englischen Gruß beten.« Da standen sie schwerfällig auf, zogen ihre Hüte ab und beteten laut und einstimmig: »Der Engel des Herrn brachte Maria die Botschaft, daß sie empfangen hat vom heiligen Geist. Gegrüßest seist du, Maria, voll der Gnaden, der Herr ist mit dir, du bist gebenedeit unter den Weibern –«

Als das Gebet vorüber war und sie wieder aßen, trat der Fremde näher zur Gruppe.

»Wollens mithalten?« lud ihn der Zimmermeister ein und suchte nach einem frischen Löffel.

Nathan Böhme ging nicht darauf ein. Sein Auge hatte ein scharfes Feuer, sein Schnurrbart schien sich zu spießen.

»Jammerschade!« rief er aus, »jammerschade um dieses brave Volk! – Männer, warum habt ihr gerade dieses Gebet gebetet, das die Kirche diktiert hat, warum nicht das vom Herrn Jesus; wie er sagt, so sollt ihr beten: Vater unser, der du bist im Himmel! – Ihr solltet euch doch mehr ans Evangelium halten.«

»Wir haben den englischen Gruß gebetet,« antwortete der Zimmermeister, »und mir scheint, der steht wohl auch im Evangeli.«

»Allerdings, aber die Kirche hat etwas anderes daraus gemacht.«

»Was lauter!« lachte ein Zimmerer, »beim Fronleichnamsumgang haben wir eine ganze Stund lang: ›Gegrüßt seist du, Maria‹ gebetet.«

»Ja, ja, euer Fronleichnamsfest! Gewiß, hat mir sehr gut gefallen. Festaufzug! Sehenswert. Wenn ihr aber glaubt, es wäre ein christlicher Gottesdienst?!«

»Jesseles, Jesseles, die Ewigkeit ist ins Wasser gefallen!« rief jählings der Zimmerjunge aus; er hatte gesehen, wie das Kapellenbrett mit dem Spruchteil umgeschlagen hatte, in die Ach gerutscht und in derselben verschwunden war.

Allsogleich knüpfte der Preuße wieder an: »Was sagt der Junge? Die Ewigkeit ist ins Wasser gefallen? Komisch! Aber es kann euch schon passieren, Leute. Das kann übrigens uns allen passieren. Vielleicht sprechen wir einmal davon. Ist es euch recht, so kommen wir Sonntags einmal zusammen. Wollen uns jemütlich unterhalten. Der Preuße weiß Neuigkeiten!«

Die Zimmerleute schauten den Sprecher verwundert an, hörten ihm zu und aßen weiter.

Böhme redete noch mancherlei durcheinander, entwickelte dann seine Ansichten über das Heidentum der Kirche und über das Evangelium des Sohnes Gottes. Er sprach von dem großen Religionsreiniger Martin Luther. Der wahre Christ habe zu glauben an die Gnade durch die Erlösung Jesu Christi; die Heiligenanbetung, die kirchliche Prachtentfaltung sei nichts als Heidentum. Die Kirche gehe nur auf Macht, die Geistlichkeit auf Geld, man sehe es überall. Jesus habe es mit den Armen gehalten, seine Lehre wäre nicht die Ausbeutung gewesen, sondern die Nächstenliebe, und der Weg zum Himmel gehe nicht durch allerlei Sakramente, vielmehr durch ein sittenreines Leben.

Als er in solcher Weise sich hervorgetan, da nickte der eine und der andere beistimmend mit dem Kopf, es sei eh wahr, es werde eh so sein!

»Jetzt ist eine Zeit der Veränderung,« sagte Böhme, »überall traten die Leute zum evangelischen Glauben über, wollet nicht auch ihr einmal darüber nachdenken? Bei dem Mauteinnehmer in Löwenburg kann man die Schriften bekommen, ganz umsonst, wer sich unterrichten will.«

»Mit dem Mauteinnehmer wollen wir nichts zu tun haben!« rief einer.

Und ein anderer sagte fröhlich: »Wenn die Lutherischen nit müssen mautzahlen, werde ich auf der Stelle lutherisch!«

»Abscheulich, wer so redet!« schrie Böhme. »Wer nicht aus Überzeugung übertritt, der soll bleiben, was er ist!«

»Wir bleiben Zimmerleut und jetzt wollen wir's wieder angehen.« So der Meister, und damit war das unerquickliche Gespräch abgeschnitten und die Tafel aufgehoben.

Wer bei den Ausführungen des Fremden den Studenten beobachtet hätte! Der stand hinter dem Baum, horchte zu, und dabei begann sich sein blasses Gesichtlein zu verzerren, als ob er einen Schmerz hätte. – Also, das ist so einer! Ein Seelenfänger! dachte Elias. Wenn sie sich beschwatzen lassen und wenn sie ihm ihr Wort geben wollen, da werde ich schreien, soviel meine Brust kann, schreien und sie auf den Knien beschwören, daß sie ihrem alten Glauben treu bleiben. Als er sah, daß die Arbeiter ohne weiteres an ihre Zimmerei gingen, beruhigte er sich und nahm seinen Weg über Matten und Wiesen, dem Forsthause zu.

Nathan Böhme ging ihm nach.

Als Elias es bemerkte, wollten seine Beine eilend werden, dann aber sagte er sich: Vor *dem* davonlaufen!

Der Fremde holte ihn ein. »Der junge Rufmann, nicht wahr, der Studiosus!«

Ohne stehen zu bleiben, grüßte Elias kühl und schweigend.

»Der Zufall ist gut,« sagte Nathan Böhme. »Ich habe dir schon lange nachgesetzt, junger Rufmann. Weißt du wohl, daß du ein rührender Mensch bist? Den Götzendienst hast du zwar auch mitgebracht, aber wenn ich damals Herrgott gewesen wär – direktemang auf die Arme hätte ich dich genommen und in den Himmel getragen.«

Also, ohne alle Einleitung, wie gewohnt, hatte er den Jungen angepackt, gleich mit dem vertraulichen Du.

Aber Elias zuckte trotzig mit den Augenwimpern.

»Um das kindliche Glauben ist's ja was Köstliches,« redete Böhme weiter. »Aber merke dir, Junge, es bleibt nicht lange. Wie ich höre, bist du Schüler in einem Priesterseminar. Na, Prost die Mahlzeit! Da möchte ich jerade in paar Jahren wieder nachsehen, ob du die Monstranze noch so engelhaft anbetest als jetzt. Mit äußerer Miene vielleicht, im Inneren nicht – dafür werden deine Lehrer mit ihrem Unterricht sorgen. Den Kopf wirst du eines Tages voll Theorien und Dogmen haben – und das Herz voll Gleichgültigkeit oder Bitterkeit. Eine Weile wirst du dich abquälen um deinen Kindheitsglauben, dann gibst du es auf. Schließlich kommt's so: Das, was du erst bei der Fronleichnamsdemonstration fromm angebetet hast, ist ein dünnes Mehlbrötchen geworden, so du der Gemeinde aufstellen sollst als wahren Gott und Menschen.«

Elias war stehen geblieben, über sein Gesicht flammten rote Flecken. Aber sanftmütig sagte er: »Was wollen Sie denn von mir, lieber Herr?«

»Ja gewiß, gewiß, so wird es sein,« rief der Fremde lebhaft. »Aber ich will dich behüten, lieber Knabe. Du sollst kein heuchlerischer Götzendiener werden.«

Elias war erschrocken, aber nicht von der rücksichtslosen Rede, sondern deshalb, weil der wunde Punkt in ihm berührt worden. Seine quälende Ahnung war hier plump ausgesprochen. Aber er antwortete immer noch gelassen: »Wenn ich Rat bedarf, so wende ich mich an meinen Gott.«

»An deinen Beichtvater, willst du sagen. Da bist du schon am richtigen. Nee, nee, Junge, du darfst nicht katholischer Priester werden. Du weißt nicht, was dir bevorsteht. Ich weiß es. Ein einsames, glückloses Leben wartet deiner, ein elendes Knechteleben, ohne Freiheit und Freude, ohne Freund und Familie. Ganz das Werkzeug fremder unfaßbarer Mächte. Merke auf: kein Mensch, nur Werkzeug, um die Menschheit vom Erdenglück loszureißen und ihr Phantome dafür zu bieten. Und was du tust, das wird nicht etwa ein Irrtum sein, sondern Betrug, denn du wirst sagen, was du nicht glaubst. – Junger Freund, noch ist es Zeit, rette dich zum Evangelium.«

Da sagte Elias schon unsicher: »Ich bete jeden Tag zum göttlichen Heiland um Erleuchtung.«

»Was heißt göttlicher Heiland!« rief Nathan Böhme barsch. »Das ist ein Ausdruck der Kirche. Glaube an den einzigen Gott, *das* steht in der Schrift. Zu Gott mußt du beten, nicht zu Jesus, der selbst bloß Mensch gewesen ist.«

»*Was* haben Sie jetzt gesagt?« fuhr der Student auf. »Jesus bloß ein Mensch?«

»Die Wahrheit über alles.«

»Die Wahrheit? Wo Sie vorher eben gelogen haben!« Mit Heftigkeit rief es Elias: »Haben Sie nicht gerade früher zu den Leuten anders geredet? Haben Sie ihnen nicht gesagt von der Erlösung durch Jesum Christum? – Die

Heiligen, ja, die haben Sie schon dort an der Ach weggeworfen. Die Mutter Gottes haben Sie auch weggeworfen. Jetzt werfen Sie den Heiland weg und sagen, Sie glaubten allein an Gott. Und morgen werfen Sie Gott weg.«

»Morgen werfe ich Gott weg, meinst du?« versetzte der Fremde, seinerseits nun sanftmütig geworden: »Ja, mein Kind, dafür kann man natürlich nicht garantieren, daß unsere Anschauung die gleiche bleibt. Sie ändert sich mit unseren Erfahrungen, mit unseren Fortschritten in der Wissenschaft. Und wenn die Wissenschaft uns mal dahin belehrt, daß wir Menschen animalische Wesen sind, nichts weiter, jeder einzelne aus dem Nichts gekommen und in das Nichts versinkend, wie jenes Stück Holz dort im Wasser versank – so müssen wir uns eben beugen vor der Wahrheit. So schwer es uns werden mag, so viel sogenanntes Seelenglück dabei verloren gehen mag. Der heiligen Wahrheit seine Seele, seinen Heiland, seine Ewigkeit opfern – *das* ist das göttliche Opfer, *das* ist das allerheiligste Sakrament, welches du einmal ebenso fromm und demütig anbeten wirst als jenes am Fronleichnamstage.«

Während dieser Worte war der Mann dem eilenden Studenten stets auf der Ferse gefolgt, bis Elias sich plötzlich umkehrte und ihm wütend das Wort ins Gesicht schleuderte: »Geh hinter mich! Du bist ein Teufel!«

Mit beiden Fäusten hieb Elias in die Luft hinein und sprang in weiten Schritten dem Forsthause zu, das schon nahe war.

Böhme starrte verblüfft drein. Was hatte er denn nur gesagt, daß der Junge sich so entsetzte?

Rasse hat er, dachte er dem Studenten nach, ob sie aus dem nicht noch einen Kirchenheiligen machen!

Eine schwankende Christenseele

Die alte Sali behauptete geradezu, der Student werde das Nervenfieber bekommen. Mit eingefallenen Wangen, in sich zusammengesunken, saß er beim Abendessen, genoß aber kaum ein paar Löffel Suppe. Er redete nichts, auf Fragen seines Vaters gab er nur halbe Antworten. So saß er da, war traumhaft und erschrak, wenn die Tür ging. Und ganz jäh schrie er auf: »Solche Leute sollten nicht leben!«

»*Wer* sollte nicht leben?« fragte der Förster.

»Solche Leute sollte Gott von der Erde nehmen. Nicht in die Hölle, nein, in die Hölle nicht. Nur von der Erde weg. Weil sie ein Unglück sind!«

Was das heißen solle?

Dann hat der Junge sich ausgesprochen, wie dieser fremde Mensch, der beim Michelwirt wohnt, in der Gegend umherstreiche und Leute verführe. Von den Protestanten einer.

»Den Glauben bricht er ab!«

Einen Glauben hätten doch auch die Protestanten, meinte der Förster.

»Aber einen falschen. Einen, der keiner ist. Nicht, weil sie was Unrichtiges glauben, sondern weil sie gar nichts glauben. Sie tun nur so. Erst werfen sie ein Stück Glauben weg, wie man den Überrock abtut, wenn's warm ist; dann werfen sie den Unterrock ab, dann die Weste und so fort, bis sie nackend dastehen. Dann sagen sie: Da schaut her, das ist die Wahrheit.«

Da erinnerte der Vater: »Der Glaube ist kein Gewand, der Glaube ist inwendig. Wer einen Glauben hat, den man ausziehen kann, der soll ihn nur gleich ausziehen; es ist ehrlicher, wenn er ihn auszieht, als wenn er ihn anbehält.«

Diese Bemerkung des Vaters gab dem Jungen die ganze Nacht zu schaffen. War ihm doch selber schon zumute gewesen, man könnte ihm seinen Glauben vom Leibe reißen wie einen Rock. Wenn das möglich ist, dann kann's ja der rechte Glaube nicht sein, dann ist es ehrlich, ihn auszuziehen. Der rechte Glaube ist inwendig. – Und jetzt kam es ihm vor, als wenn er zweierlei Glauben hätte, einen inwendigen, der angeboren ist, und einen auswendigen, der angelernt wurde. Und der Fremde, hat er nicht an dem auswendigen gezerrt, der ohnehin schon ein paarmal vom Leibe fallen wollte? – Den inwendigen Glauben mit seinem Gewissen aber fühlte er in diesen Stunden sehr lebhaft. Denn dieser fragte ihn hart: Hast du dem Böhme nicht unrecht getan? Wie kannst du sagen, morgen würde er auch nicht mehr an Gott glauben? Wer kann, wer darf denn so reden, wer kann es entscheiden? Unser Pfarrer hat einmal gesagt, daß auch der Irrlehrer ein gutes Werk tut, wenn er nur glaubt, die Wahrheit zu lehren, weil alles auf den guten Willen ankommt.

So setzte sich Elias ins Unrecht, leistete dem Fremden im Geiste Abbitte und betete gleichzeitig zu unserer lieben Frau, sie möchte machen, daß dieser Mensch aus der Gegend fortkomme, besser heute als morgen. »Sonst muß ich fort, du liebe Jungfrau Maria, daß ich meinen heiligen Glauben vor ihm mag retten.«

An einem der nächsten Tage begegnete der Student auf dem Talsträßlein dem Pfarrer von Ruppersbach, der von einem Krankenbesuch zurückkehrte.

»Ja, Elias, was ist's denn mit uns zweien?« fragte der Pfarrer freundlich.

Hierin empfand der Junge gleich einen Vorwurf. Er hatte schon lange nicht mehr vorgesprochen bei seinem Gönner, durch dessen Vermittlung er ins Seminar gekommen war. Die Unsicherheit mit sich selber! Solange er da nicht im Reinen war, mochte er dem Herrn nicht gern vor die Augen treten. Und jetzt stand er auf einmal vor ihm.

Dem Pfarrer mußte jemand geplaudert haben, denn geradehin fragte er: »Sage mir einmal, Elias, kennst du den Fremden, der sich jetzt in Eustachen aufhält? Jakob Böhme oder wie er heißt.«

»Nathan Böhme heißt er.«

»Du kennst ihn also.«

»Den kenne ich freilich.«

»Was hältst du von ihm?«

Der Junge gestand es und erzählte. Er sei ein gebildeter, sicherlich viel gereister Herr. Aber irrgläubig!

»Wenn den jemand bekehren könnte!«

»Den Mann bekehren?« fragte der Pfarrer, der gar klug war, seinen jungen Theologen in- wie auswendig kannte und ihn nun doch wieder einmal loten wollte. »O mein, wenn es ein gebildeter, viel gereister Herr ist, so wird er sich ja umgesehen und sich das ausgesucht haben, was für ihn am besten paßt. Obschon ich diesen Nathan nicht für Nathan den Weisen halte. Was sagt er denn?«

»Zum Beispiel gegen die Mutter Gottes hat er's und ein Lutherischer ist er.«

»Nun, wenn er meint, unsere Mutter Gottes entbehren zu können, und wenn er an die heiligen Sakramente nicht glauben kann, so werden sie ihm auch nichts helfen. Denkst du nicht, Elias, daß solche Leute trotzdem gute Menschen sein können und auch ihre religiösen Schätze haben, die wieder wir nicht kennen und nicht verstehen? Wir können für die Irr- und Ungläubigen nur beten und sollen sie in Ruh' lassen, solange sie uns in Ruh' lassen. Und wenn sie uns angreifen, so sollen wir nicht gleich zurückschlagen, sondern uns gutmütig verteidigen und durch ein vorbildliches Leben ihnen zu verstehen geben, daß wohl wir den richtigen Glauben haben. Denkst du nicht auch so, Elias?«

Auf dieses Priesterwort jubelte des Knaben kindliche Seele und es war ihm gewiß: wer so kann sprechen, der hat den wahren Glauben. Und der unduldsame Fremde soll mir nimmer gefährlich werden.

»Nur das eine, Elias, laß dir gesagt sein,« setzte der Pfarrer noch bei, »lasse dich mit solchen Leuten nie in ein Gespräch ein über Kirche und Religion. Sie sind schwer zu widerlegen. Die weltliche Vernunft ist brutal. Fliehe die Gefahr und lasse jene ihre Wege gehen.«

»Ich habe es ja getan, Herr Pfarrer, aber er geht mir nach!«

»Ich sage dir noch einmal, schweige mit der Zunge, antworte mit den Beinen und fliehe.«

Elias nahm es sich vor. Doch als er wieder allein war, fiel ihm ein: wie kann das ein Mensch? Wenn er seinen Menschenbruder auf dem Irrwege sieht und er weist ihn nicht auf den richtigen Weg? Das ist ja lieblos, das ist ja schlecht!

Und an demselben Abende las er lange in einem seiner Religionsbücher. Er las von den Aposteln, die in die weite Welt zogen, um Juden und Heiden zu bekehren; von den Märtyrern, die den Weisen und den Königen trotzten, um den Gekreuzigten zu verkünden. Er las von den heldenhaften Missionären, die heute noch in ferne Länder ziehen, um fremden Völkern das Christentum zu bringen. Er las von der Inquisition, durch welche die Kirche arme Verirrte mit liebender Gewalt auf den rechten Weg geführt und den Teufel mit Feuer und Schwert aus der Menschenseele vertrieben hat. – Und da sagt der Pfarrer, man solle sie in Ruh' lassen! Lassen die Ketzer uns in Ruh? Geht dieser Mensch nicht herum wie ein brüllender Löwe, zu sehen, wen er verschlinge? – Endlich entschied Elias dahin: Die eigene Seele steht einem näher als die fremde. Dem Preußen ausweichen so weit als möglich. Wenn er aber wieder zudringlich werden sollte, dann laufen; und wenn er nachläuft, dann sich wehren, und sollt's ums Leben gehen!

Kaum war dieser Zwiespalt ein wenig verbraust, so gab's für Elias schon einen andern. Am nächsten Tage, als der Friedl vom Holzschlag heimgekehrt war, ward dieser zutunlich mit dem Bruder, nahm ihn Arm in Arm, zerrte ihn zum Waldrain hinauf und ging ihn um Geld an. Nicht mit schalkhaften Worten wie sonst, sondern kurz und herb.

»Elias, ich muß zwanzig Kronen Geld haben!«

Hierauf antwortete der Student in aller Ruhe: »Du weißt es, Friedl, daß ich dich gern habe, und ich nehme mir vor, alles zu tun, was dir gut ist. Ich sage dir aber, du kannst machen, was du willst, Geld gebe ich dir keines mehr, auch wenn ich eins hätte.«

Er hatte auf diesen Bescheid ein derbes Wort erwartet, aber der Friedl schritt, seine Hände in den Hosentaschen, am Waldrande dahin und schwieg.

Das war dem Elias doch wieder ungut und er fragte:

»Wozu brauchst denn so viel Geld?«

»Wenn du mir keins gibst, sollst es auch nit wissen.«

»Gut, so will ich's auch nicht wissen.«

»Natürlich! Der junge Pfaff ist ja auch einer, der mich erziehen will. Jetzt will mich ja alles erziehen, weil ich zu wenig fromm bin, ein Lump bin! Weil ich um zwei Heller würfeln tu und weil ich junge Weibsbilder lieber hab' wie Kirchenfahnen. Hast es schon gehört, der Gerhalt will mich ja nächst Wochen auf die Bank legen lassen.«

»Den bring ich um!« kreischte der Student auf, wie er sein Lebtag nicht aufgekreischt hatte. Dann mußte er lachen.

»Was das für ein dummes Wort ist,« sagte er. »Weil es so viele rohe Leute gibt da im Gebirg, so gewöhnt man sich das an. Für mich ist's Zeit, daß ich wieder in mein Seminar komme. Und du sollst die Leute reden lassen und dir nichts draus machen. Wirst schon noch drauf kommen, daß Unrecht leiden immer zum Guten ausfällt. Was bedeutet denn alles miteinander? In ein paar Jährlein ist's vorbei und wir haben den Lohn bei Gott im Himmel.«

»Bissel ein Vorschuß, wenn er mir wollt schicken.«

»Tu nicht immer so freveln, Bruder. Denk doch dran, daß wir Vorschuß genug haben von Gott. – Jungheit, Gesundheit, einen guten Vater und so viel noch, was andere nicht haben. Sollst nicht so unzufrieden sein, du, mit deinem schönen Namen Fridolin.«

»Kommt auf dich an, du, mit deinem schönen Namen Elias. Leih mir zwanzig Kronen.«

»Also, wozu brauchst du jetzt so viel Geld?«

»Hau, ich werd der Narr sein und dir's stecken. Daß du mir noch weniger was gibst. Natürlich ist's wieder eine Lumperei! Daß man einen Wettermantel braucht im Holzschlag, oder eine Taschenuhr! Kommst um eine Viertelstund zu spät, schimpft der Meisterknecht. Und nächsten Monat, wenn mich der Vater auf die Seealm geben will – soll ich mich da leicht hinausstellen auf die Weid und schauen, wann mein Schatten auf Zwölfe zeigt?«

»Eine Uhr! Was sagst denn das nicht gleich! Wenn mir der Vater nächstens ins Seminar Taschengeld mitgibt, so sollst was haben. Aber zwanzig, das übersteigt! Und nachher, Bruder, sollst du dir auch abgewöhnen, vom Geld *leihen* zu reden. Bleib doch bei der Wahrheit und sag *schenken*.«

»Ein guter Kerl bist!« rief der Friedl gerührt aus, legte seinen Arm um Elias' Nacken, dieser den seinen auf des Bruders – so gingen sie am Raine hin und her.

»Wir sind zu wenig beieinander, Elias. Weil du so fromm bist und ich so gottlos.«

»Geh, hör mir auf! Du gottlos!« rief Elias.

»Und möchten doch einander nit schaden. Nächstens, sagt der Vater, muß ich auf die Seealm nachschauen. Bruder, da mußt du mitkommen, wer weiß, ob wir noch lang beieinander sind.«

»Ja, Friedl, auf die Alm will ich mit.«

Darauf dieser: »Ich geh nachher auch mit dir. Im Ernst, Elias, was ich mir schon ausgedacht hab. Wenn du wieder fortgehst, gehe ich auch. Mich gefreut's nimmer daheim. Ich gehe nach Amerika.«

Der Student lachte zu dem Spaß.

»Willst mit? Dort kannst recht Heiden bekehren.«

»Ich will niemand bekehren, bin froh, wenn man mich in Ruhe läßt.«

»Herr Bruder,« rief der Friedl lachend, »ich gratulier! Wir werden alle Tag gescheiter.«

So trieben es die Brüder miteinander. Aus jedem Zwiste der beiden verschiedenen Naturen fanden sie sich vermöge Friedls Humor und Elias' Sanftmut wieder zurecht. Manchmal aber strich wie ein flüchtiges Wehen die Ahnung über sie hin, als stünde ihnen etwas Besonderes zu, um Streit und Treue.

Der verkrachte Weltverbesserer

»Habens vielleicht was zu waschen, Herr Böhm?« fragte die Kellnerin Mariedl, während sie die Stube aufräumte, den Fremden, der am Fenster lehnte und hinaussah.

»Ich? Zu waschen? Nein. Ich habe niemals zu waschen. Da draußen in – Ruppoldsbach, oder wie's heißt, habe ich erst frische Wäsche eingekauft. Was ich abwerfe, das können Sie dem Alten geben, der da draußen bei der Bienenhütte sitzt.«

Er hatte tatsächlich ein frisches Wollenhemd am Leibe.

»Sagen Sie 'mal, Mamsell, um wie viel vor dem Auszug aus Ägypten muß man denn hier das Logis kündigen?«

»Was sagens? – Ja so. Werns a weil kündigen. Wenns gehen wolln, gengens halt.«

»Mich dünkt, es hat niemand was dagegen.«

»Der Herr Böhm sind keinem Menschen im Weg gewesen. Heut werdens aber doch noch da bleiben. Heut wird g'sungen nachmittag.«

Ja, da wollte er doch. Dieses Singen der beiden alternden Männer kam ihm so wunderlich und drollig vor und – er gestand sich's – anheimelnd, herzwärmend.

Und als die Stunde kam, bedeutete die Kellnerin dem Fremden, wenn er zuhören wolle, so möge er nun in die Gaststube kommen, sie seien gerade beisammen allzwei und eingeheizt sei auch. Damit meinte sie, daß die Sänger schon Wein getrunken hätten.

Sie saßen am Tischchen beim Uhrkasten, und der Wirt stimmte die Zither. Der Fremde saß am Nebentisch und wartete, was da wieder Schönes kommen würde.

»Gut ist's,« sagte der Förster, sich bereit erklärend. »Also Michel, schlag an was Feines!«

Klim klim!

»Ich geh' herum in weiter Welt,

Such' meinen Raub zusammen

Und nimm hinweg, was mir gefällt –«

»Du singst ja ein Totenlied!« rief lachend der Förster.

»Bei meiner Treu, da hab' ich ein Totenlied erwischt. Wie man sich schon immer einmal vergreift.«

»Ein Totenlied?« fragte Herr Böhme auf. »Die Herren werden ihr Programm haben. Aber ein Totenlied? Singen denn die Toten Lieder? Mich wollte es gelüsten, so etwas zu hören.«

»Wenn's dem Herrn gelüstet,« sagte der Förster. »Mir ist alles eins. Gesungen ist gesungen.«

»Ist recht,« sagte der Michel, »dann nehmen wir das schönere.«

Und in einer Melodie voll düsterer Schwermut huben sie an, zweistimmig so zu singen:

»Ihr lieben Christen insgemein,

All Reiche, Arme, groß und klein,

Nun höret zu mit Traurigkeit,

Der jüngste Tag ist nimmer weit.

An diesem gar erschrecklichen Tag

Da fallen die Stern vom Himmel herab,

Die Morgenröt verkehrt sich,

Die Allmacht Gottes schrecket mich.

Die Sonn' lischt aus, o großer Gott,

Die Welt voll Feuer, Graus und Not.

Der Engel Heer Posaunenschall

Weckt auf die Toten überall.

Was lang und lang verborgen war,

Das wird jetzt alles offenbar.

Von Jesus hohem Richterthron

Der Sünder Straf', der Frommen Lohn.

Zu allen Bösen er sich wend't:

Geht hin ins Feur, das ewig brennt,

Kein Schreiber kann's genugsam b'schreib'n,
Was der Verdammte in der Höll' muß leid'n.

Und zu den Frommen insgemein
Spricht Gott: Ihr seid die Kinder mein,
Kommt all in meines Vaters Reich,
Dort werd't ihr haben ewig' Freud'.

O Ewigkeit, du festes Haus,
Man kommt hinein und nimmer heraus,
Drum, liebe Christen, lebet fromm,
Damit ihr einst in Himmel kommt.«

Als dieses Lied verklungen war, saß Böhme ein Weilchen nachdenklich da.

Endlich murmelte er: »Kein Schreiber kann's genugsam beschreiben, was der Verdammte in der Hölle muß leiden. – Und damit,« rief er laut, »damit tröstet euch eure Religion? Eine Menschenfreundin erster Güte, das muß man gestehen.«

Gegen diesen Hohn wollte Rufmann sich erheben, als im Vorhause Lärm entstand. Auch in der Küche hörte man einen heiseren Schrei. Wenn Frau Apollonia einmal aufschreit, was muß es da geben?

Zur Stubentür lief der lahme Wenzel herein – denn es gibt Augenblicke, da innere Nötigung alles Gebrest besiegt – und schrie: »Die Beindel, die Beindel!«

Der Michel sprang von seinem Sitze auf und eilte hinaus. Die Bienen! Die Bienen schwärmen!

Aus dem einen Korbe ist der junge Schwarm ausgeflogen. Surrend höhenwärts wie ein dunkles Wölkchen. Aber die wachsamen Augen des Pfründners haben den Schwarm nicht verloren, und während der Alte zwei blecherne Hafendeckeln aneinanderschlägt, daß es schrillt, und dabei um Hilfe schreit, läßt der Schwarm sich nieder auf dem Ahornbaum, hoch an einer äußersten Nebenkrone. Nun sitzt er fest, nun ist Zeit, daß der Wächter ins Haus läuft, um es zu verkünden, und nun erhebt sich im und um das Wirtshaus eine Katzenmusik.

Auch aus der Nachbarschaft sind Leute zusammengelaufen, mit Blechdeckeln und Pfannen, Kuhschellen, Töpfen, Kübeln und anderem

Geräte, dem greller Schall zu entlocken ist, arbeiten sie im Garten, damit das junge Königreich der Bienen nicht davonziehen soll.

»Was bedeutet denn dieses schaudervolle Lärmen?« fragte Herr Böhme.

»Weil sonst die Beindel taten fortfliegen. Wenn sie so scheppern hören, nachher bleiben sie da. Weil's halt auch gern musizieren tun hören.«

»Das ist ja ein Unsinn!« rief Herr Böhme, »was weiß die Biene von Musik! Diese Leute haben keine Ahnung von Immerei!«

Bald erschien im Garten der Wirt mit einer Stange, an deren oberem Ende ein aufgespannter Sack war. Damit wollte er den Schwarm, der am Ahornast wie eine schwarze Riesentraube hing, einfangen.

»Man wird Sie totstechen, Wirt!« warnte Böhme, »Sie müssen sich Gesicht und Hände schützen.«

»Lächerbar!« rief der Hausknecht, der eine verrostete Blechtafel schüttelte, »wann hat unseren Herrn ein Beindel gestochen? Dem tun sie nix.«

Während schon ein bereiteter Korb aufgemacht wurde, überlegte der Michel, wie er dem alten Riesenbaum beikomme. Unten hinauf eine Leiter, sie war schon zur Stelle. Dann schaute er sich den Weg aus, den er innerhalb des Gezweiges nehmen wollte, bis zu dem großen Seitenast dort oben. An demselben ein paar Klafter hinaus, dann muß die Stange langen.

»Es geht nicht, Michel,« sagte der Förster, »soviel ich sehe, der Ast ist angemorscht!«

»Ei wo! Sonst kann man ihnen ja nit bei.«

»Wie der Will, am Ast laß ich dich nicht hinaus, er ist morsch, er trägt dich nicht.«

»Was sagst zum Abschneiden?«

»Hilft nichts. Damit verscheucht man sie.«

»Ja, du lieber Gott, ich kann doch den Schwarm nit im Stich lassen!« rief der Wirt. »Ein so schöner, großer Schwarm!«

Unter stetem Lärm der Instrumente überlegten sie, wie ihm beizukommen wäre. Da sah man, wie die Traube sich zu lockern begann, die Tierchen kreisten, lösten sich immer mehr, und unter Klagegeschrei der Zuschauer schwebte das schwarze Wölklein himmelwärts, dem Waldhange zu.

»Hin ist er!« rief der Michel, »ist er einmal im Wald, nachher hat man ihn das letztemal gesehen. Ewig schad drum! Ein so großer, schöner Schwarm!«

Am traurigsten war der alte Wenzel. Das Viertelein Rotwein bekam er freilich, aber die Beindel, die Beindel! die er so sorgfältig gehütet hatte, wie die Mutter das Kind in der Wiege. Und jetzt, wie die Brut flügge wird – auf und davon. »Ich sag's Ihnen, Herr Förster, mit der lieben Jugend ist wohl ein Kreuz!«

Nach und nach verzogen sich die Leute, auch unsere Genossen gingen wieder in die Stube, mit dem Singen jedoch war es aus.

»Wie's mir um diesen Schwarm leidtut!« wiederholte der Michel immer noch.

Frau Apollonia nahm es leicht. Sie hätten an den fünf Körben genug. Wenn ihrer zu viele wären, gediehen sie ohnehin nicht mehr.

»'s wird dem Herrn nit grad deswegen sein,« meinte der alte Wenzel. »Weil's halt ein schlechtes Vorbedeuten ist, wenn ein Schwarm fortfliegt.«

Dem Nathan Böhme wurde langweilig.

Die Leute konnte er nun einmal gar nicht begreifen. Dieser Wirt, da renommiert er mit seinem ewigen Nichts, wie der Kerl sagt, und singt dabei solche Lieder. Es scheint, er glaubt weder an das eine noch an das andere. Das schreckliche Lied vom Weltgerichte! Wie weggeblasen war es, als die Bienen summten. So leicht nehmen diese Leute ihren Glauben. Und es ist ein Glück. Wenn sie sich hingeben wollten dem Schauder des letzten Tages und wenn sie sich sagten: Einmal kommt er! Er kommt gewiß und wir werden dabei sein! Und es ist die größte Gefahr, daß wir ins ewige Feuer geworfen werden! Wie wäre das auszuhalten! Sie nehmen's nicht ernst, und wie man des Abends in den Schlummer sinkt, möchte er hinüberträumen ins ewige Nichts! Und gleich darauf will er dieses Nichts wieder ausstaffieren mit Gericht, Himmel und Hölle. Selbst das höllische Feuer ist ihnen noch lieber als das Nichts. Was du auch redest, Wirt, der Mensch kann alles ertragen, nur das Leichteste nicht, das Nichts.

»Ist der Herr schläferig worden?« Mit dieser Ansprache weckte ihn der Wirt aus seinem Nachdenken.

Da sprang der Fremde über: »Ihr guten Leute, bei euch ist es nicht mehr auszuhalten. Ich will es den Bienen nachmachen.«

»Fort? Herr Böhme, doch nit fort?« fragte der Wirt lebhaft, und teils aus Höflichkeit, teils berufshalber setzte er bei: »Im Sommer wär's bei uns auch schön.«

»Möchte einmal wissen,« fragte Böhme, »wie weit man rechnet über das Tauerngebirge bis ins Kulmtal?«

»Wollens doch hinüber? Über den Rauhruck? Neun Stunden, wenns gut gehen und den Weg wissen; 's wird sich so ausgehen. Zwei Stunden bis in die Bärenstuben, eine starke dort hinauf bis auf die Seealm; nachher zwei Stunden bis auf das Rauhruckjoch – sind fünf Stunden. Vom Joch dermachen Sie's in vier Stunden bis Arlach im Kulmtal.«

»Morgen früh heißt's marschieren!«

»Wollens denn allein gehen? Übers Gebirg?« fragte der Michelwirt bedenklich. »Herr Böhme, das möcht' ich wohl nit raten. 's gibt noch Schnee da drinnen, stellenweise ist der Fußsteig hart zu treffen. Der Lahnengang soll auch noch nit vorbei sein.«

»Sie meinen, daß es gefährlich wäre?«

»Gefährlich? Wie man's nimmt. Für den Einheimischen grad nit, wer sich auskennt. Im Sommer ist's gar recht schön zu gehn; jedes Frauenzimmer kommt hinüber. Aber halt, wer fremd ist – und jach der Nebel einfallt! Vor ein paar Jahren erst ist einer verloren gangen im Rauhruckgebirg. Na, Herr, allein solltens jetzt wohl nit gehen.«

»Und schon gar, wenn Sie noch nie im Hochgebirg sind gewesen,« bemerkte der Förster.

»Ich noch nie im Hochgebirge?« lachte Böhme. »Fragen Sie mal den Bergführer Partenoner in Trafoi, das ist in Tirol. Vielleicht kann Ihnen der Mann etwas erzählen. Aber in eurem Mittelgebirge hier bin ich gewohnt, allein zu marschieren.«

»Wie der Will,« sagte der Michel, »da hinüber im Frühjahr – raten möcht ich's nit. Na, das sollens nit tun.«

»Also gut, dankbar für Ihre Sorge. Dann, Herr Wirt, hätten Sie vielleicht die Gefälligkeit, mir einen Führer zu besorgen?«

»Ist auch so eine Sach mit einem Führer jetzt. Die Leut sind noch im Anbauen. 's wird niemand recht Zeit haben.«

»Es verdient sich einer ja etwas.«

»Macht nix. So lang der Bauer sein Feld nit fertig hat, nimmt er sich zu nix Zeit. Am Sonntag, da kriegens schon wen.«

»Am Sonntag. Ich fürchte, daß das Wetter nicht halten wird.«

»Lange bleibt es nicht mehr so,« redete nun wieder der Förster Rufmann dazu. »Seit gestern geht der Landwind. Die Ameisenhaufen sind auch nicht recht lebendig, schon seit ein paar Tagen nicht mehr. Ich möchte raten, daß der Herr über Sandau geht und über den Sandaupaß ins Kulmtal. Fahrstraße, kinderleicht.«

»Und um eine Tagereise länger,« wendete Böhme ein. »Sandaupaß ausgeschlossen. Ich wage es morgen mit dem Rauhruck.«

Der Michel zuckte die Achsel: »Na ja, wem nit zu raten ist!«

»Bis auf die Seealm,« sagte der Förster, gegen den Wirt gewendet, »da wüßte ich schon einen Schick. Da könnte er sich meinen Söhnen anschließen. Sie gehen morgen hinauf, weil die Almhütte einzurichten ist. – Die fürstliche Gutsverwaltung will die Sennerei doch wieder in Betrieb setzen.«

»Ihre Söhne gehen morgen ins Gebirge?« sprach Herr Böhme. »Das ist schön, Herr Förster, – da jehen wir mitsammen. Famos!«

»Will's ihnen sagen, daß Sie mit wollen. Aber zeitig früh. Um sechs Uhr Abgang vom Forsthaus.«

Damit stand der Förster auf, nahm Hut und Stecken und ging auffallend rasch davon. Durch das Fenster hatte er den Ortsvorstand kommen sehen, und mit dem hatte er jetzt nichts zu tun.

Der Gerhalt trat ziemlich viereckig in die Gaststube, setzte sich dann an den Tisch und verlangte ein Glas Apfelmost.

»Einen Wein tragt's nimmer jetzt,« brummte er; das war auf den Förster gemünzt, der seinen Sägewerkbetrieb zugrunde richtete. »Was ich dich fragen wollt', Michelwirt, gehst auch mit in die Kirchen? Mit der Pichelbäuerin. Heut nacht hat sie's überstanden.«

»Gott sei Dank!« rief der Michel aus, »daß die erlöst ist, die arme Haut. Der Herrgott gibt immer einmal lang zu, aber endlich macht er's halt doch recht.«

»Wenn nur nit bald auch ein zweites nachruckt!« sagte der Gerhalt, »dem's wohl noch ein bissel zu früh wär. Der Zimmermann Josef. Soll an der Lungenentzündung dahinliegen.«

»Der Zimmermeister? Ist der nit erst vor etlichen Tagen bei mir g'west? An dem Tisch da, wo wir sitzen!«

»Wird ihn ramen,« meint der Bader. »Tut's kaum aushalten. So viel trunken hat er alleweil.«

»Und immer das Trinken,« rief der Wirt.

»Tuns eh bei dir.«

»Als ob der Tod kein andere Ursache hätt!«

»Warum gibst ihnen so viel?«

»Gibst ihnen so viel. Wenn man muß. Solang sie nit offenbar sternhagelvoll besoffen sind, kann's ja jeder verlangen. Sonst zeigt er dich noch an, wenn du Wirt bist und schenkst nit. Muß es ja eh selber sagen, es ist ein Laster.«

Dem Böhme war dieses Gespräch sehr vergnüglich. Doch er schwieg und konnte leicht schweigen, wenn andere so laut für seine Lehre sprachen, Lebende und Sterbende. Es ist doch vergebens. Die Menschen wollen es nicht anders. – Nun wurde er angesprochen.

»Der Herr da,« fragte der Gerhalt, auf ihn mit dem Finger deutend, »will er noch länger dableiben? Bei uns in Eustachen, mein ich.«

Böhme zog seine stählerne Uhr hervor, die an dem Kettlein hing, blickte auf die Ziffern und antwortete: »Noch ungefähr zwölf Stunden.«

»Nachher ist's schon recht,« sagte der Bauer, der nun, da er als Amtsperson sprach, sich eine würdevolle Schlichtheit zu geben suchte. »Sonst hätt ich Sie müssen eintragen. Ist neuzeit wieder strenge Vorschrift. Habens vielleicht ein Paß oder was mit?«

Nathan Böhme wandte sich zum Wirt: »Hören Sie? Der Mann wünscht von mir jetzt fix eine Legitimation. Bin in nicht geringer Verlegenheit. Wie ich als großer Unbekannter gekommen bin, so hätte ich als großer Unbekannter mögen dahinziehen. Und nun will man wissen, wer ich bin.«

»Um Verstattung, 's ist vorgeschrieben,« sagte der Gerhalt.

»Gut,« sagte lachend Herr Böhme. »Machen Sie mal Ihre Oogen auf und hören Sie: Ich bin ein ganz gemeiner Kerl! Meines Zeichens ein verkrachter Weltverbesserer, wenn's Ihnen recht ist. Gedenke mich ins Privatleben zurückzuziehen. Mein Lehramt ist bankerott geworden. Die es nicht einsehen, können sich nicht ändern, und die es einsehen, wollen sich man nicht ändern. Herr Michel Schwarzaug! Sie erkennen die Schädlichkeit des Suffes und werden doch daran zugrunde gehen. Basta! – Mein letzter Wille, wenn ich nun scheide, der ist folgender, Herr Wirt: morgen lassen Sie nachsehen, ob der Mann nichts Unrechtmäßiges mit sich nahm. Und übermorgen vergessen Sie ihn.«

»Muß noch einmal bitten um die Aufweisung,« mahnte der Gerhalt, dem fast unheimlich wurde.

»Also denn, löbliche Obrigkeit, nun kommt der große Augenblick.«

Mit feierlicher Gebärde zog Böhme aus seinem Sack die Brieftasche hervor und aus derselben ein gefaltetes Papier. Der Gerhalt begann seine Prozedur mit den Hornbrillen. Als diese glücklich im Sattel saßen, nahm er Einsicht in die Schrift und nickte beistimmend: »Ein Professor seins.«

»War ich.«

»Und was seins denn jetzt?«

»Landstreicher.«

Ohne sich von der Frevelhaftigkeit einer solchen Amtsantwort beirren zu lassen, fragte der Gerhalt weiter: »Wo wollens denn hin, von da aus?«

»über das Gebirge ins Kulmtal.«

»Das Kulmtal ist lang. Wege gibt's viel.«

»Über den Rauhruck nach Arlach.«

»Und weiter?«

»Das geht Sie nichts an.«

Der Gerhalt verlangte Schreibzeug und schrieb in spießiger, klobiger Bauernschrift aufs Papier: »Reiset von Eustachen über den Rauhruck nach Arlach. Martin Gerhalt. Fürst.«

Dann gab er eine gute Reise, bezahlte seinen Obstmost, ohne ihn auszutrinken, und ging seines Weges.

»Fürst?« murmelte Böhme, als er sein Papier besah. »Was unterschreibt sich denn der Kerl Fürst?«

»Abgekürztes Verfahren, Herr Böhme. Soll Fürstand heißen.«

Der gebrochene Ahornast

Am nächsten Frühmorgen stand Herr Nathan Böhme, »Preuße und Landstreicher«, gestiefelt und bepackt am Ausgange des Wirtshauses »Zum schwarzen Michel«.

In demselben Aufzuge, wie er gekommen, ging er davon, nur nicht so bestaubt und verschwitzt, sondern hübsch ausgebürstet und frisch. In seine Ledertasche hatte Frau Apollonia Roggenbrot, Kuchen und gekochte Eier gesteckt für das Mittagsmahl auf dem Rauhruck. Die Kellnerin hatte ihm den Hut mit weißen Nelken und einer freilich schon halbverblühten Pfingstrose geschmückt. Als er ihr die Hand gereicht hatte: »Also, Mamsell Mariedl, adieus, bleiben Sie edel, hilfreich und gut und heiraten Sie bald!« da mußte sie sich mit dem Schürzenzipfel ein Tränlein abwischen. Er war zwar immer einmal »wüscht« gewesen und doch hat man ihm »nit feind sein« können.

Und als sie nachher in der Stube ein Goldstück auf dem Schranke liegen fand, da wollte sie ihm damit nachlaufen, bis der Hausknecht auf die Vermutung kam, das werde ein Trinkgeld sein, für den Hausknecht. Kleider und Stiefel hatte ihm zwar die Kellnerin geputzt, wenn's aber ein Trinkgeld ist, dann kann's nur dem Hausknecht gehören. Weibsbilder tun eh nit trinken.

Von den Wirtsleuten hatte Böhme sich artig verabschiedet, dem Michel schließlich aber die großartigen Worte zugeworfen: »Ein gescheiter Mann sind Sie, Herr Wirt. Leben Sie danach, so sind Sie auch ein *ganzer* Mann.«

»Ja, ist schon recht,« entgegnete der Michel. »Ich sag halt: Auch so viel! Und von Rauhruckjoch nur fein links halten, sonst kommen Sie in die Senklucken hinüber. Das wär' bös! Recht glückliche Reise!«

Voll Wanderlust, so schritt er rüstig aus, den Fußsteig am Waldrande hin gegen das Forsthaus.

Dort hatten die beiden Burschen schon ihre Rucksäcke aufgepackt und warteten auf ihn. Entzückt waren sie gerade nicht darüber, diesen anmaßenden und immer räsonnierenden Menschen zum Wandergenossen zu haben.

Besonders Elias war verstimmt. Jener Auftritt auf der Wiese war ihm jetzt deshalb so peinlich, weil er sich seines Zornausbruches schämte. Aber das wollte er heute wettmachen. Er wollte dem Preußen gerade einmal durch ein gutes Vorbild zeigen, daß er den rechten Glauben habe. – Der Vater trug ihnen auf, wie sie für den Fremden Sorge tragen sollten, daß er gut über das Joch komme.

Die alte Sali meinte, es sei eh ein Unsinn, daß so ein Mensch in der stockfremden Welt herumgehe für lauter nichts, oder gar, um Leute in die Ungnad Gottes zu führen. Man könne nur froh sein, daß er endlich einmal fortgehe. Und dann wollte sie ihm ein Fläschlein Wacholdergeist in die Tasche stecken für unterwegs, wenn ihm etwan wollt' letz werden.

»Was ist denn das?« herrschte Böhme. »Wacholdergeist sagen Sie? Gute Fraue, den trinken Sie man selber, wenn Sie letz werden wollen.«

Und dann ist er in Begleitung der Brüder Rufmann davonmarschiert durch den Hals hinein, durch die Bärenstuben hinauf, über den weiten, steilen Teschenschlag – den Almhöhen zu.

Der Förster ging hierauf wie gewöhnlich in seine Wälder und zu seinen Holzarbeitern. Es war ein schwüler Tag geworden. Gegen Abend spazierte er noch hinaus der Ach entlang, um nachzuschauen, wie bei dem neuen Sägewerkbaue die Arbeiten vor sich gingen. Und dort ergab es sich, daß er nicht mehr weit nach Eustachen hätte.

Am Abende saßen sie wieder beisammen im Wirtshaus. Es war sonst niemand da, sie waren unter sich. Sollten sie nicht einmal der Frau Apollonia ein lustiges Ständchen bringen. Von der Frau Apollonia war der Förster ein heimlicher Verehrer, das beteuerte er nachgerade so oft, daß der Michel einmal sagte: »Du, wenn's keine heimlicheren Weiberverehrer gäbe!« Da wisse er einen jungen Rufmann, der hielte es anders mit der Heimlichkeit. – Die beiden verstanden sich. – Klim klim! Es stieg das Lied.

»Wann ich d' Sonn da drenten

Stad siach abi gehn,

Und die Hütten glanzt im Sonnenschein,

Mahnt mich's Abendsterndl:

Sollst zum Dirndl gehn.

Beim saubern Dirndel ist ein lustig Sein.

Ja, ja, mei Dirndel, du bist mei Lebn,

Du bist mei Freud in alle Ewigkeit.

So komm ich hin zu ihr,

's hat schon der Mondschein gscheint,

's war alles mäuserlstill – es rührt sich nix.

Da nehm ich's her um d' Mitt

Und biag ihr 's Köpferl zruck,

Und han a Busserl ihr aufs Göscherl pickt.

Ja, ja, mei Dirndel, du bist mei Lebn.

Du bist mei Freud in alle Ewigkeit!«

Und haben es wohl nicht geahnt, daß es das letzte Lied war, so sie gemeinsam gesungen auf dieser Welt.

Dieweilen sie so ihrer Kinder Liebe feiern wollten, weckten sie beinahe ihre eigene auf, jene vor dreißig Jahren, die sich schon so friedsam zur Ruh begeben hatte.

Was ist aber das? Was ist denn das? – Es klirren die Fenster.

Ein Sausen und Brausen ums Haus.

Der Förster stand auf und sagte: »Ich habe mir's ja gedacht. Der Sturmwind.«

Fast finster wurde es in der Stube. Mattes Blitzen. Der Donner war dumpf, aber es ächzten die Wände.

»Die Burschen werden doch schon zurück sein von der Alm,« sagte der Michel.

»Wenigstens bis zur Köhlerhütte in der Bärenstuben, oder sie bleiben gar auf der Seealm. Der Preuß, wenn der sich aufgehalten hat, kann noch nicht leicht in Arlach sein.«

»Man kann sich auch auf der andern Seiten, niederwärts, höllisch vergehen,« sagte der Wirt. »Hätten ihn eigentlich doch nicht sollen fortlassen. Der erste Weg im Frühjahr! Alles verschüttet und verschwemmt.«

Nun kam das schlanke Mägdlein von der Küche herein, zog die Hängelampe nieder, zündete sie an und sagte: »Guten Abend!«

»Guten Abend, Helenerl!« dankten die Väter, und so lieblich war das feine Gesichtlein selten beleuchtet wie in diesem Augenblicke vor der Lampe. Es kam ihnen vor wie eine Erscheinung, die man das erstemal sieht oder – das letztemal. Dann ging sie wieder leise davon. Die Männer schwiegen. Es war, als wäre ein Engel durch das Zimmer gegangen.

Draußen hatte sich der Regen entladen. Anfangs schlug er heftig an die Fenster, dann goß er senkrecht nieder, endlich regnete es in einem leichten gleichmäßigen Schleier, durch den die abendlich dämmernden Bäume des Lärchenschachens noch zu erkennen waren.

Nun kam ein Knecht in die Stube und berichtete, im Garten habe es einen alten Baum zerrissen. Die beiden Männer gingen hinaus. Von dem Ahorn war der große Ast niedergebrochen, auf dem gestern die Bienentraube gehangen. Da lag er auf der Erde, selbst wie ein stattlicher Baum, der seine Äste teils am Boden zerschmettert, teils in den Boden gebohrt hatte. Der Schaft des Astes war teils hohl, teils morsch.

Der Förster deutete auf diesen modrigen Bruch und leise sagte er: »Siehst du, Michel?«

Dieser stand bewegungslos da. Und nach einer Weile: »Könntet ihr sie morgen gleich miteinander in die Kirche tragen, die Pichelbäuerin und – den Michelwirt.« –

Dann sind sie wieder ins Haus gegangen. Aber es war ein fremder Schatten da, obschon die Lampe hell brannte.

Endlich machte der Förster sich auf den Heimweg. Es war nach dem Sturme eine geruhsame Nacht geworden. Manchmal noch ein matter Blitzschein, ein fernes Donnern. Der Regen rieselte mäßig. Der Förster hatte sich des Wirtes Wettermantel entlehnt und schlug sich in den Loden. Ihn fröstelte ein wenig. Die Ach rauschte, stellenweise schlug sie auf die Straße herauf und trug Holzstücke daher, die im Dunkeln bläulich schimmerten. Wenn es im Hals oder in den Bärenstuben eine Brücke genommen hat, so können sie nicht zurück …

Als er ans Forsthaus kam, stand dort am Brunnen ein Mensch und wusch sich die Hände. Der Friedl war's. – Gottlob, sie sind da.

»Seid ihr denn noch nicht genug naß geworden?« So grüßte ihn der Förster.

Der Bursche mußte es nicht gehört haben, weil der Brunnen rauschte.

»Wo ist dein Bruder?« fragte der Vater laut.

Der Friedl erschrak ein wenig, und als er sah, wer es war, antwortete er: »Der Elias ist schon schlafen gegangen, er hat Kopfweh.«

»Seid ihr ins Gewitter gekommen?«

»Nit arg.«

»Habt ihr zu Abend gegessen?«

»Mir ist nix drum.«

Sie sind müde, dachte der Förster. 's ist auch ein starker Weg gewesen, besonders für Elias.

Die alte Sali hatte zu greinen über die Torheit der jungen Leute, die allweil an alle Dummheiten denken, nur nicht an die Gesundheit. »Erst kommens vor lauter Raufen mit Nasenbluten heim und nachher mit leerem Magen ins Nest! 's ist auch der Kleine nit gscheiter.«

Sie trug noch eine Schüssel frisch gekochter Milch zur Schlafstube hinauf, konnte aber nicht hinein; die Tür ging nicht auf.

»Habens schon die Neuigkeit gehört, Herr Förster?«

Am nächsten Morgen kamen ins Forsthaus zwei Jungbauern, einer aus Eustachen und der andere aus Ruppersbach. Schon im Vorhause zogen sie den Hut ab, glätteten sich mit der breiten Hand das schweißfeuchte Haar und klopften recht bescheiden an der Kanzleitür.

»Nur herein!« sagte der Förster, »was gibt's denn schon wieder für ein Anliegen, daß ihr gar so gut Sitte und Brauch wißt. Ist sonst nicht immer so manierlich.«

»Wenn wir wieder recht schön bitten dürften, Herr Oberförster, um Holz.«

»Bin kein Oberförster. Wozu denn wieder Holz?«

»Zum Sonnwendfeuer. Wir möchten halt gern wieder eins anzünden auf dem Ringstein.«

»Ist schon recht, das, will schon wieder mithalten. Wann denn?«

»Übermorgen wär er halt, der Sonnwendtag.«

»Aber Schlingel seid ihr: Vor drei Jahren habt ihr mir einen ganzen Scheiterstoß verheizt. Ich habe euch gesagt, Scheitholz dürft ihr mir nicht nehmen. Nur Gefällholz. Im Ringwald gibt's dessen ja genug, nicht zu faul sein zum Zusammentragen!«

»Wir werden G'fällholz nehmen, Herr Förster, und bedanken uns schön.«

»Ich will es euch lieber zeigen, was zu nehmen ist. Heute nachmittags um fünf Uhr, wenn jemand oben ist. Ich werde auf dem Ringstein sein und sagen, was geschehen darf. Das vorigemal seid ihr mir mit eurem Feuer auch dem Wald zu nahe gekommen.«

»Wollen schon alles machen, wie's der Willen ist, und werden fleißig –«

»Ja, ja, geht nur jetzt, ich habe nicht viel Zeit. Nachmittags um fünf Uhr. Wenn aber niemand oben ist! Ich gehe nicht ein zweitesmal!«

In solch wohlwollend brummigem Tone pflegte Rufmann mit den Leuten zu verkehren. Als die Bauern fort waren, ging er die Stiege hinauf und wollte nachsehen, ob die Buben nicht endlich aus dem Bette wären. Die Tür war versperrt.

Er pochte mit der Faust: »Was ist denn das heute! Sieben wird's bald!«

»Ja, ja,« antwortete drinnen eine mißmutige Stimme. Sie waren noch verschlafen.

Zum Frühstück waren sie da und aßen tüchtig. Dann verzog sich der Student wieder, und der Friedl erstattete seinen Bericht von der Alm. Hin und hin aper, nur im Rauhruckkar hatten sie noch Schnee liegen sehen. Es sei ganz sommerwarm, täte schon überall grünen. Man könne bald das Vieh auftreiben. An der Seealmhütte müßten die Dachlucken ausgebessert und etliche Fensterscheiben eingeschnitten werden. Stellenweise hätten Lahnen den Weg versperrt, an der Mooskehr hätten sie nur mit Mühe weiterkommen können.

»Hat sich der Preuß gut gehalten?« fragte der Förster.

»Ganz gut.«

»Wie weit habt ihr ihn begleitet?«

»Bei der Seealmhütten hat er gesagt, nun wollt' er schon allein weiterkommen.«

»Kann er noch vor dem Gewitter hinübergekommen sein?«

»Glaub schon.«

»Gut ist's. Heute nachmittags gehen wir auf den Ringstein. Das ist wieder was für euch, Buben. Sonnwendfeuer!«

»So?« sagte der Friedl gleichgültig.

»Der Elias wird ja auch mitgehen.«

»Glaub nit.«

Als hernach der Förster nach dem Studenten sah, fand er diesen bei seinem Kasten beschäftigt, die Schulbücher zu einem Pack zusammenzubinden.

»Hat's dich recht angestrengt, gestern?«

»Ein bissel.«

»Was machst du denn da?«

»Ich – – will doch wieder hinein.«

»Wo hinein?«

»Ins Seminar.«

»So dachte ich doch, Elias, du bliebest bis Herbst daheim?«

»Ich will doch lieber hinein.«

Der Alte ist mit Kopfschütteln die Treppe hinabgestiegen. Da hatte er sich manchmal beklagt, wenn einer der Buben so lustig war; wenn sie's nicht sind, ist es erst recht ungemütlich.

Am Nachmittage gingen sie hinauf, der Förster Rufmann und sein Sohn Friedl. Der Fußsteig durch den Wald ist steil, sie sprachen unterwegs nicht viel. Auf einer Lichtung, wo man in die weiten Berge hinaussieht, stellte der Bursche sich hin und jauchzte eins. Dann trafen sie mit mehreren jungen Männern zusammen. Vormittags war ein Begräbnis gewesen, da gibt's allemal einen kleinen Feiertag den ganzen Tag. So waren sie heraufgekommen, um den Feuerstoß schichten zu helfen. Darunter auch ein Gerhaltsohn, der mit dem Förstersohn wieder ganz kameradschaftlich stand, als gehe das, was die Alten miteinander hätten, die Jungen nichts an.

»Dich sieht man selten jetzt, Friedl. Bist immer im Holzschlag, oder schon auf der Alm?«

»Vielleicht seht ihr mich bald gar nimmer.«

»Geh, mach dich nicht patzig!«

»Wirst es schon sehen.«

»Was werd ich sehen?«

»Daß ihr mich bald gar nit mehr seht. Oder willst mit? Da draußen im Hessenland oder wo wandern jetzt immer Leut aus nach Afrika.«

»Zu den Mohren? Da muß man ja früher angeschwärzt werden.«

»Das ist das wenigste, mein Lieber!« Dann zuckte das Gespräch ab.

Die Anschuldigung des Gerhalt war noch nicht vergessen. Der Friedl hatte den Wegmacher Kruspel bemerkt, der mit anderen bereits daran war, Gefällholz zu bearbeiten.

Der Förster führte sie im Walde, der hier oben flacher wurde, herum und wies ihnen gefallene Bäume, niedergebrochene Äste und halbabgestorbene Stämme, an die sie sich mit Äxten, Sägen und Stricken machten, um sie klein zu kriegen und an Ort und Stelle zu bringen. Eine auf vorspringender Felswand in die Lüfte hinausgelagerte Felszinne, genannt der Ringstein, war die Stätte, wo seit alten Zeiten am 24. Juni das Sonnwendfeuer angezündet wurde. Aber nur von drei zu drei Jahren. So oft unten im Dorfe das Fronleichnamsfest abgehalten wurde, so oft loderte ein paar Wochen später auf dem Ringstein das Feuer der alten Germanen. Und je glanzvoller die Prozession ausfiel, um so größer war der Holzstoß auf dem Berge. Es war ein alter Tort darin, doch die harmlosen Leute von Eustachen dachten nicht daran, sie übten nur den Brauch, und viele mochten meinen, das Sonnwendfeuer sei so eine Art Nachfeier zum kirchlichen Fronleichnam.

Der Förster hatte angeordnet, daß der Holzstoß möglichst an die Felszinne hinausgerückt werde, da könne das Feuer den nahen Wald nicht gefährden, werde hingegen gesehen in der ganzen weiten Talgegend von Sandwiesen bis Löwenburg.

Wie sie hingestreut liegen da unten an den Ufern der Tauernach und der Mur, die schimmernden Gruppen der Ortschaften! Dort hinten oben, wo das Gebirge mit seinem Halbkreise gleichsam die Talfläche abschneidet, kommen aus den Schluchten Wässer zusammen zu dem großen Fluß, der sich so schlängelt, daß man hie und da ein Spiegelchen von ihm sieht. Tief unten, fast am Fuße des Berges, das freundlich zwischen Wiesen, Feldern, Matten und Schachen ruhende Eustachen. Eine halbe Stunde abseits Ruppersbach mit seinem hohen Kirchturm und ganz unten in blauer Ferne ragt wie ein gläsernes Zacklein das alte Schloß Löwenburg über der Stadt auf.

Der Förster blickte in die Gegend hinaus und mochte denken, wie der Mensch doch nicht immer bloß am Nützlichen hängen, sondern öfter die schöne Welt anschauen sollte. Und dieweilen schleiften die Burschen mit lustigem Geschrei aus dem Walde Holz herfür und bauten den Brandtempel.

Aber dort stand eine kleine Gruppe von Männern beisammen. Sie hörten dem Schnapperjosel zu, der schon Jungvieh auf seine Alm getrieben hatte, gerade vom Gebirge zurückkam und zu erzählen wußte, daß unweit des Rauhruckkares ein Toter gefunden worden sei mit Stichwunden am Hals. Er habe ihn nicht gesehen, wisse weiter nichts, als was die Holzknechte erzählt hätten. Die Gruppe um den Schnapperjosel vergrößerte sich rasch. Ein Mord! Ermordet soll einer worden sein! Im Gebirge? Das war was Seltsames.

Auch der Förster horchte hin und meinte, das sei gewiß wieder einmal erstunken und erlogen, sonst müßten seine Buben davon wissen. Die seien gestern auf der Alm gewesen, kein Wort von so was ...

Als er mit dem Friedl darüber sprechen wollte, war der Bursche nicht da, und jemand sagte, er habe ihn den Waldsteig hinabgehen gesehen.

Bald ging auch der Förster heim, und als er unten an den Weg am Waldrande kam, schritten zwei Zimmerleute vom Sägewerk daher. Die fragte er, wie es dem Zimmermeister Josef gehe.

»Wie's halt gehen kann bei einer schweren Lungenentzündung. Aber sonst ist was. – Habens schon die Neuigkeit gehört, Herr Förster? Der Preuß oder wer er war, der sich beim Michelwirt hat aufgehalten, den habens am Rauhruck tot gefunden. Ist erstochen worden!«

Der Förster eilte seinem Hause zu. Dort im Hofe war der Friedl und spielte mit dem Kettenhund. Ein Holzstückchen hielt er ihm vor die Schnauze, und wenn das Tier danach schnappte, zuckte er damit zurück, so daß es bei diesem Scherz schon lebhaft wurde und der Hund dem flinken Burschen angriffsweise an die Brust sprang.

»Laß den Hund in Ruh! Und sag mir, warum du so eilig bist fortgelaufen auf dem Ringstein.« Den alten Mann klemmte es in der Brust, er war zu schnell gegangen.

»Ich – wegen was ich fort bin?« entgegnete der Bursche gleichgültig. »Wenn ich die Wahrheit soll sagen, 's ist einer oben, der mir nit ansteht.«

»Der Schnapperjosel?«

»Der Schnapper? Ist der auch oben? Na, der geht mich nix an. Den mein ich nit.«

»Der Schnapperjosel ist heute von der Alm herabgekommen und weiß zu sagen, daß beim Rauhruckkar ein Toter gefunden worden wäre. Und heißt es, der Nathan Böhme! Und wäre umgebracht worden ...«

Der Friedl schaute auf.

»Sag's noch einmal, Friedl, wie weit seid ihr mit ihm gegangen?«

»Na halt bis –, mein Bruder wird's eh auch wissen.«

»Von dir will ich's hören!«

Der Bursche zuckte die Achseln: »Was just von mir?«

Er hielt den starren Blick des Vaters nicht aus, wurde totenblaß, da wurde es auch der Förster Rufmann. Er setzte sich taumelnd an den Rand des Brunnentroges.

Vor Gericht

Die Gassen des Dorfes waren belebt, als ob wieder Fronleichnamstag wäre.

Aber nicht so fröhlich und nicht so klingend. Vielmehr die Leute befangen, hastend, schleichend, munkelnd und flüsternd. Man hörte nichts als ein unzusammenhängendes Zischeln, man sah heftiges Kopfschütteln, man sah Arme sich erheben und die Hände ringen. Nur halb raunte man sich die unerhörte Neuigkeit zu, die andere Hälfte wurde schweigend gesagt mit Mienenspiel. Dann wieder erging man sich in bildlichen Andeutungen. Mancher stöhnte, jammerte, es sei unmöglich, es sei nicht zu glauben, und jeder glaubte es. »Ich glaub's nit! Ich glaub's nit!« riefen sie und glaubten alles. Dann kam wieder einmal eine Welle heran: Es ist ja alles nicht wahr, einen alten Rock hat man gefunden auf dem Rauhruck und haben sie gleich einen Ermordeten daraus gemacht. Der Preuß soll ja in Arlach sitzen und von dort aus dem Michelwirt einen Brief geschrieben haben.

»Na, nachher möcht's doch vielleicht nit wahr sein!« sagte dieser und jener und verzog sein Gesicht zu einem frohen Lächeln, das aber mißmutig ausfiel. Bis die nächste Welle kam: »'s ist heilig nit anders. Der Herr Böhme ist erstochen worden. Sein Leichnam liegt in der Teschenschlagerhütten, und die Försterbuben ...!«

Da wurde der Jammer wieder laut in der Menge, manches Antlitz weinte schmerzliche, manches wollüstige Tränen.

Nicht als ob die Leute so schlecht wären. Eine Abwechslung wollen sie einmal haben in ihrem seichten Alltagsleben, ein Schauspiel, ein Ereignis, an dem sie ihre Gefühle erschüttern und erfrischen, ihre Phantasie kräftigen, ihr kleines Geistesleben mit Mutmaßungen und Kombinationen betätigen, ihren Abscheu vor dem Verbrechen und ihr Mitleid mit dem Opfer aufwärmen können. Sie nehmen die Tragödie des Lebens, sofern es nicht sie persönlich betrifft, wie andere die Tragödie auf der Bühne. Welch gräßliches Leid das Ereignis auf Beteiligte bringt, das kommt ihnen trotz ihrer Gefühlsausrufe nicht deutlich genug zum Bewußtsein.

»Gehen wir zum Michelwirt!« rief jemand. »Der wird schon was Sicheres wissen.«

Und da eilten ihrer mehrere stracks hin bis zum oberen Ende des Dorfes, um dem Michel »ein Viertel« abzukaufen. Es werde wohl kein Platz mehr sein in der Gaststuben an so einem Tag, man könne sich's denken.

Das Wirtshaus aber war geschlossen wie um Mitternacht. Die Leute pochten am Tore, und der Schwarzmichel möchte die Eustacher doch nicht verdursten lassen. Das Tor blieb geschlossen. Einige stiegen auf die Wandbank vor dem Hause und spähten zum Fenster hinein. Da drinnen alles wie ausgestorben.

»Das bedeutet schon was. Der Michel und der Förster sind gute Kameraden miteinand. Es wird schon wahr sein. Wer weiß, was noch alles dahintersteckt! Man wird's ja hören! Viel Geld soll er bei sich gehabt haben, der Preuß! Im Wirtshaus wird man's wohl gewußt haben.«

»An einen Raubmord glaub ich nit,« ließ sich ein anderer vernehmen. »Weiß Gott, was da noch herauskommt. Seit die Welt steht, hat man so was nit erlebt in Eustachen!«

Den höchsten Grad erreichte die Aufregung, als gegen Abend ein Gerichtsherr aus Löwenburg mit einem Schreiber und zwei Gendarmen durch das Dorf fuhr, dort den Gemeindevorsteher und den Gemeindediener mitnahm ins Hochtal hinein. Hinter dem Wagen her lief halb Eustachen, Weiber wie Männer. Aber an der Brücke beim Forsthaus stellte sich die Wache auf, da durfte niemand hinüber. Nur der Löwenburger Wagen rollte über die Holzbrücke und in den Hof des Forsthauses. Der Förster war nicht zu sehen. Aus der versperrten Küche hörte man das Weinen der alten Haushälterin.

Zur selben Zeit war vom Hochgebirge die Kommission zurückgekehrt, zwei Beamte und ein Gendarm.

Und nun begann in der großen Stube das erste Verhör. Der Student hatte sich nicht lange suchen lassen. Er stand vor dem Tisch der Herren, neben ihm der Gendarm mit dem strotzenden Gewehrspieß. Ruhig und schlank stand er da, nur noch ein wenig blässer als sonst.

»Sie sind der Seminarist Elias Rufmann, Sohn des Försters Paul Rufmann und dessen schon verstorbenen Ehegattin Cäcilia. Gebürtig in St. Eustachen ob Ruppersbach, katholisch, zurzeit fünfzehn Jahre alt.« Bei dem Worte »fünfzehn Jahre alt« ward die Stimme des Gerichtsrates gedämpft. »Ich muß bemerken, Elias Rufmann, daß Sie jetzt nur als Zeuge dastehen und als nichts anderes. Sie haben die Fragen, die ich stellen werde, vor Gott und Ihrem Gewissen der Wahrheit gemäß zu beantworten.«

Elias nickte mit dem Kopfe.

»Sie und Ihr Bruder haben vor zwei Tagen einen gewissen Nathan Böhme ins Gebirge begleitet. Da genannter Herr des Weges unkundig war und Sie ohnehin auf der Alm zu tun hatten. Wie weit sind Sie mit Herrn Böhme zusammen gegangen?«

»Bis zur Seealmhütte.«

»Warum nicht weiter, da doch erst von dort ab der Weg schlecht wird und schwer einzuhalten ist?«

Elias zuckte die Achseln. »Wir sind ja nicht als Führer gewesen; wir haben auf der Seealmhütte zu tun gehabt, es war nur ausgemacht, daß er sich uns anschließen sollte.«

»Da sind Sie und Ihr Bruder also bei der Seealmhütte zurückgeblieben und der Fremde ging allein weiter?«

Elias schwieg.

Der Gerichtsrat mit Nachdruck: »Herr Nathan Böhme ist von der Hütte ab *allein* weiter gegangen? Wirklich so ganz allein?«

»Mein Bruder ist noch weiter mit ihm gegangen.«

»Ihr Bruder ist mit ihm gegangen. Ja, warum haben Sie das nicht gleich gesagt? Wie weit ist er noch mit ihm gegangen?«

»Das weiß ich nicht.«

»Wo sind Sie während dieser Zeit gewesen?«

»Bei der Seealmhütte.«

»Wann ist nachher Ihr Bruder wieder zurückgekehrt?«

»Nach vierzig Minuten war er wieder bei unserer Hütte.«

»Wie wissen Sie denn das so genau?«

»Weil mein Bruder auf die Uhr gesehen und gesagt hat, genau vierzig Minuten wäre er aus gewesen.«

»Hat denn Ihr Bruder eine Uhr gehabt?« fragte der Gerichtsrat.

Der neben ihm sitzende Gemeindevorsteher Gerhalt machte eine ungläubige Gebärde. Es sei merkwürdig, daß der Fridolin Rufmann eine Uhr gehabt habe, bei dem wolle doch sonst nichts hängen bleiben.

»Der Herr Böhme hat ihm ja die Uhr geschenkt,« sagte Elias.

Nun hoben sich die Köpfe. »So, so, geschenkt hat ihm der Herr Böhme die Uhr?! Ja, wann war denn das?«

»Unterwegs.«

»Sie, Rufmann,« sprach der Gerichtsrat, »sagen Sie einmal selbst, wird ein Tourist im Gebirge seine Taschenuhr herschenken, wenn er einen unbekannten Weg geht?«

»Das ist so gewesen,« antwortete Elias ruhig. »Mein Bruder hätte immer gern eine Taschenuhr gehabt und hat unterwegs, wie der Fremde auf die Uhr schaut, davon gesprochen, der höchste Wunsch wäre ihm so eine Uhr. Da hat der Herr gelacht und gesagt, wenn kein Wunsch auf dieser Welt schwerer erfüllbar wäre! Und hat die Uhr samt der Kette gleich von der Weste gelöst und meinem Bruder gegeben. Sie sei als Führerlohn. Mein Bruder hat gleich gesagt, wenn er sie ihm später wollt schicken, über's Gebirg möcht er sie doch noch behalten. Hat der Herr gesagt: Weiß ich den Weg, so brauche ich keine Uhr. Den Weg zeigen Sie mir ja, und drüben im Kulmtal getraue ich mir eine bessere zu erstehen. Da hat mein Bruder die Uhr angenommen.«

Mit fliegender Hand hatte der Schreiber diese wichtige Aussage aufs Papier gebracht.

Der Gerichtsrat fragte nun weiter: »Als Sie nun beide in der Seealmhütte waren, was haben Sie da gemacht?«

»Wir haben nachgesehen, was fehlt, haben unser Mittagbrot gegessen und uns auf den Heimweg gemacht.«

»Sagen Sie, Elias Rufmann, war Ihnen unterwegs nicht schlecht geworden?«

»Schlecht? Nein.«

»Als Sie nach Hause kamen, gingen Sie sogleich zu Bette, weil Sie Kopfweh hätten!«

»Das ist wahr. Eines Ärgers wegen. Es war eine Dummheit, ich will's wohl sagen. Mein Bruder und ich hatten unterwegs einen Streit gehabt wegen allerlei so, da hat er mich einen Mucker und Heuchler geheißen, und da habe ich ihm aus Zorn ins Gesicht geschlagen. Darüber habe ich mich nachher gekränkt, weil es mein Bruder gewiß nicht so gemeint hat, und bin daheim gleich ins Bett gegangen.«

»Hat Ihr Bruder denn nicht zurückgehauen?« fragte der Gerhalt.

»Nein, der hat nur gelacht und gesagt, so ein schneidiger Elias gefiele ihm viel besser als ein muckerischer. Darüber habe ich mich noch mehr geschämt, daß er vernünftiger ist als ich.«

»Erzählen Sie mir auch, Elias, weshalb sind Sie denn eigentlich in Streit gekommen?«

»Wir streiten oft, weil mein Bruder manchmal bissel leichtsinnig ist. Und da habe ich ihm vorgehalten, eine Schand wär's, daß er die Uhr gleich so hätte angenommen. Und mein Bruder spricht: Wenn ich was haben will, so sag ich's gleich und heuchle nit erst wie die Mucker. Und weiter so auf mich her, und da ist mir jäh der Zorn gekommen. Zweimal hab ich hingeschlagen.«

»Hat Ihr Bruder sonst nichts gesagt? Keinerlei Bemerkung über den Fremden?«

»O ja, wir haben über den Fremden mehreres gesprochen. Er war unterwegs auch recht gemütlich und heiter gewesen, nicht so wie sonst manchmal.«

»Sie haben mit Herrn Böhme schon früher einmal einen Handel gehabt, Rufmann?«

»Weiter nichts. Ich war zornig, daß er den Leuten ihren Glauben nehmen will.«

»War unterwegs ins Gebirge nichts davon gesprochen worden?«

»Nein, da ist alles gemütlich hergegangen.«

»Ist Ihnen gar nichts aufgefallen unterwegs? Ist Ihnen niemand begegnet?«

»Die Holzknechte im Teschenwald. Sonst niemand.«

Da auch weitere Fragen nichts Besonderes ergaben, so sagte der Gerichtsrat, sie wären einstweilen fertig, aber Elias dürfe das Haus nicht verlassen. Das war auch kaum möglich, da am Tore der Gendarm stand, der niemand hinausließ.

Der Förster Rufmann war der Ach entlang hinaufgegangen durch den Hals, dem Friedl entgegen, der am Abende vom Holzschlage heimkehren mußte.

Es brauste das Wasser, es brauste in seinem Kopf, es schwindelte ihm. Traumhaft war, so dahinzugehen in der Schlucht, der Wildnis zu, während es schon dämmerte. Und sein Haus ist zur Stunde von Gendarmen besetzt und seine Buben sollen verhört werden, weil ein Mensch umgebracht worden ist oben im Gebirge. Es wird so was Fieberhaftes sein, man geht in der Irre um. Der Zimmermeister Josef ist ja auch plötzlich erkrankt. Man sollte doch umkehren, daheim werden sie warten, die alte Sali und die Buben.

Aber der Friedl war ja noch nicht vom Schlag zurück. Dem wollte er doch entgegengehen. Oder ihn holen in der Holzknechthütte. Oder ihn suchen in den Wäldern.

An der Stelle, wo das Sträßlein ganz eingeengt ist zwischen Wasser und Felswand, begegneten ihm zwei Holzknechte, die hatten eine Trage, die sie – einer vorn, einer hinten – mit niedergestrammten Armen trugen. Auf dieser Trage lag etwas, das mit Fichtenreisig zugedeckt oder vielmehr in solches eingewickelt war. Die Holzknechte gaben dem Förster kurz einen guten

Abend. Er hatte zuerst fragen wollen, was sie da trügen. Er tat es nicht – es schauderte ihn. Er ging rasch vorüber.

Endlich in der Bärenstuben, über den Sandboden herab kam der Friedl getrottet vom Tagwerk. Seine Axt auf der Achsel – und trällerte ein Liedchen. Und erschrak, als er den Vater jäh vor sich sah in der Abenddämmerung.

»Friedl,« sagte dieser halblaut, stockend, »wir warten schon all auf dich. Ein Gerichtsherr ist da und will mit dir reden, wie es gewesen ist mit dem Nathan Böhme.«

Der Friedl antwortete: »Da geh ich lieber zu den Holzknechten zurück.«

»Um Jesus willen, mein Friedl, du mußt dich ja rechtfertigen gehen! Es ist ein Gerede. Es geht ein schaudervolles Gerede um. Du mußt dich auf der Stelle rechtfertigen.«

Da ging der Bursche mit ihm.

Sie schwiegen und sie gingen rasch. Finster war es geworden in der Schlucht, und das Wasser brüllte zwischen den Steinblöcken dahin. Endlich waren sie an der Brücke, da wendete sich der Friedl plötzlich um und wollte davon. Er hatte den Gendarm bemerkt vor dem Forsthause. Der Alte hielt ihn am Arm.

»Einsperren wollen sie mich!« sagte der Friedl.

»Komm, Kind!« bat, stöhnte der Förster, »komm doch und sage, wie es gewesen ist. Dann ist alles gut, dann ist alles gut.«

Und so brachte er ihn ans Haus. Der Wächter am Tore ließ sie hinein.

An der Küchentür stand die Sali und flehte ihm zu, er solle doch erst seine Suppe essen.

»Ja, ich werd jetzt essen!« lachte der Bursche. Es war ein hartes Lachen. Er wurde in die große Stube geführt.

Da saßen die Männer wieder hinter dem Tische. Auf demselben standen zwei Kerzenlichter, rechts und links an einem Kruzifix. Der Friedl schaute sich um nach dem Bruder. Der war nicht da. Hinten oben an der Ecke stand der Vater, starr aufrecht, unbeweglich.

Nach den einleitenden Fragen begann das Verhör.

Bis zur Seealmhütte stimmte es ungefähr mit den Aussagen des Elias.

»Wie weit habt ihr den Herrn begleitet?«

»Bis zur Seealmhütte.«

»Das stimmt nicht. Sie sind noch weiter mit ihm gegangen, dem Rauhruckjoch zu.«

»Freilich, weil ich ihn bis zum Kareck begleiten wollte, wo man aufs Joch sieht.«

Der Gerichtsrat blickte auf ein Papierblatt, wo der Kommissar die Situation der Gegend mit Strichen und Punkten angegeben hatte, und sagte dann: »Das stimmt wieder nicht. Sie müssen ihn bis ins Rauhruckkar begleitet haben.«

»Nein, so weit nit,« antwortete der Bursche.

»Zwischen Knieholz hin sind Sie zu einem kleinen Anger gekommen. Dort werden Sie gerastet haben. Dann hat er vielleicht sich ein wenig auf den Rasen gelegt und ist eingeschlafen.«

»Davon weiß ich nix,« rief der Bursche. »Ich bin nit so weit mitgegangen.«

»Wie lange Zeit brauchten Sie von der Seealmhütte aus, bis Sie wieder dort zurück waren?«

»Nit dreiviertel Stunden.«

»Wissen Sie das so genau? Haben Sie auf die Uhr gesehen?«

»Uhr?« sagte der Bursche, »ich habe nie eine Uhr gehabt.«

»So haben Sie vielleicht jetzt eine?«

Der Friedl schwieg.

Der Gerichtsrat langte nach einem Päckchen, das auf dem Tische lag, tat das Papier auseinander und sagte mit langsamer und leiser Stimme: »Hier ist eine Taschenuhr.«

Er hob sie an der Kette auf und ließ sie in der Luft pendeln. »Kennen Sie diese Uhr?«

Der Bursche schwieg.

»Diese Uhr ist von mehreren Personen als die Uhr des ermordeten Nathan Böhme erkannt worden.«

Der Friedl zuckte die Achseln.

»Fridolin Rufmann! Und diese Uhr ist in der Matratze Ihres Bettes gefunden worden.«

Rückwärts in der Stube ein dumpfes Aufstöhnen. Der alte Förster wankte zur Tür hinaus.

Der Friedl sagte starr und trotzig: »Es ist die Uhr, die mir der Herr geschenkt hat.«

»Der Herr hat Ihnen die Uhr geschenkt?«

»Ja.«

»Warum haben Sie sie denn nicht offen getragen? Geschenkte Sachen kann man ja aufzeigen!«

»Weil meine Weste keine Uhrtasche hat.«

»Und darum mußten Sie die Uhr in die Matratze verstecken?«

»Wie ich gestern gehört hab, daß der Herr umgebracht worden sein soll, hab ich gedacht, versteck die Uhr, sonst kannst Scherereien haben.«

»Aha, daran haben Sie gedacht!« sagte der Gerichtsrat, dieweilen er ein zweites Paketchen ergriff. »Hier,« er entfaltete das Ding, »hat sich in der Bettmatratze noch etwas vorgefunden. Es ist eine lederne Geldtasche mit Inhalt.«

»Es ist meine Brieftasche,« sagte der Bursche dreist.

»Sie kennen also auch den Inhalt?«

»Es werden zwanzig oder dreißig Kronen sein.«

»Woher haben Sie das Geld?«

»Das geht niemand was an!« rief der Bursche.

»Wie wir in Erfahrung gebracht, sind Sie vor wenigen Tagen in Geldverlegenheit gewesen. Woher haben Sie seither dieses Geld genommen?«

»Das habe ich beim Zimmermeister Josef ausgeborgt.«

»Wer ist dieser Zimmermeister Josef?« fragte der Gerichtsrat den Gemeindevorsteher.

»Der Eustacher Zimmermeister, der das große Holzsägewerk baut, hier in der Nähe,« antwortete der Gerhalt.

»Wenn er in der Nähe ist – er soll sofort als Zeuge erscheinen.«

»Das wird jetzt nicht gehen, Herr Doktor. Der Mann ist augenblicklich schwer krank. Soll gar nit bei sich sein seit heut früh.«

»Nun, zu der Hauptverhandlung wird er wohl erscheinen können. Einstweilen, glaube ich, wissen wir genug.«

Der Gerichtsrat faltete das Protokoll und steckte es in die Brusttasche. Den Gendarmen trug er auf, die Burschen in strengstem Gewahrsam zu halten – beide. Er will noch in der Nacht ein zweites Verhör vornehmen.

Dann gingen und standen die Herren ums Haus herum. Die Berge ragten schwarz in den gestirnten Himmel auf. Sie besprachen den Fall und äußerten einander ihr Entsetzen über die Verworfenheit und Verstocktheit dieser beiden jungen Leute.

»Ein leichtes Tuch ist er ja immer gewesen,« sagte der Gerhalt. »Zwar gerade nix Schlechtes. Nur leichtsinnig, das weiß ganz Eustachen. Aber *so* was. Daß ein so junger Mensch zu *so* was kunnt fähig sein!«

»Immer ein so lustiger Kampel gwest,« gab der Gemeindediener kecklich bei. »Man hat ihn frei gern haben müssen.«

»Jurament möcht ich just keins ablegen, daß er's ist,« meinte der Gerhalt, »aber hundert gegen eins ist wohl zu wetten drauf.«

Dann ging er und suchte den Förster. Das neue Sägewerk war vergessen oder vielmehr die Feindschaft deswegen. Ein solches Erbarmen hatte er mit dem alten Mann, den das furchtbarste Unglück, das sich nur ausdenken läßt auf dieser Welt, getroffen hat. Er möchte es ihm nur sagen, daß er nicht sollt verzagen, daß alles doch ganz anders sein könne, als es sich bei dem ersten Verhör dargestellt hat. Bei einem so jähen Verhör sind die Leute verwirrt, da wissen sie oft gar nicht, was sie sagen.

Der Förster war im Freien herumgeirrt.

Durch die Küche wollte er in das Stübchen, wo vor fünfzehn Jahren sein Weib gestorben war. Aber er mochte der alten Haushälterin nicht begegnen. Gegen die Brücke wollte er hinüber, da stand jetzt die klobige Gestalt des Gerhalt. Rufmann kehrte um. Allein sein wollte er und sich flüchten und vergraben. In den Hof eilte er zurück, in die Scheune wollte er flüchten. Aber als er die Brettertür öffnete, prallte er zurück.

Da drinnen stand die Tragbahre mit einem Etwas, das länglich in Reisig gewickelt war. Daneben brannte eine Ampel …

Das Geständnis

Der Friedl stand in der Forstkanzlei neben dem Lehnstuhl mit den hölzernen Armstützen.

Die Kerze, die ihm der Gendarm angezündet, hatte er nur dazu benutzt, um eine Zigarre in Brand zu setzen, dann blies er sie aus. Im Dunkeln stand er da und rauchte so heftig, daß das Zimmer qualmte. Bei dem Glosen der Zigarre sah er den Schreibtisch, an welchem sein Vater seit länger als dreißig Jahren gearbeitet hatte. Auf der erhöhten Mittelleiste stand eine kleine Photographie seiner Mutter. Dann suchte er in seinen Taschen eine zweite Zigarre, suchte in den Laden. Er ging an die Tür, die war versperrt. Zornig stampfte er den Fuß auf die Diele. Dann ging er zum Fenster und rüttelte einmal an dem zellenartig geflochtenen Gitter und setzte sich schließlich in den Lehnstuhl.

In der Schlafstube war Elias verhaftet. Im Gefängnis! Anfangs spielte er mit dem Gedanken, dachte an manchen Blutzeugen Gottes, der auch so gefangen war. Und selbiger hatte nicht einmal etwas abzubüßen. Elias rief nach seinem Bruder. Die Wache wies ihn barsch zurück. Mit dem Bruder könne er jetzt nicht sprechen. Da rief er noch lauter nach dem Friedl. Heftig und schrill. Erst Abbitte geleistet, dann konnte er vielleicht schlafen. Oft hatte er von dem Gerichte Gottes gehört und gesprochen, nun empfand er's das erstemal an sich selbst. Es folgt der Missetat rasch. An die Tür ging er und bat: »Macht mit mir, was ihr wollt, nur zu meinem Bruder Fridolin laßt mich einen Augenblick!«

Der Gendarm schob ihn mit hartem Arm zurück.

Endlich legte Elias sich in sein Bett. Da fiel ihm noch der Vater ein, daß auch der nicht zu ihm komme – und dann schlief er.

Aber nicht lange. Er wurde geweckt. Erst noch schlaftrunken, meinte er, nun würden sie ihn zu Vater und Bruder gehen lassen, aber der Gendarm führte ihn hinab in die große Stube, wo im Lichte der zwei Kerzen wieder die Männer vom Gerichte zusammensaßen.

Er war verstört, aber ruhig. Es schien, als ob er denke: So will ich doch sehen, was da wird. Mir ist's schon alles eins. – Nun waren die Herren aber doch gespannt, wie lange diese Gleichgültigkeit dauern würde.

»Treten Sie nur nahe heran, Elias Rufmann,« sagte der Gerichtsrat und hob vom Tisch einen kleinen Gegenstand. »Auf der Seealm ist dieses Taschenmesser gefunden worden. Kennen Sie es vielleicht?«

Elias nahm das Messer in die Hand und besah es. Er kannte dieses Messer, es war dasselbe, das er dem Friedl von der Stadt mitgebracht hatte. An der Schale hatte es jetzt einen Schaden.

So sagte Elias: »Das Taschenmesser gehört meinem Bruder.«

»Können Sie das mit Bestimmtheit sagen?«

»Es ist das Taschenmesser meines Bruders.«

Der Gerichtsrat blickte den Studenten eine Weile an, und dann sagte er mit leiser Stimme: »Dieses Messer ist im Rauhruckkar gefunden worden – an der Leiche des Ermordeten. Wie Sie sehen können, das Messer hat Blutflecken.«

Elias stand aufrecht und wankte nicht. Sein fahles Gesicht begann sich zu verzerren, die Oberlippe zuckte heftig – einmal, zweimal. Das Furchtbare, was in ihm vorging, er verbarg es vergeblich.

»Wie glauben Sie, Rufmann, daß Ihres Bruders Messer an die Leiche kam?«

Elias stand starr und schwieg.

»Rufmann, gestehen Sie nun ein, was Sie wissen! Denn was Sie früher angegeben, das ist nicht wahr. Wenn Ihr Bruder den Herrn ins Rauhruckkar begleitet, bis an die Stelle, wo die Leiche gefunden wurde, so kann er nicht in vierzig Minuten nach Abgang von der Seealmhütte wieder dort gewesen sein. Dazu würde der geübteste Geher mindestens doppelt so lange brauchen.«

Elias schwieg.

»Da diese Angabe also nachgewiesenermaßen unwahr ist, so werden auch Ihre übrigen Angaben, die Sie uns gestern gemacht, unwahr sein. Sie wissen mehr, als Sie sagen wollen. Sie wissen, daß Nathan Böhme von Ihrem Bruder ermordet worden ist!«

»Nein!« schrie Elias auf, »mein Bruder hat das nicht getan!«

»– Und daß Sie ihm wahrscheinlich dabei geholfen haben!«

»Ich? Ich meinem Bruder geholfen?« Er zuckte ab. Stumpf und still stand er da, wie geistesabwesend, und gab auf mehrere Fragen keine Antwort. – – Jählings rief er laut: »Ich hab' es selbst getan, ganz allein. Ich habe den Herrn umgebracht! ...«

Ein wilder, gellender Schrei war es gewesen. Mit vorgestrecktem Haupt, die Fäuste halb gehoben, hatte er es den Männern ins Gesicht geschleudert. »Ich hab's getan, ich allein!«

Mehrere der Männer waren vor Erregung aufgesprungen. Der Gerichtsrat selbst brauchte eine Weile, um sich fassen zu können. Dieser Knabe, dieses kränkliche, weichmütige Bürschchen, soll die furchtbare Tat begangen haben? Allerdings, die dreistruhige Art, in der er tags zuvor die Aussagen geleistet, stimmt nicht zu der schwärmerisch-pietistischen Eigenheit, die ihm an dem Burschen geschildert wurde. Und nun, nach dem Eingeständnisse, stand er wieder gerade so trotzig verschlossen da als vorher, ohne Zeichen von Reue.

»Elias Rufmann!« so begann endlich und mit heiserer Stimme der Gerichtsrat wieder. »Sie sind sich bewußt, was Sie gesagt haben? Wir wollen heute bloß noch wissen, ob Ihr Bruder daran beteiligt war.«

»Nein!«

»Er war nicht beteiligt, aber er wußte darum?«

»Nein!«

»So hat also nicht Ihr Bruder Fridolin den Herrn von der Seealmhütte bis ins Rauhruckkar begleitet, sondern Sie haben es getan?«

»Ja!«

»Wie kam das mit Ihres Bruders Messer?«

»Das hab' ich öfters so im Sack gehabt.«

»Also dazumal auch?«

»Ja.«

»Sie haben die Tat begangen, um den Herrn zu berauben?«

»Nein.«

Jetzt entstand eine Pause. Der Gerichtsrat lehnte sich vor, stützte sich mit der Miene einer großen Behaglichkeit auf den Tisch und sagte: »Elias Rufmann! Durch Ihr Geständnis sind Sie zu uns in das Verhältnis des Vertrauens getreten. Wir sind nicht Ihr Feind. Wir haben nichts zu üben als Gerechtigkeit, und diese kann sowohl *für* als *gegen* Sie eintreten. Erzählen Sie uns nun freimütig die Ursache und den Hergang dieser Tat.«

Elias fuhr sich mit dem Ärmling über die Stirn. Dann antwortete er: »Ja, ich – es wird so gewesen sein, es wird schon so gewesen sein.«

»Aber warum, Rufmann, *warum* haben Sie die Tat verübt?«

Sprach Elias laut und bestimmt: »Weil er die Leute vom Glauben hat abbringen wollen!«

»Das stimmt, das stimmt!« murmelten die Männer durcheinander. »Schon früher soll er mit dem Fremden zusammengeraten sein dieser Sache halber und soll mehr als einmal gesagt haben: der Mensch wär' ein Unglück und der Herrgott sollt' ihn fortnehmen aus der Welt. Nun also hat er dem Herrgott dabei Handlangerdienste geleistet.«

Das Nichts der Welt

Auf einen behördlichen telegraphischen Bericht nach Frankfurt und die Anfrage, was zu geschehen habe, kam der Bescheid zurück, daß Professor Nathan Böhme dort schon seit längerer Zeit abwesend, weder Verwandte noch Vermögen zurückgelassen habe; man ersuche, die Leiche des Genannten ortsüblich zu bestatten.

Von der Absicht, die Mörder dem Leichnam gegenüberzustellen, wurde Umgang genommen. So wurde er am nächsten Frühmorgen nach Ruppersbach gebracht und in aller Stille begraben. Ortsüblich war das zwar nicht, doch man wollte den Volksauflauf vermeiden, ebenso auch die Frage wegen eines kirchlichen Begängnisses. Es mußte angenommen werden, daß der Mann nicht zur katholischen Kirche gehörte.

Aber in den beiden Dörfern herrschte ein wahrer Aufruhr.

War der Mord in dieser Gegend schon an sich ein schreckliches Ereignis! Daß die jungen Söhne des Försters, die überall gerne gesehen waren, der eine wegen seiner harmlosen Lustigkeit, der andere wegen seiner Bescheidenheit und treuherzigen Frömmigkeit, daß diese Burschen den Mord begangen hatten – das war unerhört, unfaßbar – einfach gräßlich. Das war so niederschmetternd, daß der Ruppersbacher Lehrer, bei dem sie in die Schule gegangen, sagte: »Man wird wahnsinnig vor Entsetzen.«

Aber die Leute waren schon bemüht, diese Burschen so herzurichten, daß sie für die grause Tat paßten. Kein Aprilwetter schlägt so rasch um als die Stimmung der Menge.

»Ein Mord aus Fanatismus ist es also!« rief der Krämer.

»Laß dich nicht anplauschen,« rief der Gerber, »wenn der den Herrn des heiligen Glaubens wegen ersticht, da wird er ihm erst noch Uhr und Geld wegnehmen – vielleicht auch des Glaubens wegen. Ein gemeiner Raubmord war's, und dafür sind so viele Beweise, daß man bequem damit viere hängen könnt.«

Und unter diesen Dörflern gab es Leute, deren sittliche Entrüstung so groß war, daß sie mit Vergnügen jeden zweimal hätten hängen sehen.

Gegen die Mittagsstunde war der Wagen mit den Gerichtspersonen durchgefahren vom Forsthause gegen Löwenburg.

Nun hatten sich die Leute aufgestellt zu beiden Seiten der Straße. Viele vertrieben sich die Zeit mit Plaudern über Wetter und Wirtschaft. Andere machten Witze, derbe Späße und lachten dazu. Der nicht fehlende

Wegmachersbub wurde angestiegen darauf hin, daß ein kaiser-königlicher Straßenschotterer gewiß sehr notwendig dabei zu sein habe, bei solchen Begebenheiten. Worauf derselbe seine großen Kinnbacken warf und versicherte, daß er auch schon sein Teil wisse. Die Försterbuben seien eben zu viel verhätschelt worden überall. Nichts als immer die lustigen Försterbuben, die braven Försterbuben! Die schönen Försterbuben! Dieweilen andere, wirklich brave Leute, so viel als gar nichts gegolten. Gut, gut, jetzt würden sie bald anrucken, die braven, die lustigen, die schönen Försterbuben!

Es war fast des Zuhörens wert, als er, auf einem Schotterhaufen stehend, im Predigerton seiner Umgebung auseinandersetzte, wie der Mensch durch Lobhudelung, durch Leichtsinn und Schuldenmachen, durch Blauschen und Schwatzen, Leutanschmieren und Mädelverführen endlich zum Verbrecher werden könne. Nun würde es wohl auch die gelbhaarige Wirtstochter wissen, wem man Ohrfeigen geben solle und wem nicht! In einen so hitzigen Eifer geriet der »Kaiser-königliche«, daß unter seinen strampfenden Beinen der Schotterhaufen nachgab und er zu Boden rutschte.

»Jetzt hast ihrer genug, Kruspel, wenn du Steine werfen willst,« rief der Nachbar. Da fuhr Bewegung in die Leute, die Gespräche verstummten, nur hie und da ein Ausruf: »Sie kommen!«

Drei Gendarmen und zwischen ihnen die Försterbuben.

Sie gingen so nahe nebeneinander, daß es zuerst schien, als wären sie zusammengebunden. Der Friedl in seinem lodenen, grün ausgeschlagenen Halbfeiertaggewand, den Hut in die Stirn gedrückt. Elias in seinem dunkeln Studentengewand. Beiden die Hände über der Brust aneinandergebunden. Der Friedl suchte die Stahlfessel unter der Jacke zu verbergen. Elias trug die seine ohne weiteres zur Schau. Der Friedl hielt die Augen zu Boden geschlagen. Nur ein paarmal zuckten sie kurz auf; so beim Michelwirtshause. Elias schaute stumpf drein, worüber etliche Zuschauer sich entrüsteten. Schimpfrufe wurden laut.

Als der kleine Zug vorüber war – er marschierte soldatisch fix – trabten die Leute hinten drein und etliche drängten sich so dicht an die Gefangenen, daß der Gendarm mit dem Gewehrkolben sie zurückstieß. Da wurde der Pöbel fast toll. Und ein schrilles Schimpf- und Schmachgeheul begleitete die jungen Missetäter durch ihr Heimatsdörflein hinaus.

»Die Försterbuben! Die Mörderbuben! Die Galgenbuben!« so schrie es da und dort auf. »Die Mörderbuben! Die Mörderbuben!« so lärmte es hin und hin. Einer jedoch war dabei, der sagte zum Nachbar ganz gemütlich: »Du, paß auf! Die sind unschuldig! Merk dir's, was ich sag, sie sind unschuldig!«

Der Mann wurde niedergeschimpft, bis er's zugab: »Na ja, 's kann ja sein. 's mag ja sein ...«

Die beiden Brüder trabten zwischen den Häschern rüstig fürbaß, der eine halb trotzig, halb neugierig, was jetzt werden soll. Der andere in sich verloren.

Endlich hatten sie die zwei Dörfer hinter sich.

Einmal unterwegs hatte der Friedl die Worte gesagt: »Was wollen sie denn mit uns?«

Da hatte ihm Elias einen Blick zugeworfen, einen unheimlich wirren Blick – wie Zorn, wie die allertiefste Verachtung und dann wie eine grenzenlose Betrübnis. So sagte der Friedl nichts mehr. Hungrig war er schon geworden und durstig, aber sie trabten an den Wirtshäusern vorbei.

Ehe sie gegen Abend nach Löwenburg kamen, in die Gerichtsstadt, blickte der Friedl noch einmal auf, in die weite, sonnige Gegend hin und zum Himmel mit seinen lichten Sommerwölklein. Im nahen Kornfeld, auf welchem roter Mohn und blaue Kornblumen prangten, schlug eine Wachtel. Die Bauern zählten den Wachtelschlag, um den Kornpreis des nächsten Jahres zu erfahren. Was wollen *wir* wissen? Trotz des Marschierens zählte der Bursche das helle »Ziziwitt«. Drei-, vier-, fünfmal und weiter. Ununterbrochen bis zwanzig schmettert der Vogel sein »Ziziwitt«. Zwanzig Jahre! Ade, du schöne Welt! – Wie soll man sich denn helfen, wenn alles dagegen ist? Alles! Alles! – »Nur nit verzagen,« sagte er dann wieder zu sich selbst. »Vielleicht ist der ganze Spuk nix als ein Schligerwitzrausch.«

Daß Elias eingestanden hatte, wußte er zu dieser Stunde noch nicht. –

Das Wirtshaus »Zum schwarzen Michel« war wieder offen, aber es war nur die Kellnerin Mariedl da mit ihrem »Was schaffens, Bier oder Wein?« Frau Apollonia war mit der Tochter Helenerl einen Tag vorher, als noch nichts bekannt, nach Sandwiesen gefahren auf Besuch zu einer Verwandten. Die wirtschaftlichen Arbeiten wickelten sich durch den Hausknecht, Oberknecht und die übrigen Dienstboten wie gewöhnlich ab. Der Michel war nirgends zu erspähen.

Zuerst war er in seiner Stube geblieben und hatte gewartet von Stunde zu Stunde auf die Unschuld der so furchtbar angeschuldigten Söhne seines Freundes. Als aber nichts Ähnliches kam, als vielmehr ein neuer Argwohn nach dem andern auftauchte, bis durch das Geständnis die Vermutung zur Gewißheit wurde, da konnte der Michel in der Enge einer Kammer nicht mehr bleiben. Wie als ob er selbst ein Mitverbrecher wäre, schlich er an der Zaunecke hinauf in den Wald und eilte durch denselben weglos über Böschung und Graben in das Forsthaus.

Das Forsthaus lag da an der rauschenden Ach wie ausgestorben. Waren doch alle fort, die Richter und die Sünder, die Lebenden und die Toten. Einer, der noch dalag in seiner Stube, war nicht lebend und nicht tot.

Schluchzend, mit vor Weinen verschwollenen Augen wies die alte Sali den Wirt in die Stube. Im Bette lag der Förster. Er war es doch? So grau das dünne Haar, so wüst der Bart, so fahl und verfallen das Gesicht. Die Augen halb zugesunken, er schlummerte wohl. Die eine Hand im weißen Hemdärmel lag außen über der Decke.

Der Michel stand vor dem Bette, lautlos und lange.

»Mein heiliger Gott,« flüsterte die Haushälterin, »eine Nacht wie die heutige möcht ich nimmer derleben. Und hat – hat sich wollen ...« Das erstickte im Schluchzen. »Seit morgens liegt er so dahin.«

Was sonst geschehen, das berührte sie mit keinem Worte. Dann ging sie hinaus.

Der Michel stand da und blickte auf den Schlummernden, wie man auf eine Leiche blickt. Vielleicht weiß er von nichts, vielleicht hat ihm Gott in seinem Haupte die Welt schon ausgelöscht ... So dachte der Wirt.

Da bewegte der Förster ein wenig die Hand, ohne die Augen aufzutun, sagte er mit fremder Stimme: »Ja, mein Freund!« Dann war es, als schlummere er wieder.

Der Michel berührte leicht seine Hand, sie war kühl. »Paul!« sagte er.

Nach einer Weile murmelte Rufmann, immer mit geschlossenen Augen: »Hast du sie noch einmal gesehen? Sie sind schon fortgebracht worden.« Fast ruhig sagte er es.

Der Michel rückte einen Stuhl und setzte sich ans Bett und faßte die Hand des Freundes und hielt sie fest. Und arbeitete mit sich, um die grabende Gewalt seines Innern niederzuhalten.

Dann hub er an, ganz leichthin so zu sprechen: »Jetzt hör einmal, Rufmann. Das ist lange nicht so schlimm als es aussieht. Du wirst es sehen. Wieviel hundertmal ist es schon geschehen, daß unglückliche Zufälle einen Verdacht aufgebracht haben und hat sich alles wieder gelöst. Ein weiterer Zufall und es klärt sich auf. Daß sie unschuldig sind, meine Hand ins Feuer! Daß er eingestanden hat! Natürlich hat er ›Ja‹ gesagt, wenn sie ihm einmal so zusetzen, da weiß der Mensch ja nimmer, was er spricht. Schade, daß ich nit bin dabei gewesen. Ich wollt's ihnen gezeigt haben, denen Herren, wie weit's erlaubt ist, daß sie gehen dürfen bei so einem Verhör. Und ich fahr' noch heut nacht nach Löwenburg und geh' zum Präsidenten.«

Ein trauriges Lächeln hat gezuckt um die Lippen des alten Mannes. »Ich danke dir, Freund. Aber was du jetzt gesagt hast, du glaubst es selber nicht.«

»Deine Verwirrung ist ja begreiflich, Paul. Aber schau, nur nit krank werden darfst uns. In ein paar Tagen kann alles anders sein; wir werden noch oft singen miteinand.«

Der Förster war wieder ganz bewegungslos ein Weilchen. Plötzlich sagte er: »Ich will jetzt aufstehen.«

Langsam hob er sich aus dem Bette und zog sich an und ging zum Waschbecken. Er war plötzlich ganz aufrecht.

»Michel, du könntest so gut sein und mir etwas Wasser holen beim Brunnen. Ich habe mich heute noch nicht gewaschen.«

»Wasser ist wohl im Becken.«

»Will ein frisches.«

Während der Wirt in die Küche hinausrief nach der Sali, sie möge Wasser bringen, war der Förster rasch in die Nebenstube geeilt. Der Michel konnte ihm noch in die Arme fallen, als er das Schußgewehr von der Wand reißen wollte.

»Das brauchst du jetzt nit, Rufmann, das brauchst du jetzt nit!«

Sie rangen miteinander, der Förster ward entwaffnet und das Gewehr zur Tür hinausgeworfen.

Dann setzte er sich an die Wandbank, atmete heftig und blickte unstet um sich. Als er ruhiger geworden war, reichte er dem Freunde die Hand: »Ich danke dir. Will's versuchen, ob es so geht. 's hat manch andern auch schreckbar Unglück getroffen – und ist stehengeblieben. – Gott – nein!« schrie er wieder auf, »mein lieber Mensch, ich danke dir für alles, aber ich kann's nicht! Ich kann's nicht! Seine Kinder *so* zu verlieren!«

Er brach nieder, daß der Kopf an den Tisch schlug, und stöhnte.

Weil er nur weint, dachte der Michel. Aber der Förster zuckte auf. In seinem Gesicht lag eine starre Entschlossenheit. Und sah der Wirt, daß in dem unglücklichen Manne nicht ein Funke Hoffnung war, so wenig als in ihm selbst, trotz alles trostreichen Redens vorher. »Viere kunnt man hängen mit diesen Beweisen,« sagen sie in Eustachen. Alles, was da gesagt werden konnte – nichts als öder Betrug. Betrug seiner selbst und des andern. Betrug, Betrug, wie das ganze Menschenleben ...

Er sann auf irgendwelche Zerstreuung. Wein? Das ist nichts. Laute? Das ist auch nichts. Am besten, glaubte er, mache es die Sali, als sie mit einer Schale heißen Kaffees kam. Aber der heiße Kaffee blieb stehen auf dem Tisch, so lange bis er kalt war, dann trug ihn die Sali wieder hinaus.

Der Michel hatte ein alltägliches Gespräch begonnen.

Rufmann lehnte in der Wandbank und ließ den Freund reden, was er redete. Eine Weile lang. Er war jetzt in einer Art Betäubung. Aber nun hob er die Hand, als ob in der Luft etwas zu fassen wäre. Und plötzlich rief er aus: »Michelwirt!« Und noch einmal rief er: »Michelwirt! Wecke mich auf! Ich habe einen unerträglichen Traum und kann nicht wach werden. Meine Buben! Die hätten einen Reisenden umgebracht! Rüttle mich fest, gib mir eines auf den Schädel mit dem Gewehrkolben. 's ist ja ganz dumm, daß ich es nicht aus dem Kopf bringen kann!«

»Was?« fiel der Michel lebhaft ein, »Rufmann, dir geht's auch so? Das ist doch merkwürdig. Schon in früherer Zeit hat's mich immer einmal gepackt, aber nie lang angehalten. Jetzt kommt's öfter und bleibt länger. Und kommt's mir zu Sinn, als ob alles miteinand nix tät sein! Sag, Paul, geht's dir nit auch manchmal so für? Die ganze Welt und die Lebenszeit und der Mensch – alles nix. 's kommt einem nur so für, als ob was wär, wie's im Traum fürgeht. Man sieht's und hört's und greift's und erlebt's und ist nix wie ein Traum.«

»Aufwecken! Aufwecken!« rief der Förster in klagendem Tone.

»Wenn's aber kein Aufwecken gibt, mein Paul. Erwachst am Morgen aus dem einen Traum und verfällst in den andern.«

Rufmann schaute stier drein und schaute drein. Der Michel aber dachte: Jetzt red' ich weiter, vielleicht kommt er auf andere Gedanken. »Wir sehen's ja,« sagte er, »wir werden ja alle Tag überzeugt davon. Du schläfst am Abend ein, da ist alles aus, kein Wald, kein Haus, kein Kind. Wachest nimmer auf, so weißt nit, daß du was gehabt, was verloren hast. Und träumst bei der Nacht, singst im Traum, oder erschrickst, hast Angst, hast Leid – alles nur Einbildung. In der Früh wachst du auf, aus einer Einbildung in die andere. Singst wieder, hast wieder Freud und wieder Leid und in zwölf Stunden ist wieder alles nix. Freund, ich verspür's, aber kann's nit sagen, wie's mir fürkommt. Himmel und Erden, Mensch und Leben, es ist nit wirklich. Ist nur Einbildung. Dir hat geträumt, ein Forstmann wärest gewest, zwei Söhne hättest gehabt. Und sie wären ins Elend gekommen. Aber die Söhne wissen nix davon, verspüren kein Elend, weil sie gar nit sind.«

»Was hilft das Reden!« fuhr jetzt der Förster auf. »Wenn's weh tut! Wenn's weh tut!«

Das hat den Dorfphilosophen zum Schweigen gebracht. »Wenn's weh tut!« Wenn alles sonst Einbildung ist, der Schmerz ist wirklich, er überfällt uns bei Tag und Nacht. Wenn das Leiden wirklich ist, dann ist's gleichgültig, ob der

Anlaß dazu wirklich ist oder Einbildung. – Wenn's weh tut! Wenn's gar nimmer tät aufhören weh zu tun! O, Herr Jesus, erlöse uns von Wirklichkeit und Traum, gib uns die ewige Ruh! –

So ist dem Michel Schwarzaug, dieweilen er mit seinen Darlegungen den Freund hatte beruhigen wollen, selber ein Entsetzen gekommen. Sein dreister Gedanke war ans Geheimnis der Ewigkeit gestreift – da schaudert den Menschen.

»Laß ihn zu den Vätern gehen!«

Der Ortsvorstand Martin Gerhalt schritt mit seinem Stecken durch das Dorf und beging gesetzwidrige Handlungen.

Wo mehrere beisammenstanden und über das Ereignis tuschelten, da fuhr er drein und fluchte ihnen ein paar Kanaillen an den Kopf oder hob den Stock zum Zuschlagen. Er wußte nicht, gegen wen seine Wut größer war, gegen die beispiellose Freveltat der Försterbuben oder gegen die Leute, die daran ihre heimliche Freude hatten und zu der schrecklichen Wahrheit noch schrecklichere Lügen ersannen. Vor kurzem erst, gelegentlich einer Dienstbotenprämiierung hatte der Bezirkshauptmann Eustachen eine musterhafte Gemeinde genannt. Außer ein paar Wilddieben hatte dieses Dorf seit vielen Jahren nichts mehr vors Gericht geschickt, und jetzt zwei Galgenstricke auf einmal.

Nun kam es dem Gerhalt bei, daß der Fürsteher sich auch um den unglücklichen Vater zu kümmern habe. In dem seiner Haut möchte er jetzt nicht stecken. Aber hineindenken kann sich der Mensch. Der Gerhalt hat ja auch Söhne. Wen Gott verläßt! Kein Mensch kann's wissen. Was kann ein alter Mann dafür! Der Rufmann hat's an nichts fehlen lassen. Den einen in die Realschule, nachher zur Arbeit tüchtig angehalten, den anderen in die geistliche Studie. Selbst ein gutes Vorbild in der Sittsamkeit. Vielleicht, daß er zu nachgiebig ist gewesen, an Strenge mag's schon gefehlt haben. Wo ist ein Vater, der seinen mutterlosen Kindern nicht auch die Mutterliebe ersetzen möchte! Ein wenig weich ist er ohnehin, der Rufmann, so gut er auch schelten kann. Arg leid tut's ihm jetzt, dem Gerhalt, daß er des Sägewerks wegen mit dem Manne so übers Kreuz gekommen ist. Ganz dumm so was. Vom Förster ist die Sache doch nicht ausgegangen; der muß tun, was ihm seine Herrschaft vorschreibt. Diese Einsicht war dem Bauer jetzt gekommen im Schrecken des Unglücks.

Nun ging er hinauf ins Hochtal, um zu sehen, ob auch wer bei ihm ist. So hat er ihn getroffen, in Gesellschaft des Michelwirts. Langsam trat der schrötige Mann vor ihn, hielt ihm die Hand hin: »Rufmann, wenn ich Sie beleidigt hab, tuns mir verzeihen. Wenn Sie was von mir sollten brauchen, oder sonst einen Beistand – oder was immer –«

Der Förster schaute ihn mit großen starren Augen an, als ob er solche Red nicht verstünde. Und er selbst fand es ungeschickt genug. Was jetzt diesen Mann eine Feindschaft oder eine Freundschaft kümmern könne. Oder ein Beistand, oder sonst was. Da war ja alles ganz gleichgültig. Hier ist Menschentrost am Ende. Lieb wie Haß kehrt unverrichteter Dinge um ...

Beim Fortgehen winkte er den Michel für einige Augenblicke mit zur Tür hinaus: »Mir ist's lieb, Michel, daß du bei ihm bist. Wenn's dir möglich ist, bleib in diesen Tagen bei ihm, du bist ihm noch am besten. Was wir noch mit ihm machen werden, das weiß Gott. Mir kommt er nit recht für. Gib acht auf ihn, Michel, laß ihn nit aus den Augen. In deine Obhut ist ein Vertrau, leicht kannst ihn doch bissel mit was zerstreuen. Hast was auszurichten daheim? Sonst will ich jetzt auf den Ringstein.«

Als der Michel wieder zurückkehrte in die Stube, war Rufmann nicht da. Durch das Kanzleizimmer war er in das Vorhaus gelangt und rasch die Treppe hinaufgeeilt zur Schlafstube seiner Söhne. Sie war verschlossen und versiegelt. Er huschte die zweite Stiege hinauf in den Dachboden, wo altes Gerät und Gerümpel war. Dort verhielt er sich still, so daß die Suchenden ihn nicht sollten entdecken. Als der Michel ihn fand, schleuderte er eine Spinnradschnur in die dunkle Ecke.

Der Michel wollte ihm Vorwürfe machen, sie mißlangen ganz. »Mein armer, mein liebster Mensch, tu uns *das* nit an! Ich bitt dich tausendmal, tu uns *das* nit an! Auch deinen Kindern nit. Willst denn noch mehr auf sie laden! Willst ihnen auch dich noch aufs Gewissen legen? Daß sie gar müßten verzweifeln. Weißt, wie wir zwei einmal haben gesprochen von dieser Sach, vor etlichen Monaten erst. Daß einer so was kunnt ausführen, hast du gesagt, 's wär nit zu begreifen. Und 's wär nit zu verantworten. Schau, und jetzt wolltest es selber —«

»O Jesus Christus! Wenn's nit zu ertragen ist!« schrie der alte Mann grell auf. »'s kann ja keinem Menschen auf der ganzen Welt so ums Herz gewesen sein wie mir! Ihr könnt es ja nicht begreifen, ihr könnt es nicht, ihr könnt es nicht! – Michel, alter Freund!« sagte er zärtlich und ergriff mit Heftigkeit seine Hand, seine beiden Hände: »Sei gut mit mir! Laß mich gehen. Du bist mein Freund gewesen, mein treuester, die vielen Jahre! Dich habe ich lieb gehabt. In keiner Freud und in keiner Not hast du mich verlassen – hilf mir auch in der letzten. Wohl ein Gedanke ist mir gekommen, aber nein, das nicht, das nicht. Mein Lebtag hab ich mich selbst bedient. Nur fünf Minuten Zeit – schenke sie mir, du guter Mensch, habe Erbarmen und gönne mir den Frieden!«

»Paul! jetzt denkst ganz an dich allein. Das ist sonst nit deine Art. Du hast auf andere auch noch zu denken. Wie es ihnen auch mag gehen. Könntest du sie denn voreh verlassen, ohne ihnen was zu sagen! Sollten sie *ohne* deine Verzeihung!«

»Das ist schon gemacht, das ist schon gemacht!« sagte Rufmann. »Der Brief ist in der Schreibtischlade. Überbringe ihn meinen Söhnen, Michel, das ist an dich meine letzte Bitte.«

Sie gingen hinab in die Stube.

Es ist der Abend gekommen, die Sali will Licht bringen, der Alte winkt ab. »Wir brauchen kein Licht.« Der Michel weicht nicht einen Augenblick von der Seite des Freundes. Dieser ist wieder dumpf und stumpf. Der Michel redet von schönen Zeiten und wer weiß, ob sie nicht wieder kommen könnten mit einem besonders glückseligen Tag. »Paß auf, Rufmann, es wird noch einmal sein, daß es dir zu früh kommt, das Sterben. – Und unsern Herrgott, tust ihn denn ganz vergessen! Schau, Paul, wir haben miteinander so oft gesungen –« Er nimmt die Laute vom Nagel: »Ich weiß ein Lied von der himmlischen Freud.«

Da springt Rufmann auf und ruft in hellem Zorn: »Mensch, weißt du denn nicht, was meine Buben getan haben! Glaubst du, daß ich warten werde drauf, was mit ihnen geschieht?! Kannst du mich jetzt nimmer verstehen?«

Der Michel suchte ihn zu beruhigen: »Ich versteh dich ja, du mein allerliebster Kamerad, mein Reden ist ja dumm, ganz dumm. Wir wollen was anderes tun, wir fahren nach Löwenburg. Zu Land oder zu Wasser, wie es am schnellsten geht.«

Ein Weilchen schwieg der Förster, dann sagte er: »Michel, wir fahren zu Wasser.«

Von außen klopft es ans Fenster. Ein Holzknecht, der vorbeigeht, ruft hinein, sie sollten doch das schöne Feuer anschauen.

»Das Sonnwendfeuer!« sagte der Michel. »Komm, Rufmann!«

Beide eilen aus dem Hause. Kühle Nacht, nur die Ach rauscht wie immer und immer. Und dort auf der Zinne des Ringsteines steht der rote Stern. In stiller, lohender Glut und darüber aufwirbelt der rote Qualm.

»'s ist schön anzuschauen!« sagt der Michel leise. »Die Vorfahren – hundertmal sind sie in den Gräbern schon vermodert und wieder aufgestanden und wieder vermodert – aber was sie in uralten Zeiten sind gewesen, das rufen sie lebendig zu uns herüber in diesem Feuer. Wie es so langsam und friedsam hinaufsteigt in den Himmel ... es ist schön anzuschauen!«

Rufmann steht neben ihm, auch sein Gesicht ist dem Feuer zugekehrt, aber er schweigt.

Und der Michel – dieweilen er diese heilige Glut betrachtet, die dort auf dem Berge wie ein Mahnzeichen hinleuchtet über die deutsche Heimat – denkt an den, der neben ihm steht.

Wenn einer im Herzen die Todeswunde hat, da gibt's für ihn nichts weiter mehr, keine Heimat, keine Vergangenheit und keine Zukunft. Da trifft's zu, daß alles versunken ist in das abgrundtiefe Weh. Da ist nichts und gar nichts mehr vorhanden als das Weh, das Weh allein. Und wenn es so ist, warum will ich ihn denn nicht hingehen lassen in die Ruh? Wo er mich so herzinnig drum hat gebeten. Wenn ich schon selber hab gesagt, daß alles nur Einbildung ist und außer ihr alles nichts und nichts, warum will ich ihn denn nicht hinabgehen lassen? Etwan weil ich den Freund nicht möchte verlieren? Daß er mir noch länger sollt Gesellschaft leisten, er mit seiner Todeswunde! – Was wartet denn noch seiner? Alter, Verlassenheit, beständiger Vorwurf. Überall zwecklos, gemieden, im Mitleid noch verachtet. Im besten Fall ein umtrübter Geist, das dumpfe Elend eines Halbtoten. Ich wollt mich dafür bedanken. Mein widerwärtigster Feind, der mich festhalten wollte in dieser Hölle! – So sinnt der Michel Schwarzaug. Alle Gedanken münden immer in den einen aus: Laß ihn gewähren, erweise ihm den letzten Freundschaftsdienst, den es für ihn noch geben kann ... Halte ihn nicht auf.

Unbeweglich steht der Dorfwirt da, während in ihm die Empfindungen gegeneinander streiten. Er schaut nicht nach links und nicht nach rechts, schaut unverwandt auf das Feuer hin. Als ob in dieser Flammenschrift die Ahnen zu ihm sprächen. Sein Sinnen löst sich sachte in Wehmut auf, in eine unsäglich süße Empfindung der Liebe zu seinem Freunde. Die feierlich aufsteigende Riesenflamme dort hält sein Auge gebannt. Und ist es wie ein Mahnen: Laß ihn zu den Vätern gehen! – So ist er mit Absicht gestanden eine lange Weile und traumhaft. – Und war es nicht gewesen, als ob ein Bienenschwarm vorübergeklungen hätte? Ein verlorner, heimloser Bienenschwarm! 's hat just so gesummt in der Luft. – – Gib acht, Michel, gib acht, in deine Obhut ist ein Vertrau! – Er wendet sich rasch. Hat nicht der Gerhalt zu ihm gesprochen? – Er erwacht aus seiner Versunkenheit und besinnt sich und sieht nach dem Freunde. –

Der steht nicht mehr neben ihm, ist nicht da.

Der Michel erschrickt heftig. »Rufmann!« sagt er, fast stockt der Atem. Er eilt an das Haus, er eilt zur Baumgruppe. »Rufmann!« Kein Mensch da. – Das Wasser rauscht wie immer und immer. Der Michel eilt wegshin gegen die Brücke. »Rufmann,« schreit er schrill. Im Schimmer der Sternennacht glaubt er dort mitten auf der Brücke am Geländer eine dunkle Gestalt zu sehen. Er läuft hin, auf Zehenspitzen läuft er. Da schwingt die Gestalt sich aufs Geländer und – war nimmermehr zu sehen.

Im nächtigen Dunkel branden die Wogen und rauschen und rauschen. Kein Haupt taucht auf, kein Arm, in den Alpenfluten begraben, ausgelöscht ist ein wüster Traum.

Meine Schuld

Der Holzstoß war endlich in seinen Gluten zusammengestürzt und hatte noch in diesem Sturze einen feurigen Regen in den nächtlichen Himmel emporgesandt.

Die Feuerlohe und freilich noch mehr der Trank, der in Buschschenken aus mehreren Fässern strömte, hatte die Leute berauscht. All böse Art, Hoffart und Falschheit, Feigheit und wilde Lust war, wie der Feuerspruch dargetan, verbrannt worden. Doch diese Brut erhob immer aufs neue ihre zischenden Häupter aus der Glut. Jene Musikanten, die am Fronleichnamstag dem Sakrament gehuldigt, bliesen jetzt auf ihrem schrillenden Bleche Kampf- und Lustweisen. Was Range war, das raufte und bockte grölend in den nahen Büschen herum, was Mann und Weib war, das tanzte um die große Glutstätte. Etliche wollten versuchen, durch das Feuer zu springen nach alter Sitte. Dazu war der Pfuhl noch zu üppig. Derbe Burschen stießen mit langen Stangen in den glosenden Holzbränden herum, und erst, als die tote Asche dalag, machte sich mancher Recke erbötig, »durch das Feuer« zu gehen.

Aber noch war das Sonnwendfeuer nicht verloht und verglost auf dem Ringstein, als die Botschaft laut wurde, der Förster Rufmann habe sich das Leben genommen. In die Ach wäre er gesprungen und die Leute möchten schnell hinabkommen, um den Leichnam zu bergen.

Das war wie eine Erweckung.

Trotz Mitternacht dachte niemand an Heimkehr. Aus harzigem Kien waren Holzbüschel bereit, mit denen sie den Abstieg hatten beleuchten und unter Fackelschein in die Dörfer marschieren wollen. Solche zündeten sie jetzt an und die roten Lichter strichen zuckend durch das Gestämme dahin. Männer hatten die Stangen erfaßt, mit denen das Feuer geschürt worden war, und eilten talwärts. Etliche hatten am Ende der Stange Nägelhaken festgemacht. So wenig sie des Lebenden gedacht, den Leblosen wollten sie nicht preisgeben.

Sie kamen in das Hochtal und zogen mit den Fackeln am Rande der Ach auf und nieder die halbe Nacht.

An dem neuen Sägewerk, wo schon ein Stück Wehr in das Wasser hineingebaut war, hatten sie den Michelwirt getroffen. Er stand auf dem Geschütte und schaute in den Fluß, ging etliche Schritte weiter und stand still und schaute ins brausende Wasser.

Sie fragten ihn, ob er etwas wisse, er gab keine Antwort. Jetzt stieß auch der Gerhalt auf ihn.

»Gefürchtet hab ich's ja, gefürchtet hab ich's!« sagte er zum Wirte. Der gab keine Antwort.

»Gott und Herr, wie ist denn das zugegangen? So red Michel, so sag's!«

Sagte der Michel: »Kein Mensch kann's glauben.«

»Wo ist's geschehen?«

»Auf der Brucken.«

»Und hast ihn nit können halten? Michel, ich hab dir's so fest aufgetragen!«

»Jetzt hebst du auch an!« schrie der Michel erregt.

Dann verlor er sich.

An beiden Ufern des Flusses jede Böschung und jeden Tümpel haben sie abgesucht. Wo Arm- oder Wurzelwerk des Gebüsches ins Wasser niedergriff, da haben sie hineingeleuchtet. Unten an dem alten Sägewerk des Gerhalt hofften sie ihn sicher zu finden, denn dort wurde der Fluß durch einen Vorbau gebrochen. Aber die Leiche war nicht da und auch nicht im Fluder und nicht im Tümpel unter dem Radwerk. Unterhalb der Säge wallt die Ach breit und mit vermindertem Gefälle dahin, der Murr zu. Sie haben ihn nicht in der Tauernach und nicht in der Murr gefunden.

»Er ist seinen Buben nachgefahren nach Löwenburg,« sagten die Leute.

Am Abende des nächsten Tages auf der Sandbank bei Ruppersbach, da lag er ausgeworfen, ein Häuflein Tod. Der Fischer hatte zuerst gemeint, es sei ein alter Lappen, den jemand weggeworfen. Zerrissen, zerknüllt, voller Sand und Schlamm, aber noch kenntlich – der Förster Rufmann.

Drei alte Bauern standen beisammen, als man ihn nach der Totenkammer brachte.

»Das muß ich sagen, um den Mann ist's schad. Hätt noch lang leben können, wie der noch fest ist gewest. Aber – an seiner Stell hätt ich's auch nit anders gemacht.«

»Und wenn man sich bei so einem Unglück nit tot machen kunnt, müßte man sich frei neun Klafter tief in die Erden verkriechen.«

»Was sagst denn aber, wenn er jetzt nit in den Friedhof darf – han!«

»Wenn ein solches Absterben nit verziehen wird, nachher – jetzt hätt ich aber bald was gesagt!«

»Da gehn wir all miteinander zum Pfarrer und verlangen's!«

»Ist nicht vonnöten,« sagte ein Hinzugetretener.

»Oh, Hochwürden! Wir küssen die Hand!«

»Ihr glaubt also, euer Pfarrer würde einen unglücklichen Mitbruder dort verscharren lassen, wo ihr alten Heiden alljährlich den Fasching zu begraben pflegt!« –

Aus Sandwiesen war Frau Apollonia mit ihrer Tochter heimgekehrt. Als sie von dem geschehenen Unheile vernommen hatten, dachten sie an den Vater.

Helenerl war noch schweigsamer als sonst. Nur einmal, gleich als sie vernommen, wer die Mörder des Fremden gewesen, hatte sie kurz und scharf gesagt: »Das ist nit wahr!« Wie sie hernach von den unwiderleglichen Beweisen hörte, und daß es der Student eingestanden habe, sagte das Mädel nicht ein Wort mehr. Sie war wie zu Stein geworden. Den Vater fanden sie oben in seinem Stübchen.

Niemand hatte er zu sich hereingelassen. Als jetzt Frau und Kind vor ihm standen, reichte er ihnen die Hand: »Das ist ein Unglück worden! Hättet noch in Sandwiesen sollen bleiben. 's wär besser gewest.« Und nichts weiter.

Jetzt ist das Mädchen zu sich gekommen, der Mutter an die Brust gefallen: »Der Vater, wie er ausschaut! Ich kenn ihn ja nimmer! Ganz hintersinnig ist er.«

Und Frau Apollonia: »Wenn dein Vater was hat, da ist's am besten, man läßt ihn allein. Er ist schon lang nimmer recht beisamm. Weiß Gott, wie er fertig werden wird mit allem, was noch kommen kann.«

Der Michel war ja froh, seine Leute in der Nähe zu wissen, aber sprechen wollte und konnte er nicht mit ihnen. Über schwere Anliegen sprechen, das hatte er nur mit einem gekonnt. Und da war's ihm jetzt, er müsse Hut und Stock nehmen und hinaufgehen ins Forsthaus. Den Rufmann, wenn er hätte fragen können, ob es ihm jetzt recht sei? Er hatte ihm ja seinen Willen getan, er war ihm ja treu gewesen. Und Rufmann würde zu ihm hintreten, nebelleicht und nebelblaß, aber schön und gütig, und würde sagen: Ja, Michel, so ist's am besten! – Und wenn er nicht mehr kommen kann, weil er nichts ist, kein Nebel und kein Traum mehr, dann ist's erst am besten, dann hat alle Qual und alle Ursach zur Qual auf ewig ein Ende. So, wenn sich alle Menschen gegenseitig brüderlich forthelfen wollten aus dieser falschen Welt! Aber halt der liebe Mut! So lange den meisten noch der Mut fehlt, suchen wir den Tröster im Faß.

Er unterbrach sein Denken, kam aber immer wieder drauf zurück. – Jetzt seh ich's wohl, daß der Nathan Böhme – Gott selig! – eine falsche Lehr hat gepredigt. Der Wein ein Gift! Just im Gegenteil, der Wein tut's aufs allerbest. Der Wein macht schöne Einbildungen, also eine schöne Welt – was will man denn noch mehr? Wo gibt's denn einen größeren Wohltäter, der uns glückselig hinwegtäuscht über diese schreckbare Verdammung! Nein, nein, ich bin schon recht mit dem Wirtshaus und will mir neue Gebinde anschaffen. Und je mehr ihrer bei mir Sorg und Kummer verlieren und sich das Elend kürzen, um so besser erfüll ich die Nächstenlieb. Komm, du güldener Trank, auch mir mußt du's jetzt ganz sein. Mußt ja mein Rufmann sein!

Das Dorf rüstete sich zum Begräbnisse. Als der Michel sein schwarzes Gewand verlangte, da riet Frau Apollonia in aller Güte: »Mann, bleib du dasmal daheim. Oder fahr aus, fahr nach Sandwiesen oder wohin du willst. Auf dem Kirchhof, da ist heut nix für dich, schau Michel, sei gescheit.«

Er schaute sie bloß betrübt an.

Hatte nicht eine heimliche Stimme ihm schon denselben Rat gegeben? War's ihm nicht manchmal zumute: Weit weg! Nur weit weg! – Doch, wozu denn fliehen, wenn man recht getan?

Er zog sich also an und ging nach Ruppersbach. Nicht auf der Straße unter den Leuten, sondern an den Feldrainen ging er hin, an den Hecken und über das junge Grün bebauter Äcker mußte er schreiten bis zur langen weißen Mauer hin.

Der Kirchhof war voller Menschen, sie beteten laut ein eintöniges Gebet. Der kleine Mann mit dem schwarzen Bart drängte sich duckend durch bis nahe ans Grab. Aber doch nicht in die vorderste Reihe. Die Leute stolperten über frische Hügel, die nebenhin in einer Reihe waren, und jeder Hügel hatte ein Holzkreuzlein auf sich stecken mit dem Namen des Schläfers. Den meisten ist dieses arme Kreuz ein erstes und ein letztes Denkmal, nur wenige bekommen später aufs Grab einen Stein – als Ersatz für so manchen, den man im Leben auf sie geworfen.

Von der Totenkammer her den kurzen Weg kamen die Priester und die Chorknaben mit den Weihrauchgefäßen und der Schullehrer mit den Sängern und die Träger mit dem Sarge. Ein langer schmaler Sarg, schwarz angestrichen, ganz schmucklos. Nun ließen sie ihn nieder und senkten ihn hinein – in ein sehr enges, sehr tiefes Grab. Dem Michel tat's wohl, daß es so tief war. Lautere Erde, da kommt von diesem schrecklichen Lebenstraum nichts mehr durch. Er hatte im Augenblick eine liebliche Ruhe empfunden, beinahe als ob er selbst ausgestreckt läge da unten in der kühlen Erde. Nun aber kam ein Grauen, denn sie sangen dem toten Sangesfreunde ein Lied:

»Auferstehn, ja auferstehn wirst du,

Mein Leib, nach kurzer Ruh!«

Als das Lied aus war, sagte in der Nähe jemand halblaut: »Am jüngsten Tag, da werden zwei junge Büßer neben ihm stehen auf der rechten Seiten.« Dann sprach der Pfarrer seinen Segen: Requiescat in pace! Dann sprengte er Weihwasser hinab und warf drei kleine Schaufeln voll Erde auf den Sarg. Es dröhnte hohl und dumpf. Nun drängten sich die Leute ans Grab, um auch ihr Schäuflein Erde hinabzuwerfen über den guten Förster Rufmann. Nur der Michel duckte sich nach rückwärts und warf keine Scholle hinab.

Als das Volk den Kirchhof verließ, entstand am Ausgange ein Gedränge. Dort hatte sich eine Gruppe gebildet, die nicht weiter wollte, so daß sich die Leute stauten. Eine Neuigkeit war da, der Briefträger war aus dem Amte gelaufen, keuchend dem Kirchhof zu, und erzählte, daß aus Löwenburg eben zwei Depeschen eingetroffen seien, eine ans Gemeindeamt Eustachen und eine an den Förster Rufmann. Die Försterbuben kommen wieder heim! Sie sind's nicht! Es hat sich herausgestellt, sie sind unschuldig! –

Wie ein Erdbeben geht diese Botschaft durch die Menge. Unschuldig! Unschuldig! Unschuldig! – Alles drängte ans Grab zurück, um es hinabzurufen, um ihn zu wecken: Steh auf, Rufmann! Deine Söhne sind unschuldig, sie sind frei, sie kommen wieder heim. Heute noch! O gekreuzigter Heiland, nur den laß noch einmal aufstehen!

Weil es aber stille blieb im tiefen Grabe und weil er nicht aufstand, so brach ein Klagen aus, ein Schreien und Schluchzen. Mehrere waren geradezu zornig und riefen: »Daß er nit ein paar Täg hat warten können! Bei so was wartet man doch die Gerichtsverhandlung ab!«

»Bal er's ja selber eingestanden hat, der Student!« rief ein Zweiter. »Wird sich doch der Mensch aus Spaß nit lassen henken!«

Darauf ein Dritter: »Erstens wird ein fünfzehnjähriger Bub nit gehenkt. Zweitens wird's kein Spaß sein gewest. Der Student ist ein Rappelkopf. Er kann sich haben denkt, wenns mir die Wahrheit eh nit glauben, so lüg ich sie halt an. Tuns mir was, so rait ichs halt fürs Sterben.«

»Aber du heilige Maria und Anna, wer wird's denn nachher g'west sein!«

»Weiß Gott, was wir noch für Neuigkeiten werden hören!«

Ähnliche Gespräche wurden überall geführt, auf dem Kirchhof, auf dem Rückweg, auf dem Dorfplatz. Alles war voller Freuden über die Unschuld der jungen Burschen und voller Entrüstung darüber, daß es der Vater nicht hat erwarten können. Den Glauben an die eigenen Kinder verlieren? Wer wird denn das? Kann so einer noch an Gott glauben? Verloren ist er. – Und mancher war voller Vergnügen darüber, daß sich so merkwürdige Sachen zutragen in Eustachen und Ruppersbach und Löwenburg. Ein einziger war, den die Nachricht von der Freilassung der Försterbuben zu Boden geschmettert hatte, wie der Blitzstrahl einen hohlen Baum. Es war der, den die Heimkehr der Burschen ins höchste Glück versetzt haben würde, wäre Rufmann noch am Leben! Sie sind unschuldig, sie kommen wieder! Alles ist aus und jetzt ist's an mir! – So der arme Michelwirt. Etliche, die ihn beobachteten, wie totenblaß, wie verstört, wie gebrochen der Wirt in die Kirche schwankte, die mußten wohl gerührt sein über diese treue Freundschaft, mit der er an dem unglücklichen Kameraden und Sangesbruder hing. An dem Menschen, der so hat verzweifeln müssen an seinen Kindern und nimmer hat warten können.

Die Kirche zu Ruppersbach war überfüllt. Was in den zwei Dörfern und Umgebung los konnte von der Wirtschaft, das war gekommen zur Totenmesse für den Förster. Am Hochaltare prangten sechs Lichter, an deren Leuchtern sechs Totenschädel waren. Der Pfarrer hatte ein Meßkleid über, schwarz von Farbe und mit einem großen weißen Kreuz. Er las eine stille Messe, bei der nur manchmal das Gemurmel der lateinischen Gebete und das Anschlagen des Altarglöckleins gehört wurde. Viele, die in ihren Bänken saßen, brannten vor sich Kerzen. In solchen Stunden können die Menschen andächtig beten. Sie gedenken des Toten, den sie eben in die Erde gelegt. Sie gedenken ihrer eigenen Eltern, Kinder, Geschwister, Freunde, die sie vor kurzem oder vor Jahr und Tag begraben haben. Und wenn der Priester leise die Totengebete spricht, da senkt die lebende Gemeinde ihr Haupt und schließt die tote Gemeinde in ihre Aufopferung ein.

Es klingt das Glöcklein. Der Priester steigt die Stufen des Altares hinan, beugt seine Knie, beugt das Haupt, klopft an die Brust: »Mea culpa, mea culpa, mea maxima culpa!«

»Meine Schuld!«

Alles erhebt sich und schaut gegen den rückwärtigen Kirchenraum, wo der Schrei geschehen war.

»Meine allergrößte Schuld!« wiederholte sich gellend der Schrei, und im Halbdunkel sah man, wie der Michelwirt, mit beiden Händen den Kopf haltend, aus der Bank stolperte und niederfiel auf das Steinpflaster.

Die Messe wurde unterbrochen von der Aufregung, die sich jetzt erhob.

»Was ist das? Was hat der Michelwirt? – Meine Schuld! hat er ausgerufen!«

»So aufgeregt ist der arme Mensch, dem Pfarrer hat er's nachgesagt.«

»Meinst du? Ich denk, das wird was anderes bedeuten!«

Frau Apollonia, als sie so die Stimme ihres Mannes hatte gehört, war durch das Gedränge zu ihm gekommen. Sie richtete ihn auf; sie trocknete mit ihrem weißen Tüchlein den Schweiß von seiner Stirn, »Michel,« so redete sie zärtlich auf ihn ein, »mein Mann, was ist dir überfahren! Daß du so krank bist worden! So angegriffen hat's ihn halt. Schau Michel, es wird alles wieder gut! – Er weiß nit, wo er ist! – In der Kirchen bist, mein guter Mann, und ich bin bei dir! – Wenn wer so gut wollt sein – ein Wagerl! Schau, Michel, wir fahren heim. Da kommst wieder zu dir!«

Schier fremd schaute er sein Weib an, man wußte nicht, war er bei sich oder nicht. Doch als sie ihn in den Wagen heben wollten, wehrte er ab: »Kann schon selber.«

Als das kleine Fuhrwerk mit dem Wirtspaar langsam wegshin gerollt war, standen die Leute da vor der Kirche und wiegten ihre Köpfe. »– So, so! Jetzt geht mir ein Licht auf!«

»Ob's den nit gereuen wird, daß er so laut hat gebeichtet.«

»Mir scheint, jetzt wissen wir's, wer den Herrn Preußen hat in die Ewigkeit geschickt.«

Der Gerhalt wollte Ordnung machen: »Geht jetzt auseinander. Geht in die Kirchen und hört die Meß zu End!«

»Meine Schuld! hatte er geschrien. Hat ihn doch das böse G'wissen geworfen!«

Dem trat der Gerhalt entgegen: »Still seid, sag ich! Erst vor ein paar Tagen habt ihr die Buben so hergerichtet und jetzt geht's an den da! Ihr seid doch ein verfluchtes Gesindel!«

Die Menge verzog sich grollend. Dem Reste der Messe wohnten nur wenige bei. – Die es taten, sie beteten sicher sehr andächtig und dachten an Schuld, aber kaum an ihre eigene.

Das Böse ist Einbildung, das Gute ist wirklich

Am Nachmittage desselben Tages besuchte der Ortsvorsteher den Michelwirt. Er fand ihn in einem Zustande, daß es ihm beikam: Am Ende ist er's wirklich! Ob er sich könnte ausweisen? Etliche sagen, er wär' wohl daheim gewest am selbigen Tag. Andere sagen, er wär nit daheim gewest.

Als der Wirt den Gerhalt sah, breitete er die Arme aus: »Hilf mir, Nachbar, hilf mir! – Dank dir's nur Gott, daß du gekommen bist, ich kann's nimmer dertragen. Schau dir einmal das an!« Er hielt ihm die Depesche hin: »Da steht's. Förster Rufmann, Eustachen ob Ruppersbach. Unschuld der Söhne klar erwiesen. Noch heute treffen sie zu Hause ein. Strählau, Gerichtsrat.«

Als der Gerhalt gelesen hatte, murmelte er: »Kommen heim – und was finden sie?«

»Ich kann's nit dertragen, Nachbar. Keinem Menschen kann ich's eingestehen, aber du mußt mich anhören. Macht mit mir, was ihr wollt!«

Dem Gerhalt verschlug's den Atem. »Michel,« sagte er dann, »ich kann schon was dertragen, aber wenn's zu grob sollt werden – zu grob!«

Der Michel saß auf einer Truhe und stützte den Ellbogen aufs Knie und mit der Hand verhüllte er sich die Augen. »Gerhalt,« sagte er dann und stieß die Worte kurz und dumpf hervor. »Du bist ein ehrlicher Mann. Wenn du glaubst, daß du es anzeigen mußt, so tu's. Sonst behalt's bei dir. Mir selber wegen ist schon alles einerlei. Nur meiner Familie wegen ... Seine Söhne. Was ich hab, das soll ja ihnen gehören. Ich bin mit mir fertig. Das einzige, was ich noch tun soll auf der Welt, das kann ich nit. Einen Toten aufwecken.«

Die derbe Gestalt des Gemeindevorstehers begann zu zucken und er sprach herb: »Michelwirt, wenn du mir was zu sagen hast, so sag's! Mir wird alleweil letzer. Vielleicht, daß es am besten ist, du gehst geradenweges nach Löwenburg.«

»Martin Gerhalt! Vor paar Tagen, wie du mich beim Rufmann allein hast gelassen, da hast du mir's streng aufgetragen, daß ich acht sollte geben auf ihn. – In der alten Bibel – bald am Anfang – steht die Geschicht, wie ihn der Herr fragt: Wo ist dein Bruder Abel? – Gerhalt, du hast mich zum Hüter gestellt. – Wenn du geblieben wärst und gesehen hättest, wie schreckbar der arme Mensch hat gelitten, und kein End, keins, so lange er lebt. – Das Erbarmen! Mich hat das Erbarmen verführt. Und auch Gedanken, gottlos törichte Gedanken. Nachbar! Es ist eine Sünd geschehen, für die ich keinen Namen weiß. Ein gottlos hoffärtiges Denken. Das all miteinander nix ist auf der Welt, und eine Wohltat, wenn man die Einbildung kunnt löschen. Jesus Maria, und ist jetzt doch was. Unschuldig sind sie und kommen wieder heim.

Nur das Böse ist Einbildung und das Gute ist wirklich! Und ich hab's verkehrt genommen, verkehrt. Die ewige Ruh hab ich gemeint, die sollt ihm ein Freund vergunnen. – Ich hab gewußt, daß er's will tun, und hab's übersehen. Gegen die Ach geht er und hab ihn nit zurückgehalten. Aus Erbarmnis hab ich ihn lassen hingehen, mit Absicht hab ich's versäumt. Mit Nachlässigkeit und halber Absicht, ich sag es dir! Im letzten Augenblick hab ich ihn freilich zurückrufen wollen. Ist zu spät gewesen ... Gerhalt, jetzt weißt du's.«

Der Vorsteher war aufgestanden und hob aus der breiten Brust einen tiefen Atemzug und einen Seufzer. »Gott sei Dank!«

Aber der Michel fing an zu toben. »Wenn ich ihn hätt zurückgehalten – wie wär heut alles in Freuden! – Kommen glückselig heim und finden das Grab und alles ist aus. Und ich die Schuld. Ich ganz allein ... Wie kann einer da Gott sei Dank sagen!«

»Weil's noch schlimmer sein kunnt, mein lieber Michelwirt.«

»Noch schlimmer, wie meinst du das?«

»Du weißt nit, was die Leut reden, die's jetzt wissen, daß es die Försterbuben nit sind, und nit wissen, wer es ist. Und du tust in der Kirchen den Schrei ...«

Jetzt schaute der Michel her. »Die Leut werden doch nit mich –« Er lachte auf.

»Gelt, Michel! Das wär erst das größt' Unglück, das wär's erst!«

Wurde der Wirt nachdenklich und sagte: »Hast recht, Gerhalt, das wär's erst. Aber hörst du: Ist es nit dasselbe?«

»Das nit, Michel. Mord und dein Erbarmnis, das ist wohl nit dasselbe.«

»Ich wollt's gewesen sein beim Preußen, wenn's drum ging, daß der Rufmann noch tät leben!«

»Du kannst an seinen Söhnen was tun.«

»Das hab ich mir wohl heilig fürgenommen, ihr Vater will ich sein. Wenns mich mögen. Gelt, Martin, du tust für mich bitten. Ich werd ihnen jetzt entgegenfahren.«

»Entgegenfahren willst ihnen? Michel, das sollst du nit tun,« riet der Gerhalt ab, »du bist nit genug beisamm jetzt.«

»Wenn sie in der Früh von Löwenburg fort sind, so mögen sie in ein paar Stunden da sein. Bis über Ruppersbach hinaus will ich ihnen entgegen. Es wird mir leichter sein, wenn ich sie wieder seh'.«

»Überleg dir's gut, Michel!«

»Ich denk wohl, ich denk wohl. Mich verlangt's wie zu meinen Kindern.«

Der Gerhalt sann nach, wie das jetzt zu machen wäre. »Wenn du glaubst, daß du stark genug bist! Es wird was setzen, mein Lieber, wenn sie hören, daß der Vater —«

»Das werdens schon wissen.«

»Wer nit muß, sagt's ihnen nit. Auf jeden Fall, Michel, muß ich dir *den* Rat geben, daß du ihnen ja nit gleich sagst, daß du – daß du – ihn so hast verhalten. – Wenn's überhaupt wer zu wissen braucht? Und du's sonst noch niemandem gesagt hast. Leicht ist's besser, Nachbar, wir sind still. Zu ändern ist doch nix mehr. Tät das Unglück nur noch größer machen. Vor dem Gericht hättest dich wohl eh nit zu scheuen, so weit steht die Sach nit. Weißt, Wirt, gar so himmelschwer muß man das auch nit nehmen. Absichtlich versehen, versäumt! Was weißt denn du, wie dir in derselben Stund ist gewest! In so einem Schreck, in so einem Jammer! Da weiß ja kein Mensch, was er denkt und tut. Du bist nit bei dir selber gewest. Wärst du bei dir selber gewest wie heut, du hättest es so wenig tan wie heut, wenn's wieder so wär. Also schau!«

»Das Richtige wär gewesen, ich – hätt's ihm gleich nachgemacht.«

»— und hättest dir alle Brucken abgebrochen zurück, wo noch was gut zu machen ist. Was hätt denn aus den armen Burschen werden können, wenn gar niemand mehr auf sie schaut? Und hast nit auch selber Weib und Kind? Geh Michel, sei nit dumm. Was geschehen ist, ist geschehen, und wir zwei sind still und wecken's nimm auf, verstehst?«

»Mich deucht, die verschwiegene Sünd ist noch schwerer zu tragen.«

»Was hast, wenn du's sagst? Dein Lebtag hast es auf dem Buckel, jeder Lump wird dir's reimen. Und das mußt auch bedenken: Wenn du's gestehst, kannst du für die Buben gar nix tun. Glaubst denn du, diese Trutzköpf werden was annehmen von dem, der ihnen so den Vater hat verhütet?«

»Du hast recht, Martin,« antwortete der Michel, »aber meinst, es war nit schon zu viel gesagt?«

»Nix ist gesagt. In der Kirchen bist nit bei dir selber gewest. Was man denken soll bei der Meß, das hast du laut gesagt. Was denn weiter? An so einen Tag ist alles wild auf. Wie es jetzt steht, jetzt hab ich kein Angst mehr.«

»Nachbar,« sprach der Michel und faßte seinen Arm. »Nachbar, an dich halt ich mich jetzt und ist mir schon leichter, weil einer ist, der mir tragen hilft. Das soll dir Gott vergelten. Vielleicht, daß es doch noch einmal anders wird.

Jetzt ist's wohl zum Verzagen. – Wenn mir unser Herrgott ein Zeichen wollt geben, daß meine Sünd nit gar so schreckbar wäre – nit gar so schreckbar.«

»Wenn die Buben deine Lieb annehmen – das kannst für ein solches Zeichen halten. Es wird am gescheitesten sein, Michel, ich fahr mit dir.«

»Jetzt? Du mit mir? Den Buben entgegen?« sagte der Wirt. »Gerhalt, möcht dich wohl recht schön bitten, laß das sein. Schau, kannst dir's denken, wenn neben meiner einer sitzt, der alles weiß, wie soll ich da den rechten Schick haben? Auf Verstellung muß ich mich jetzt verlegen, auf Falschheit in meinen alten Tagen. Wirst ja kein falscher Zeug sein wollen.«

»So fahr allein. Aber iß vorher zu Mittag. Die Frau Apollonia hat mir's gesteckt, daß du heut noch nix Warmes in den Magen genommen hättest. Iß wieder einmal ordentlich und nachher fahr. Fahr deinen Buben entgegen.«

Jetzt haben sie ihn!

Wenn die Försterbuben bei ihrer Einlieferung nach den Aufläufen in den Dörfern gedacht hatten, der Kreuzweg sei nun zu Ende, so war das ein Irrtum.

Als sie in die Stadt Löwenburg einzogen, ging es erst recht an. Alle Bürgersteige, alle Plätze, alle Fenster waren voll Menschen, die das jugendliche Verbrecherpaar sehen und ihrer Entrüstung Ausdruck geben wollten. Besonders auf der Murbrücke, da war es schon lebensgefährlich, wie die Leute sich drängten, auf den Geländern saßen und standen und mit hellem Geschrei die gefesselten Burschen beschimpften. Vornehme Herren und Frauen darunter. Leute, die im Alltag selbst ihre bedenklichen Flecken haben: Vor den Raubmördern stehen sie hoch und glänzend da, und dieser Erhabenheit geben sie durch schallende Entrüstung über die Elenden Ausdruck.

Der Friedl, der draußen vor seinen Kameraden die Augen niedergeschlagen hatte, hier machte er sie keck auf und schaute mit Verwunderung auf die strenge Sittlichkeit, die diese Städter aufzeigen. Nun sah er dort am gemauerten Brückenpfeiler einen Bekannten von daheim – aus der Bärenstuben. Der Krauthas war's, der, ein Bündel Kräuterwerk auf dem Rücken, stehen geblieben war, um diesen Einzug seiner Heimatsleute anzuschauen. Er hielt seinen hageren Körper schief, bog seinen Hals vor und schaute. Er schrie nicht und schimpfte nicht, machte ein trauriges, fast erschrecktes Gesicht und schob dann ab hinter den Pfeiler.

Dieser verkommene Mensch! Und ist der einzige *Mensch* auf der ganzen Brücke! – so dachte der Bursche.

Bald darauf marschierten sie durch ein hohes, finsteres Tor hinein ins Gerichtsgebäude. Schier eine willkommene Zuflucht vor der gewaltigen Tugendhaftigkeit der Menge. Und hier wurde jeder der Burschen in eine besondere Zelle gesteckt.

Am nächsten Tage ein weiteres Verhör. Es begann ähnlich wie die vorhergegangenen im Forsthause – aber geendet hat es anders.

Es waren etliche fremde Herren da, junge mit Nasenzwickern und aufgestrammten Schnurrbärten; alte mit glatten Gesichtern und grauen Haaren. Alle schauten so gleichgültig drein, als ob jeden Tag so ein paar Jungen eingebracht würden, die einen Touristen ermordet hatten im wilden Birg. Kein Haß und keine Liebe war zu entdecken in diesen ernstgleichgültigen Mienen. Während Elias heimlich fast gewünscht hätte, die Richter möchten recht hart, die Behandlung recht roh, die Strafen schmerzvoll sein, damit das Märtyrertum um so größer wäre.

Die Fragen waren wieder nach Dingen, wie das erstemal. Die Antworten auch wie das erstemal. Der Friedl hatte den Fremden von der Seealmhütte aus noch ein Stück begleitet gegen das Kar und hatte dort nach der Augenschau den Weg beschrieben durch das Knieholz, über das Kar und den Schrund hinan bis zum Joch. Dann war er umgekehrt. Die Uhr hatte er von dem Fremden als Führerlohn erhalten. Sie ging bei den Herren des Gerichts von Hand zu Hand, man beschaute, schätzte sie. Ein gewöhnliches Schweizerwerkel im Stahlgehäuse – nicht acht Kronen wert. Das Geld, welches in Friedls Bett vorgefunden wurde, hatte er vom Zimmermann Josef ausgeborgt. Einer der Herren konnte bereits angeben, daß das auf Wahrheit beruhe. Das Schriftstück über die Aussage des kranken Zeugen war eben eingelangt. Nun aber das Messer, das am Tatorte gefunden und womit unzweifelhaft der Mord begangen worden! Es war ein Taschenmesser mit zwei Klingen und einer Perlmutterschale. Von dieser war ein Stück weggebrochen; mehrere Leute in Eustachen hatten mit Bestimmtheit ausgesagt, daß es Friedls Messer sei, und dieser leugnete nicht einen Augenblick, aber er gab an, daß er dieses Messer vor ein paar Monaten verloren habe.

Einer der Herren fragte, ob er nicht Tag und Ort angeben könne, wann und wo er glaube, das Messer verloren zu haben.

Der Bursche sann nach und sagte, es sei ihm sicher, er habe das Messer an einem Sonntag in der Fastenzeit in einer Kohlenbrennerhütte der Bärenstuben verloren. Er habe dort am nächsten Tage auch nachgefragt, aber der Kohlenbrenner Krauthas hätte nichts davon gewußt.

»Der Kohlenbrenner Krauthas?« fragte einer der Herren recht gelassen und kühl, während er seinen langen Bart strich. »Wie heißt der Mann mit dem Vornamen?«

»Bartel – Bartel Krauthas.«

Als der Herr mit dem langen Bart so viel gehört hatte, wandte er sich an den Vorsitzenden und verlangte Unterbrechung des Verhöres. Es müsse der Bartholomäus Krauthas herbei. Der Krauthas sei in Löwenburg polizeibekannt. Er gehe zurzeit in der Stadt hausieren mit Wurzeln und Kräuterwerk. Augenblicklich wohne er bei seiner Tochter, auch eine von solchen, über die Buch geführt werde. Der Mann sei als Wilderer, unbefugten Gewerbes und selbst Diebstahls wegen viel vorbestraft. Gegenwärtig stehe er in dringendem Verdacht eines Einbruches im fürstlich Trustbergischen Jagdschloß auf dem Tauern. Die Polizei sei eben dran, den Vagabunden festzunehmen und werde sich freuen, mit ihm aufwarten zu können.

Das Verhör mit dem Krauthasen verlief überraschend einfach. Im ersten Teile desselben fungierte er gleichsam nur so als Zeuge, im letzten war er – der Verurteilte.

Fix hatte der Staatsanwalt gearbeitet. Den Einbruch im Jagdschloß hatte der Krauthas gleichgültig, wie eine Bagatelle, eingestanden, und jetzt hatte man ihn. Im Jagdschlosse war neben einem aufgebrochenen Zigarrenkistchen das Stücklein einer Messerschale aus Perlmutter gefunden worden. Dieses Stücklein paßte genau in die Scharte des Taschenmessers, mit dem Nathan Böhme ermordet worden. Anfangs war der Krauthas verblüfft, daß sein schlauer Lebenslauf ein so plötzliches Ende gefunden, dann warf er die Flinte ins Korn und dachte nur daran, so viel Milderung als möglich herauszuschlagen.

»Ich wäre ja eh selber gekommen, meine hochansehnlichen Richter!« sagte er weichmütig mit singendem Stimmlein. »Gestern, wie ich auf der Brucken die jungen Herrn hab gesehen, da habens mir so viel derbarmt, daß ich gleich hab gesagt: Krauthas, das geht nit, daß die etwan gar sollten eingesperrt werden, wegen der Gschicht'. Bist ein ehrlicher Kerl, mußt dich stellen.«

Dann kam er mit seinen Rechtfertigungen. Die Leut hätten schon seinen Vater um Haus und Hof gebracht. Ihn selber hättens auch immer verfolgt, bis er der elendste Lump sei geworden im ganzen Gau. Kein Mensch hätt ihm mehr was borgen, was schenken wollen, keine Arbeit mehr, keine Lebensmittel, keine Kurasch zum sich selber abtun. Für ihn sei es am gescheitesten, er überließe das anderen.

Also wie es zugegangen sei?

Nun ja, zugegangen. Da hätte er halt gehört, daß der fremde Böhm, der sich beim Michelwirt in Eustachen aufgehalten und Geld gehabt, einen Fremdenführer übers Gebirg sucht. »Mich nimmt er nit, dafür sein schon die Leut da, die ihm Angst machen vor meiner. Aber daß die Försterbuben nur bis zur Seealm mitgehen, das han ich mir denkt. Von der anderen Seiten bin ich herüber und han aufpaßt. Und vom Joch herabgesehen, wie der Mann allein durch die Zirben geht. Und sich niedersetzt auf dem Anger, weil er was gessen hat. Wie ich durch die Zirben abischleich, schlaft er. Der Hals is gar so schön nackend gwest. – Viel han ich eh nit gfunden.«

Ob er dabei allein gewesen sei?

»Ich bitt Ihnen, Herr Gerichtsrat, bei so ein Gschäft wird man wen zuschauen lassen!«

Nach diesen und weiteren Aussagen des Krauthasen war es also klar.

Nun aber der Student! Gar ernstlich wurde Elias befragt, weshalb er eine Tat eingestanden, die er nicht begangen!

Und die Antwort des Elias: Man habe ihm gesagt, sein Bruder sei, wenn auch nicht bei der Tat ertappt, doch so viel als überwiesen, und er habe überzeugt sein müssen, sein Bruder habe es getan. So habe er alles auf sich nehmen wollen. Der Fridolin lebe gern und werde sich bessern; er, Elias, sterbe gerne und wolle die harte Strafe aufopfern für seine Sünden. Und könne der Bruder auch besser für den alten Vater sorgen, als er im Priesterstand. Dann – das hatte er ganz leise und schämig gesagt – sei er dem Bruder eine Buße schuldig, denn er habe ihn schmählich ins Gesicht geschlagen und der Bruder habe sich nicht gewehrt. Nun, und wie ihn die Herren so gefragt hätten im Forsthaus und sie ihm fast die Antwort aus dem Mund gezogen, da hätte er gedacht: In Gottes Namen, an mir ist nicht viel gelegen! Ob heute oder morgen, gestorben ist gestorben.

Der Friedl war entsetzt. Jetzt, das erstemal hatte er es gehört, daß Elias der Überzeugung gewesen, er, der Friedl, habe den Mord begangen, und daß der Student sich so habe aufopfern wollen. – Im Bewußtsein seiner Unschuld hatte der Friedl die Geschichte gar so ernst nicht genommen, obschon er sich das Volk in Eustachen und Ruppersbach gut gemerkt, besonders die Buben in Ruppersbach, die ihn und den Bruder am meisten verhöhnt hatten. Bange war ihm freilich gewesen, die Zufälligkeiten, die man zu den schrecklichen Schuldbeweisen machte, könnten stärker werden als alle Beweise der Unschuld, und daß er wohl gar zu jahrelangem Kerker verurteilt werden möchte. Für den Elias hatte er gar nichts gefürchtet. So machte er sich im ganzen keine schweren Gedanken. Und daß nun der Bruder den Mord zugestanden, als hätte er ihn wirklich begangen – das war Wahnsinn. Das war reiner Wahnsinn.

Das Verhör hatte zu später Abendstunde geendet.

Die Burschen wurden in Freiheit gesetzt und wollten sofort davon, noch in der Nacht nach Hause. Das ging nicht an. Die Schrift und die Sachen konnten ihnen erst am nächsten Morgen ausgefolgt werden und Elias suchte dem Bruder Lust zu machen, noch eine Nacht im Arreste zuzubringen. Sie würden gewiß nie wieder einen sehen. Darauf gingen die Herren doch nicht ein und den Brüdern wurde ein gutes Zimmer angewiesen, wo der Friedl in einem Bette, der Student auf einer Lederbank schlafen konnte.

Noch um Mitternacht begann ersterer lustig zu schimpfen über den heiligen Eli Rufmann, der sich aus lauter Gottseligkeit an den Galgen lügen wollte.

Elias tat, als schlafe er, war aber versunken in ein heißes Dankgebet, daß er die Kraft gefühlt hatte, ein so großes Opfer zu bringen. Und daß er doch endlich hatte erwachen können aus dem furchtbaren Traum. Und jetzt wunderte es ihn, daß er unter der Vorstellung, sein Bruder Friedl sei ein Raubmörder, auch nur eine Stunde hatte leben können.

Aber geschenkt wurde ihm die wahnsinnige Torheit nicht. Friedls lustiges Schimpfen schlug in derbe Vorwürfe um, in eine zornige Entrüstung, je klarer ihm die Sache ward.

»Das ist schon nicht mehr Dummheit, das ist Schlechtigkeit. Ich dank schön für eine solche Meinung über einen leiblichen Bruder.« So sprach er voll Zorn. »Also mein lieber geistlicher Herr hat geglaubt, ich hätt den Mord begangen und möcht mir's gefallen lassen, daß sich ein anderer für mich hängen läßt! Was hast du schon gewinselt über deinen Schlag in mein Gesicht. Und was ist ein Faustschlag dagegen, daß du mich für eine solche Kanaille hast gehalten! Ich mag dich nit mehr, du Schandbub, ich mag dich nit mehr!« Und wie der Friedl das sagt, brüllt er auf vor Wut und Schmerz.

Und jetzt erst, jetzt erst ist dem einfältigen Elias ein Licht aufgegangen von der abgrundtiefen Gottlosigkeit, die in seinem Tugendopfer verborgen gelegen. Von der Lederbank stand er auf, im weißen Nachthöslein, auf den Knien rutschte er hin zu des Bruders Bett und bat um Verzeihung.

Hübsch lang ließ der Friedl ihn knien und bitten und weinen. Endlich hielt er's nicht mehr aus vor Erbarmen. »Jetzt sei so freundlich und hör mir einmal auf mit deinem Wimmern! Ja? – Ich rat dir nur eins, bitt den heiligen Geist um Vernunft, wenigstens um so viel, was in einem Spatzenkopf Platz hat. Nachher kann man's mit dir ja noch einmal probieren. Und jetzt schau, daß du in dein Nest kommst, sonst kriegst noch die Strauchen, und bei der ist's nix mit der Märtierkron! Gute Nacht, dummer, guter, dummer Bub!«

Heimkehr ins Forsthaus

Und am nächsten Tage in frischer Sonnenfrühe ging es heimwärts.

Der Friedl hatte im Gerichtsgebäude noch die Einbrennsuppe ablehnen wollen; den Spitzbubenkaffee möge er nicht, er wolle sich einen anderen im Kaffeehaus kaufen. Da sagte Elias: »Bruder, tu nicht übermütig werden! Iß mit mir noch einmal diese braune Suppe, damit du von dem Gelde nichts auszugeben brauchst. Das wirst du, wie es dir das Gericht in die Hand gegeben hat, dem Zimmermeister Josef heimbringen.«

Wurde der Friedl ernsthaft und sagte: »Du hast recht. Ich hab mir's selber fürgenommen und will's nimmer vergessen. Elias, von jetzt an –«

Er blieb stecken. Allein als sie dann die Stadt hinter sich hatten, rechts und links der Straße die tauigen Wiesen, die Bäume mit den langen Schatten, die Berge im goldenen Sonnenschein – da griff er's wieder auf. »Elias, ich sag's dir, von jetzt an will ich anders werden. Lustig schon, wenn's geht, aber leichtsinnig nimmer. Ein Hund bin ich gewest, wie ich den Vater immer einmal gekränkt hab!«

»Hund mußt du nicht sagen!« mahnte Elias.

In ruhiger Frohheit wanderten sie wegshin. Des Elias Wahnsinn war vergessen. Er meldete sich auch nicht mehr. Ein Delirium des Schreckes, sonst war es nichts gewesen.

Und jetzt lag sie wieder da, die leuchtende, klingende Welt Gottes.

Fern aus dem Hintergrunde des Tales stand schier in Sonnenduft gehüllt die steile Wand des Ringsteins auf. Dort liegt Eustachen. Und dahinter das Forsthaus. Als ob sie jahrelang fortgewesen wären, so zog es sie heimwärts.

Als es heiß geworden war, setzten sie sich in den Schatten zweier Fichten, unter denen das Steinbild des heiligen Johannes von Nepomuk stand.

»Sind dir auf unseren Straßen nicht schon die vielen Heiligenbilder aufgefallen?« fragte der Student.

»Du hast sie ja doch gern, die Heiligenbilder – nit?«

»Wenn sie schön sind. Besonders –«, fast errötend gestand es Elias, »die Muttergottes muß schön sein. Vor einem häßlichen Marienbilde, wie man sie in Wallfahrtskirchen sieht, könnte ich keine Andacht haben. Nein, so widerwärtige Bilder! Möchte nur wissen, ob das auch in anderen Ländern so ist.«

»Kunnten ja einmal nachschauen gehen,« sagte der Friedl. »Ich denk, die Leut werden halt nirgends schönere Bilder machen, als sie können. Die Heiligen braucht man ja nicht zum Anschauen.«

»Vielmehr, daß wir ihnen nachfolgen,« gab Elias bei.

»Ja, wenn sie kamod wären wie vor Zeiten,« sagte der Friedl. »Deinem Namenspatron, dem heiligen Elias, haben die Raben das Brot vom Himmel gebracht. Aber unser vergessen sie halt. Und möchte schon bald was essen.«

»Wart nur,« sagte Elias, »wer Vertrauen hat, der erlebt jeden Tag Wunder.«

»Du, Elias. Bei deinem starken Glauben zu der Muttergottes hätt sie uns schon helfen können, wie wir jetzt in der großen Not sind gewest.«

»Sie hat uns ja geholfen. Sonst wären wir jetzt nicht im Sonnenschein.«

»Das Taschenmesser hat uns geholfen, das du mir geschenkt hast.«

»Wer sagt dir denn, daß es nicht die liebe Muttergottes gewesen ist, die mir den Gedanken eingegeben hat: Deinem Bruder kaufe ein Taschenmesser?«

»Wenn dir das nit wär eingefallen, so hätt's mit diesem Messer nit geschehen können und wir wären in keinen Verdacht gekommen.«

»Friedl, das mußt du dir abgewöhnen, daß du allemal alles von der schlechten Seite anschaust. Auf deine Weise wär ja ich an der ganzen Geschichte schuld.«

»Das hab ich nit gesagt. Du siehst nur, daß sich alles ausdeuten läßt wie der Will.«

Ähnliche Gefechte führten die Burschen mehrere unterwegs, warfen aber allemal die Degen weg, bevor einer verwundet wurde.

Zur Mittagszeit wollten sie in keines der Straßenhäuser einkehren, aus denen sie ein paar Tage vorher so grausam beschimpft worden waren. Bei einem abseits stehenden Bauernhause sprachen sie zu und bekamen dort Klöße mit Kohl.

»Siehst du, Bruder, daß die Raben auch heute noch fliegen?«

»Ja, ja, Elias, du hast halt immer recht. – Aber jetzt sollt er uns schon bald entgegenkommen.«

»Ja, ich schau auch schon immer aus.«

»Wissen muß er's ja schon, daß wir auf dem Heimweg sind.«

»Ich habe nur eine Angst,« gestand Elias, »wenn er's hört, was für eine Dummheit ich habe angestellt.«

»Du, um das Donnerwetter beneide ich dich nit!«

»Unwahrheit ist halt doch schon einmal gar nichts wert,« sagte Elias mit ungleicher Stimme, »auch wenn man was Gutes mit ihr wollte stiften. Ich bitte dich, Friedl, hilf du mir beim Vater.«

»Ich sag, wie ich gesagt hab',« antwortete der Friedl, »willst mich nit noch einmal fuchtig machen, so red' von was anderem.«

Da redete der Student gar nicht.

Als sie am Nachmittag gegen Ruppersbach kamen, sagte der Friedl: »Na, durch das Nest mag ich nit gehen.«

Da schlugen sie links einen Feldweg ein, um dem Dorfe auszuweichen. Sie kamen an den hohen Pappeln vorbei, die in einer Reihe standen wie Riesenlanzen. Unter denselben zog sich eine Mauer hin. Sie gingen der Mauer entlang, da kamen sie zum Tor, das offen stand. Elias konnte an keinem Friedhofe vorbeigehen, ohne den Hut vom Haupte zu ziehen und ein Vaterunser zu beten. Und wenn er drinnen mitten unter den weißen Mäuerlein und kleinen, schief stehenden Kreuzlein ein großes Christusbild ragen sah, da ging er hinein, schaute zum Erlöser auf und las dann Inschriften der Denkmäler. So tat er auch heute und der Friedl ging mit ihm. Auch der las Grabschriften, und zwar darauf hin, ob sie ungereimt und spaßig wären. Dieweilen wird's ein bissel kühler zum Wandern.

»Schau, was Leut sterben!« sagte er jetzt, zeigend auf die frische Hügelreihe mit den unangestrichenen Holzkreuzlein.

Elias trat hinzu und las Namen, wie sie auf den Kreuzchen standen.

»Johann Dröscher.«

»Das ist der alte Müller gewesen,« sagte der Friedl, »weißt, der bucklige Alte, der ganz krumm gebogen war, wo der Saubub, der Wegmacher Kruspel, hat gesagt, den müßten's, wenn er einmal gestorben wär, in eine Baßgeigenschachtel legen.«

Elias las weiter: »Andreas Holzbruckner.«

»Ist im Rausch in den Fluder gefallen, Gott tröst sein Seel!«

»Maria Buchebner.«

»Ah, das ist die Pichelbäuerin, die soviel hat leiden müssen.«

»Nathan —«

Elias stockte.

»Wer denn weiter?« fragte der Friedl.

»Nathan Böhme!«

Nun standen sie da und schwiegen. Und murmelte endlich der Friedl: »Da drunten liegt er.« Und standen lange vor diesem Hügel und sagten nichts weiter. Können es uns wohl denken, was durch ihre Seelen gezogen sein mag. Endlich atmete der Friedl schwer auf und schritt weiter. Er hatte feuchte Augen.

»Da ist ein Rufmann,« sagte Elias leise.

»Bei meiner Treu, da ist ein Rufmann. Paulus Rufmann, wie unser Vater heißt.«

»Ich habe nie etwas gehört, daß es in unserer Pfarrei auch sonst noch Leute gibt, die Rufmann heißen. Der Vater ist vom Bayerischen her.«

»In Sandwiesen, der Tabakkrämer heißt Rufmann. Hat Rufmann geheißen,« wußte der Friedl zu sagen.

»Der wird's sein,« gab Elias bei. Dann gingen sie aus dem Friedhofe fort und ihres Weges weiter.

Oberhalb Ruppersbach kamen sie wieder zur Straße. Sie gingen ein wenig schneller und sprachen nicht viel. Da sahen sie, wie ein Wagen entgegenkam.

»Das ist der Vater!« rief der Friedl. »Es sind Michelwirts Pferde, da sitzt der Vater im Wagen.«

Es saß wohl einer drinnen, aber das war der Michelwirt. Er war selbst der Kutscher, hielt jetzt die Pferde an und stieg aus.

Fröhlich grüßten sie ihm entgegen und der Friedl sagte: »Du, Onkel, das war jetzt eine Zeit! Die möcht ich nit wieder derleben. Warum ist der Vater nit mit?«

»Ist so viel heiß heut und der staubige Weg. So bring ich euch den Wagen entgegen,« sagte der Michel und faßte die Pferde am Riemen, um sie zu wenden. »Steigt nur gleich ein.«

»Ich will auf den Bock.«

»Geht nit, Friedl, ist zu schmal für uns zwei, setzt euch nur kamod in den Wagen.«

So fuhren sie gegen Eustachen.

Der Michelwirt hatte nur ein paarmal ausgerufen: »Also der Krauthas!« Denn es war schon alles bekannt geworden. Im übrigen redete er nicht viel, mußte auf die Pferde achtgeben. Elias schwieg und der Friedl schwieg auch, weil ihm bange geworden war.

Der Michel hatte gemeint, er würde die Burschen bei dem Wiedersehen an die Brust reißen müssen. Statt dessen war es so kühl hergegangen. Schon gut so. Das ahnte er wohl, wenn er jetzt ruhig bleiben soll und nichts verraten, so darf er das Herz gar nicht anrühren. – Am Eingange des Dorfes vor der Kapelle standen schon Leute, Jugendkameraden, darunter auch die Gerhaltbuben. Ohne Willkommsgeschrei reckten sie den Ankömmlingen die Hände entgegen, aber diese taten nicht viel desgleichen und der Michel hielt die Pferde nicht an, ließ sie vielmehr sehr rasch zwischen den Häusern hintraben bis zum Wirtshause.

»Wir wollen nit einkehren, wir wollen gleich heim,« sagte der Friedl.

»Na na, Buben, zukehren müßt ihr schon bei mir.« So der Michel, »ihr habt Hunger und Durst. Frau Apollonia hat schon daran gedacht. Auch abstauben werdet ihr euch wollen.«

»Wir möchten schon den Vater haben,« sagte der Student.

»Ich glaub's euch, Buben, ich glaub's euch, wird aber jetzt nit zu Haus sein. Kunnt sein, daß – er notig im Gebirg was zu tun hätt und vor dem spaten Abend nit heimkommt.«

»Die Nachricht hat er doch erhalten?«

»Ei, das schon, die Nachricht, die wird er schon bekommen haben. – Poldl, komm doch herfür und spann die Pferde aus!«

Wenn der Vater jetzt ohnehin nicht daheim ist, da konnten sie ja einkehren, dachten die Burschen und traten ins Haus.

»Da seins halt jetzt, die armen Hascher,« klagte der alte Einleger Wenzel, der im Vorhause stand.

»Schau, daß d' weiter kommst,« herrschte ihm der Wirt zu, so daß dem Alten ungleich wurde. Was hat er denn heut, unser Herr?

Der Tisch war schon gedeckt, die Kellnerin brachte Speise und Trank, und die jungen Wanderer ließen sich nicht nötigen. Der Michel saß neben ihnen, fragte nicht viel und erzählte nicht viel. – Schenkte Wein in die Gläser. »Tuts trinken, Buben. Der Wein, wenn's auch heißt, zuviel wär ungesund, er ist und bleibt eine Gottesgab und erfrischt das Herz. Schon gar, wenn der

Mensch ... Ich kunnt den Wein nimmer entbehren.« Er füllte auch sich ein Glas und leerte es auf einen Zug.

So oft die Küchentür aufging oder auch nur das Küchenfensterlein, spannte der Friedl die Augen. Aber er nahm nichts wahr. Auf dem Tisch, in einem weißen Krüglein, stand ein frischer Blumenstrauß. Das war alles.

Kurz, aber lebhaft hatten sie erzählt von den Verhören in Löwenburg, besonders vom Krauthasen, und wie ihre Unschuld aufgekommen war. Da fragte Elias plötzlich: »Ist jetzt nit ein Rufmann gestorben, da wo herum –?«

Der Michel konnte wohl nicht gleich antworten.

»Auf dem Friedhof haben wir einen Rufmann gefunden.«

»Seid ihr auf dem Friedhof gewesen?«

»Das ist gewiß der Tabakkramer in der Sandwiesen,« sagte der Friedl, »hat ja Paulus geheißen, nit?«

»Mir scheint.«

Der Michel tat, als sei er gerufen worden. Er ging rasch hinaus und sagte zur Frau Apollonia, die schon immer ängstlich gehorcht hatte an der Tür: »Das soll wer anderer tun. Ich bring's nit übers Herz.«

»Aber mein Gott, ehvor sie heimkommen, muß es ihnen doch gesagt werden.«

»Frau, sie kommen selber drauf, sie sind schon nahe dran.«

»Wenigstens lassen wir sie früher essen,« sagte sie. »Mein Gott, wie einem diese Buben derbarmen!«

Er beneidete die Frau um dieses arglose Erbarmen. Wie selig süß das war im Vergleich zu dem, was er auf sich hatte!

Dann ging er wieder in die Gaststube und setzte anders ein. Er schenkte neuerdings die Gläser voll: »Nur fest trinken, Buben! An so einem Tag kann man sich schon ein Spitzel gunnen. Nach einem solchen Sturm. Wie ihr tapfer seid gewesen. Leben sollt ihr! Gott erhalte euch! Und was immer mag kommen, wir drei halten zusammen. Sollt einmal eine Veränderung sein im Forsthaus oder wie – daß ihr's nur wißt: Im Michelwirtshaus seid ihr daheim.«

Gleichzeitig standen die Burschen vom Tische auf und der Friedl rief plötzlich: »Michelwirt! Mit unserem Vater ist was geschehen!«

Und darauf antwortete der Wirt: »Kinder, wie wäret ihr sonst auf den Kirchhof gegangen, wenn ihr's nit schon tätet wissen.«

Elias rührte sich nicht und blieb stumm. Der Friedl aber gab einen gellenden Schrei. Dann warf er sich auf den Tisch nieder und weinte laut. Und dazwischen hervor rief er zornig: »Was ist ihm geschehen?«

Und der Wirt zagend und gedämpft: »Ertrunken«.

»Ertrunken!« Der Bursche hielt den Kopf und hielt ihn mit beiden Händen. »Ertrunken! So ist kein Mensch bei ihm gewesen? So habens ihn allein gelassen!«

»Allein gelassen wohl nit ...«

Jetzt kein Halten mehr.

Als sie hinausgingen, stand im Hintergrunde des Vorhauses das schlanke Mädel und schaute her. Er hat sie gesehen und nicht gesehen. Sie warteten nicht ab, bis eingespannt war, sie lehnten den Wirt ab, der sie begleiten wollte.

Als ob hinter ihnen etwas Feindliches her wäre, so eilten sie hin am Waldsteig, und in der Abenddämmerung sahen sie das Forsthaus vor sich liegen. Und hörten dort stoßweise weinen. Als sie in den Hof kamen, sahen sie, daß es der Waldl war. Und als der Kettenhund die Heimkehrenden bemerkte, da wurde sein Heulen noch kläglicher. Er sprang sie nicht an, wie sonst, wenn sie sich nahten, er lag auf der Erde, deren Sand er aufgescharrt hatte; feucht unter den großen schwarzen Augen, so schaute er sie an und heulte und wimmerte leise, als wollte er ihnen alles Schreckliche erzählen, was geschehen war.

Zum Tore kam die alte Sali heraus, langsam, gab ihnen aber nicht die Hand. »Unser Herrgott weiß es! Weil nur ihr da seid! Weil nur endlich ihr wieder da seid! O du liebe Frau im Himmel oben, die Freud, wenn er das noch hätt erlebt!« Weinen tat sie nicht.

Elias hatte fast nicht den Mut, ins Haus zu treten. Nicht vor dem toten Vater konnte er sich fürchten, aber vor seinem zürnenden Geiste ...

In der Stube, vor dem Marienbilde an der Wand, brannte eine rote Ampel. Sie brannte seit drei Tagen.

»Und solang ich in dem Haus bin, wird sie nimmer auslöschen,« sagte die Sali.

Aber als Elias in der Stube allein war, nahm er die Ampel von ihrer Leiste herab und stellte sie über dem Tische auf die Wandeckstelle, wo das Kruzifix stand. Maria, unsere Fürbitterin! Aber das Licht gehört ihm allein.

So waren sie jetzt daheim.

Und in dem Augenblick, als sie in dieses Haus getreten, wußten sie auch, hier waren sie fremd geworden.

Verwirrt und betäubt gingen sie eine Weile umher, gingen nur so umher und konnten nichts denken. Sie gingen in sein Zimmer, in die Kanzlei, in alle Stuben und Kammern und waren immer überrascht, den Vater nicht zu finden. Sie sahen sein Gewand, sein Gewehr, seine Bergstecken, seine Pfeife, seine Laute – alles, nur ihn selbst nimmer.

Da setzten sie sich ermüdet hin und schluchzten.

Und endlich fragte der Friedl, wie es gekommen sei.

»Wie wird's denn gekommen sein?« rief die Alte unwirsch. »Wie's halt kommt, wenn was sein will. Dran schuld seid auch ihr! Wenn man solche Dummheiten macht, daß man von den Gendarmen wird fortgetrieben, das soll einem Vater nit 's Herz abstoßen?«

Fragte nun Elias scheinbar gefaßt: »Nicht wahr, Sali, unser Vater hat sich selber das Leben genommen?«

»Ja, leicht wohl, daß er's selber hat tan, aber dran schuld ist auch noch ein anderer! Hab schon lang nimmer viel gehalten auf den Wirt. Am selbigen Abend – 's ist am Tag, wie sie euch haben fortgeführt, der Michelwirt ist kommen und sagt, er will bei ihm bleiben, weil man ihn nit allein lassen kann. Und auch der Fürstand ist kommen und hat's dem Wirt auftragen: Schau gut auf den Rufmann, hat er g'sagt, ich hab's g'hört. Schau gut auf ihn, hat er g'sagt! Ich vertrau dir ihn an! Und hat ihm's der Wirt müssen versprechen und ist der Fürstand wieder fort, weil das Feuer ist gewest auf dem Ringstein. Eine Weile sinds noch gesessen beieinand und umeinander gangen im Haus. Ich bet mein Rosenkranz, daß uns doch unsere liebe Frau nit ganz möcht verlassen. Nachher später, 's ist schon finster gewest, schau ich zum Fenster aus und seh sie nebeneinander stehen auf dem Anger. Hättest ihn nit sollen auslassen, denk ich, weil er schon voreh mit dem Gewehr was hat anstellen wollen. Aber der Wirt schaut das Feuer an, leichtsinnigerweis, und rührt sich nit und schaut das Feuer an auf dem Ringstein. Und kümmert sich nit um den alten Herrn. Und auf einmal steht der Wirt allein da und der Herr Vater ist nimmer neben seiner. Da geht euch der Wirt noch a Weil vor dem Haus umeinand, eilen tut's ihm gar nit, so daß ich denk, der Herr ist schon wieder im Haus; aber wie ich merk, er ist nit da, bin ich wohl auch geschwind gelaufen. Und steht der Wirt bei der Brucken und sagt: Ein End hat's. – So, meine Kinder, so ist's gewest. Sonst weiß ich nix. Und jetzt möget ihr euch denken, wer euren Vater auf dem Gewissen hat.«

»Der Michelwirt! Wir all miteinand,« sagte der Friedl.

Und Elias: »Ich ganz allein ...«

»Der Wirt hat ihn auf dem Gewissen,« schrie die Sali. »Er hat nit geschaut auf ihn. Er hat ihn zu Fleiß ins Wasser gehen lassen und so ist's und nit anders.«

O traurige Stunden in derselbigen Nacht. Still sind die gewesen, geschlafen hat keiner. Und um ein oder zwei Uhr nach Mitternacht, da macht der Friedl Licht und sagt: »Elias, du hast einen Schulatlas.«

Antwortete der Student: »Im Koffer obenan. Aber ein alter, die Eisenbahnen sind nicht drin.«

»Das, was ich brauch, wird drinnen sein.«

Er schlug das Blatt mit den beiden Halbkugeln auf. Die östliche und die westliche. Er brütete darüber. Dann warf er den Atlas hin und sagte: »Jetzt weiß ich auch, wohin.«

»Hast du's?«

»Nach Neuseeland. Das Land, das am allerweitesten von Eustachen entfernt ist. Kein Land so weit weg auf der weiten Welt als Neuseeland. Dort will ich hin.«

Es tröstet der Wein, es singen die Wasser

Es war Hochsommer geworden.

Im Garten des Michelwirtshauses waren wieder ein paar Tische aufgeschlagen worden für Durchreisende. Aber sie blieben fast leer. Die Bauern und Holzknechte saßen wie immer in der dumpfen Stube, und dort ging's oft wieder recht laut und lustig her. Nur daß der Wirt selten bei den Zechern war. Der saß am liebsten allein draußen am Gartentische und träumte in sich hinein. Manchmal läutet ein Bienlein über sein Haupt dahin. Bisweilen weht es durch die schlafenden Bäume wie ein verlorenes Singen aus alten Zeiten.

... 's hat schon der Mond schön gscheint,

's ist alles mäuserlstill –

Es rührt sich nix ...

Dort steht der alte Ahornbaum mit der wüsten Scharte, wo der Ast niedergebrochen war. Er hatte an demselben einmal hinaufsteigen wollen, um den Bienenschwarm abzufangen. Der Rufmann hatte ihn gewarnt und gehütet ...

– Trinken. Sie sollen trinken, drinnen in der Stube, so viel sie mögen, 's hat wohl jeder seinen Dorn im Fleisch. Ohne Trinken wär's nit auszuhalten. In einem alten Schulbüchel ist's, da kommt gleich nach Kain und Abel der Noah mit der Traube.

So hatte der Michel sein Glas Wein vor sich stehen. Und dann lohte leicht und warm die Freude auf. Der Greis soll ruhen, die Jünglinge sollen leben. Ihre Weltlust ist jetzt seine Weltlust geworden. In ihnen lebt der alte Freund wieder auf und dankt mir, daß es so gewendet worden. Und an den Söhnen kann ich meinem Paul mehr Liebes erweisen, als es an ihm selber möglich gewesen wäre. Und mein Haus, es ist ja nicht arm. Hat es für Elias gleichwohl die Hilfe, seine Studien zu vollenden und den immerwährenden Heimgang; für den Friedl hat es mehr ...

So lieblich blühte der Wein. Aber das ging allemal sachte in eine andere Stimmung über, in eine abgrundtiefe Elendigkeit. Da knirschte er mit klappernden Zähnen, daß der Wein das allerabscheulichste Gift sei, so furchtbar grausam schon deshalb, weil es nicht sterben läßt. Das Leben verelendet und doch nicht sterben läßt! Alle Lebensgeister verekelt und betäubt er, bis auf den einen, der zuruft ohne Unterlaß: du bist eine treulose Kreatur!

Zu anderen Stunden fand er freilich wieder den kümmerlichen Halt in dem Gedanken: Was man aus Nächstenliebe tut, das wird ja doch – wie es immer heißt – eine gute Tat sein, und selbst wenn's ein Irrtum wäre. Eine Einbildung, daß die Söhne Raubmörder sind, hat die Tauernach ausgelöscht. Auch wenn sie es wirklich wären gewesen. Oder können sie's nicht noch werden? Wer kann denn wissen, was hölltiefer Jammer einem Menschen bevorstehen kann. Das ist alles ausgelöscht beim Rufmann – er hat nix mehr zu fürchten und zu leiden. Wer hat ihn denn erlöst? – Ich? Wieso? Doch er sich selbst. Was gräm ich mich denn ab? Ich habe ja nichts getan! –

In ähnlicher Weise rang der arme Mensch mit seinem Leide, mit seinem Gewissen, und sachte erlahmte die Seele.

Zum Forsthause wollte er jetzt hinauf, um zu sehen, was es zunächst für ihn zu tun gab. Da kam der Brief.

»Lieber Michel Schwarzaug!

Nach dem, was sich ereignet hat, und es besser ist, daß wir uns nicht mehr sehen, so schreibe ich im Namen meines Bruders und in meinem eigenen diesen Brief.

Wir verließen gestern unsere Heimat, und zwar unauffällig bei der Nacht, weil wir allen, die unseretwegen sich etwa einen Vorwurf machen müssen, noch unseren letzten Anblick ersparen, und wir auch selber niemand sehen wollen. Ins Forsthaus zieht demnächst der neue Förster ein. Die Rosalia Terler wird unsere Sachen, die wir nicht mitnehmen können, in Obhut nehmen, bis sie versteigert werden, und haben wir gleichzeitig alles Amtliche dem Ortsvorsteher aufgetragen.

Warum wir gehen, das brauche ich wohl nicht zu sagen. Die Erfahrungen, die wir in unserer größten Not hier haben machen müssen. Wir müssen uns halt denken, sie sind von Gott geschickt, wollen niemand dafür verantwortlich halten. Müssen auch manchen werten Bekannten zurücklassen, aber das Verbleiben in Eustachen wäre gegen unsere Natur. Wo so etwas geschehen, das kann nimmer unsere Heimat sein.

Mein Bruder Fridolin will ganz auswandern, wahrscheinlich in einen anderen Weltteil. Wie er arbeiten kann, da wird er leicht weiterkommen. Ich kehre auch nicht mehr ins Seminar zurück, etwa daß ich in einem Kloster meine weitere geistliche Ausbildung suche. Vielleicht entschließe ich mich zu etwas anderem, jetzt ist mein Verlangen: Nur recht weit fort.

Dir, lieber Michel Schwarzaug, danken wir für manches Gute, besonders was Du unserem seligen Vater erwiesen hast. Wir wissen, daß Du dich kränkst um ihn, und wahrscheinlich wegen seiner letzten Stunde. Laß das sein, das hilft jetzt nichts mehr. Die Schuld habe ich auf mich zu nehmen. Hätte ich nicht eine Untat gelogen, die ich nicht begangen habe und nie begehen kann, so würde man uns kaum fortgeführt, sicher aber nicht als des Verbrechens überwiesen betrachtet haben. Daß ich freilich meine Ursache gehabt habe, würdest Du nicht glauben können. Mein ganzes Leben soll ein Büßen sein, dem Gedächtnisse meines Vaters und seiner armen Seele aufgeopfert. Für mich verlange ich nichts mehr und mein Bruder wird sich durchschlagen. Um was wir Dich noch ersuchen möchten; laß es sein, nach uns zu forschen – es ist so am besten. Wir wünschen Dir und den Deinigen viel Glück und Segen.

Elias Rufmann.

Ich verabschiede mich noch besonders von Dir, als meinem christlichen Taufpaten. Gott der Herr wird alles vergelten.«

Ja, so lautet der harte Brief, den man heute noch lesen kann im Straßenwirtshaus zu Eustachen. Der Schreiber, der ihn wohl in christlicher Milde und Verzeihung verfaßt zu haben glaubte, hatte keine Ahnung, wie dieses kalte Eisen in das kranke Herz des Empfängers drang.

Er las zwischen den Zeilen dieses Briefes, daß seine Sünde keine Verzeihung findet. O, wäre der Brief in Leidenschaft und Zorn geschrieben worden und hätte geflucht und gewettert, so wehe hätte er nicht getan als diese tote Höflichkeit. Seine Sünde findet kein Verzeihen. Sie wollen nichts mehr von ihm. Sie wollen ihn gar nicht mehr sehen. Jawohl, »Gott der Herr wird alles vergelten!« Das soll wohl heißen: bestrafen! – Aber Michelwirt, was kränkest du dich denn so sehr? Es ist ja alles nur Einbildung. Dem Rufmann hast du gesagt, daß man die Einbildung, wenn sie weh tut, auslöschen könne. Michel, lösche sie jetzt in dir selbst ...

»Mariedl! Ein Glas Wein. Vom starken!«

– – Also abgelehnt!

Abgelehnt von diesen Knaben, die er schon zu seiner Familie getan, derer wegen er auf seine eigenen Angehörigen beinahe vergessen konnte. Abgelehnt von diesen Jungen, an denen er seinen verhängnisvollen Irrtum sühnen und sich erlösen wollte. Von diesen armen Jungen, die Liebe und Vertrauen zur Heimat verloren haben und nun in der weiten, stockfremden Welt ihr Glück suchen wollen – die einfältigen, unerfahrenen Kinder!

In seiner inneren Wirrnis versuchte er es einmal mit der Zither. In früheren Tagen hatte ihr Klang manche Herbnis sanft ausgelöst. Jetzt griff er wieder in die Saiten. Sie klangen nicht, sie schrillten, sie taten dem Ohre weh und dem Herzen noch weher. Er nahm den Drehschlüssel und suchte zu stimmen, da tat die Saite einen schneidenden Schrei und – war gesprungen.

Das Instrument mit dem gerissenen Strang, er hing es wieder an den Nagel. Es war alles aus.

Sein Weg – noch einmal zum Forsthaus. Da war alles darunter und darüber gekehrt. Die Sali hatte Möbel und Geräte gescheuert und nun standen und lagen diese auf dem Anger herum, daß sie trockneten. Es waren, im Sonnenlicht besehen, recht ärmliche Sachen. Er ging ins Haus. Die Schritte hallten laut in den leeren Stuben. An der Wand waren noch die Heiligenbilder und die rote Ampel stand vor der Muttergottes. Daneben hing die Laute. Rufmanns alte Laute, mit der er so oft den Gesang begleitet hatte.

Die Sali kam herbei und begrüßte ihn mit den Worten: »Gelt, wollens halt auch einmal sehen, wie's ausschaut, das zugrunde gerichtete Forsthaus!«

Er hatte für diesen Ton keine Empfindungen mehr. Von den Buben nirgends eine Spur. Er hatte sich vorgenommen, zu versuchen, ob nicht von der Alten manches über sie zu erfahren wäre. Das ließ er sein, fragte nur eins. Ob die Laute zu haben wäre? Er möchte sie gerne kaufen. Zu einem Andenken.

Darauf die Alte kurz und scharf: »Ich geb nix her! Darf nix hergeben! Was mir anvertraut ist, das ist mir anvertraut!«

Mit dieser verspäteten Lehre konnte er wieder gehen. Und er ging. –

Es kamen nun die Tage, da er in der Gegend umherstrich, wie ein Mensch, der etwas sucht. Der es endlich findet und traurig betrachtet und wieder wegwirft, weil es doch nicht das Rechte ist. An Waldplätzen, wo er je mit dem Freunde zusammengewesen war, geplaudert oder gesungen hatte. Und suchte in dunkelnder Erinnerung nach Gesprächen, die er mit Rufmann geführt, nach Aussprüchen, die er getan und vor allem nach den Liedern, die sie gesungen hatten. Von manchem Liede fiel ihm der Text ein, aber nicht die Melodie. Und der Text ohne Melodie ist ein dürrer Stab, an dem die blühenden Ranken fehlen. Und wenn er auch bisweilen einzelne Töne fand, so waren es abgefallene Blätter einer Rose, sie hatten keinen Schmelz und keinen Duft. Und wenn er von anderen singen hörte, so war es Lärm und kein Gesang. Da wollte sein sangesdurstiges Herz verschmachten. Selbst die Waldvögel, sie sangen nicht, zwitscherten oder kreischten nur, seit der Förster dahin war. Und die alten Bäume, die stahlhart und rein geklungen hatten, so man mit der Axt an den Stamm schlug – sie tönten dumpf und morschig. Wenn er von solch traurigen Gängen nach Hause kam, murmelte er: »Komm Rufmann!« und trank Wein.

Dann wieder sah man den Michel an den Ufern der Wässer. Er saß an der Tauernach und schaute in die raschen Wellen, er saß an der Mur und schaute in das stille, langsame Wogen hinein. Schier klang ihm das Wasser holder als alle Lust in Kehle und Saitenspiel. Und ist ihm eingefallen: Der Rufmann drüben, der wird sich ja langweilen, wenn er keinen hat zum Singen. Da sollt man ihm doch Gesellschaft leisten gehen ...

Öfter als einmal ging Frau Apollonia aus, um ihn zu suchen, und fand ihn an einer Felswand oder an einer Hecke oder am Wasser. Er ließ sich wecken aus seinen Träumen und ging mit ihr heim. Und die Helenerl! Was hat das Mädel heimlich sich gegrämt! Da ward es endlich doch zu hart, alles so allein zu tragen, und sie blieb auf der Gasse ein wenig stehen, wenn Sepp, der ältere Gerhaltsohn, vorüberkam und freundlich fragte, wie es ihr gehe? Dem sagte sie von ihrem Leid ein weniges heraus und ging wieder ihres stillen Weges.

Den Vater aber, den ließ es nimmer bleiben in der Enge des Hauses bei lärmenden Zechern; er ging immer wieder fort. Man sah ihn stehen am Waldrain, wo der Weg gegen das Forsthaus führt. Man sah ihn sitzen am Wasser, mit einer Angelstange. In Ruhe und Geduld hielt er sie hinaus, und manchmal zuckte er damit auf. Zumeist war nichts an der Angel, da wunderte er sich. Manchmal war ein Fisch daran, da wunderte er sich auch und tat den Fisch wieder hinein.

»Ja, Michel, was willst du denn fangen?« fragte ihn einmal jemand. Er schwieg, blieb sitzen am Ufer und hielt die Angelstange über das Wasser.

Ein andersmal wieder Stunden, da der Michel scheinbar schalkhaft war wie in früheren Zeiten. So sagte er eines Sonntags auf der Straße zu den Kirchgängern: »Wißt ihr es schon? Gestern früh um sechs Uhr ist in Löwenburg der Michelwirt von Eustachen gehenkt worden.«

Da schüttelten sie die Köpfe: Der Mensch ist halt doch ganz und gar verrückt!

Nur einer war, der augenzwinkernd murmelte: »Ich weiß wohl, wie's gemeint ist. Weil die Eustacher damals gesagt haben: Der Michelwirt ist's gwest, der den Preußen ...! Keiner hat ihm's abgebeten. Der Krauthas ist gestern hingerichtet worden.«

»Der Krauthas?« fragte der Michel, der die Bemerkung wohl gehört hatte, »da müßte er doch selber was davon wissen. Er weiß nix von der Hinrichtung, ich weiß was davon. Also bin ich hingerichtet worden!«

Würden ihrer etliche nachdenklich und hatten einen Schauder. Wenn's einer danach auslegen wollte, es sei was dran.

Der Michel schrie es heftig auf die Kirchgänger hin: »Ja, ja, ihr braven Leut von Eustachen! Das Gestorbensein spürt nur der Überlebende!« und schlug die Faust an seine Brust.

Klingende Gespenster

Eines Tages war kleine Völkerwanderung aus den Dörfern nach dem Hochtal. Im Forsthause fand die Versteigerung der Rufmannischen Habseligkeiten statt.

Auch der Michelwirt spannte ein. Mit einem Glase Wein hatte er sein Herz gestärkt und die große Brieftasche in den Sack gesteckt. Dann nahm er den Einleger mit, den krüppelhaften alten Wenzel. Der wußte gar nicht, wieso er zur ergötzlichen Spazierfahrt kam. Als sie in den Wagen stiegen, gab es noch einen Rangstreit. Der Wirt wollte, daß der Wenzel rechts sitze.

»Nit a so, nit a so!« wehrte dieser ab. »Ich bin der alt Einleger, du bist der Herr Vater, du g'hörst rechts.«

Sagte der Michel: »Heut soll seine Ehr einmal der Ärmere haben.«

»Nachher, Herr Vater, setz du dich auf die recht Seiten!« –

Der Wirt war schier aufgeräumt. Er wollte sogar eins pfeifen. Ob nicht der verwildert über die Lippen herabhängende Bart schuld war – es pfiff nicht. Als sie an der Ach glatt dahinfuhren, sagte er zum Alten: »Wenzel, es kann sein, daß du mir heut einen Gefallen wirst tun müssen. Wenn etwan auch eine alte Laute sollt versteigert werden, sei so gut, lizitier mit.«

»Ich? Kann halt nix musizieren, nit.«

»Bis zu hundert Kronen kannst sie hinauftreiben, wer's auch sein mag. Und wenn ich's selber sollt sein. Da hast Geld.«

Der Alte nahm die Note wohl an, schüttelte seinen Kahlkopf und sagte: »Herr Vater, du haltst mich für'n Narrn!«

»Du haltst *mich* für'n Narren!« lachte der Wirt bitter. »Hast denn kein Spurius, warum du sollst nauf treiben?« Er mußte es dem begriffsstutzigen Alten des Näheren erklären. Als diesem der Knopf einmal aufgegangen war, zog er sein schlaues Gesicht: »Werden's schon machen, Herr Vater.«

Um das Forsthaus herum war alles voll Leute. Die Sachen waren ausgebreitet und aufgestellt um den Tisch des Amtmanns. Ein paar Kästen, Truhen und Betten, Holzsessel, Küchengeschirr, Wandbilder, Arbeiterwerkzeug, ein paar Schießgewehre und kleines Gerümpel. Die Leute wunderten sich, daß so wenig da war. Ein anwesender fürstlicher Anwalt erklärte bei manchem Stück, das etwas wertvoller aussah: »Das gehört ständig zum Forsthause!«

»Gut viel wird heut nit ausfallen für die Buben,« sagten die Leut zueinander. Und man wollte gehört haben, daß sie es sehr gut brauchen könnten.

Jeder Gegenstand, der dran kam, wurde niedrig ausgerufen und dann aufgezeigt. Das ging flau, aber der Michelwirt steigerte überall mit. Manches Stück trieb er fabelhaft hoch hinauf und dann blieb es ihm in der Hand. Und anderen kam das, was sie nicht lassen wollten, teuer zu stehen.

Der Beamte mit dem Hammer war ein humoristischer Mensch, wie es alle Versteigerer sind. Zu jedem Stück, das er ausrief, besonders wenn es sehr unbedeutend war, machte er eine spaßhafte Bemerkung, um die Aufmerksamkeit der Leute darauf zu lenken. Zu dem Stück, das er jetzt in die Hand nahm, machte er keine, sondern zog das Gesicht breit, wiegte mit dem Kopf, zupfte an den Saiten – klim, klim! und sang: »O du lieber Augustin!« Die Laute war's.

Dann bot er sie aus um fünf Kronen.

Dem Michel gab's einen Stich. Diese Laute, *seine* Laute um fünf Kronen.

»Ich gebe zehn!« rief er.

»Ich gebe fünfzehn!« kreischte jemand in der Menge. Das war der Einleger Wenzel. Die Leute lachten, aber der Versteigerer entdeckte seine Amtswürde und rief: »Ernster Weise!«

»Ist auch ernster Weis,« gab der Einleger zurück. »Ich mag's Kirtharl um fünfzehn Kronen. Man kann nit wissen. In so alten Möbeln ist immer einmal was versteckt.«

»Fünfzehn Kronen! Wer gibt mehr?«

»Fünfzig Kronen!« rief der Michelwirt.

»Hundert Kronen!« kreischte der Einleger.

»Fünfhundert Kronen!« sagte der Michelwirt.

Da war es still.

»Was soll das heißen?« fragte der Beamte.

»Der Mann ist nit recht gescheit!« rief ein anderer drein. »'s gilt nit!«

»'s gilt!« sagte der Michel, trat an den Tisch und erlegte fünfhundert Kronen. Jetzt war alles gerührt. »Er tut's für seinen Freund. Den Buben wird's wohl gut tun.«

Das meinte der Michel eben auch. Aber er meinte eben auch noch etwas anderes.

Als er die Laute zu sich genommen hatte, pfiff er dem Wenzel und schnell ging's auf dem Steirerwäglein nach Eustachen. Und vergnügt war er schon darüber, daß er den Försterbuben einen Possen hatte spielen können. Obgleich sie nichts mehr mit ihm zu tun haben wollen. Den beträchtlichen Erlös für die Sachen werden sie wohl nicht können zurückweisen. – Kaum daheim angekommen, eilte er auf seine Stube, um die Laute zu versuchen. – Sie war all verstimmt. Er setzte an die Schrauben den Stimmschlüssel; nein, die Saite könnte reißen. Er strich mit der Hand darüber hin. Er setzte das Instrument an die Brust, tastete die Griffe, zupfte die Saiten:

»Wann ich amal stirb, stirb, stirb.

Schlagt's auf die Truhen drauf,

Aft steh ich wieder auf ...«

Was war denn das hinter ihm? Eine Stimme. Eine Baßstimme. Er wendete sich um. – Es war niemand da. Er war ganz allein.

Seinen Gästen zeigte er sich gar nicht mehr. Aber spät abends saß er noch auf seinem Zimmer und verlangte nach Rufmann. Sagte Frau Apollonia: »Schau, mein lieber Mann, das Trinken so viel ist nit gesund. Leg dich in Gottes Namen schlafen.«

Und wenn er dann in seinem Bette lag, kamen die Klänge eines längst verlorenen Singens. – – – »Wenn ich aufdenk auf mein junges Leben, wo ich überall bin umerglegen.« – Gute und böse Zeiten, wie sie halt kommen. Erdenleben heißt man's. »Ich ging einmal im grünen Wald, da hört ich die Vöglein singen.« – Ist denn das auch einmal wirklich gewesen? Oder ist es erst jetzt, wie ich so dran denke? Der Freund ist ins Wasser gegangen, die Kinder haben sich verlaufen. »Verlassen, verlassen, wie der Stein auf der Straßen.« Wenn man's nur kunnt auslöschen, wie mit dem Schwamm auf der schwarzen Tafel die Ziffern. »Es fiel ein Reif in der Frühlingsnacht.« – Schlafen. Ich möcht schlafen! So spat in der Nacht. »Alles ist still, wie in der ewigen Ruh.« – Aber das Wehleid! das Wehleid! 's will halt nit aufhören. – Ei was, Dummheiten! 's ist ja nix. 's ist alles miteinander nix ... Legen wir uns einmal auf die andere Seiten. Auf der linken Seiten liegen, da druckt alles so aufs Herz. Legen wir uns auf die rechte. Und lassen uns was Gutes träumen.

Auf der rechten Seite lag er sanfter. Er merkte, es schliche der Schlaf heran. Da ist er auf der Lauer, den möcht er doch einmal erwischen, um zu sehen, wie es zugeht, wenn einer einschläft. Kein Mensch ist noch dabei gewesen, bei seinem Einschlafen. – Was ist denn das? Hat jetzt nit wer auf der Laute gespielt? – »Apollonia!«

Sie hat einen leichten Schlummer, hebt ein wenig ihr Haupt: »Hast was g'sagt, Michel?«

»Hältst du's? Die Laute! Der Rufmann! Im Nebenzimmer. Der Rufmann singt!

Und die Holzknechtbuben,

Müssen fruh aufstehn,

Müssen's Hackerl nehmen –«

»Mein Gott! Mann, was hast denn? Tut dir träumen?«

»Den Rufmann begleiten. – Bin a lustiger Wildpratschütz …«

Da sie das Entzücken seines Traumes wohl merkte, so ließ sie ihn singen. Manches Lied schlug er an, kam jedoch mit keinem zu Ende.

Einmal unterbrach er sich und stellte dem Rufmann aus, daß er um einen Ton zu tief dran sei. Dann wieder war es, als scherze er mit jemand und necke ihn. Und endlich ist er in einen tiefen Schlaf gesunken.

Um diese Zeit hatten es die Leute gemerkt, daß mit dem Michel wieder eine Veränderung vorging. Zwar saß er noch immer nicht bei seinen Gästen, kümmerte sich auch nicht um die Wirtschaft oder um eine Gemeindeangelegenheit. Aber heiterer war er geworden. Wo er wem begegnete, da blieb er stehen und sprach ein paar gewohnte Worte oder machte gar einmal ein seltsames Späßchen. Körperlich verfiel er. Eines Tages, als er wieder am Ufer des Flusses saß und hinschaute, wie die Sonne so schön in den kreiselnden Wellen zitterte, kam Gerhalt zu ihm und wollte ihn nach Hause führen.

»Ich hab' jetzt nit Zeit, Nachbar,« antwortete der Michel in gemütlicher Art, »kunnt versäumen, kunnt versäumen.«

»Was ist denn da zu versäumen?« lachte der Vorstand überlaut. »Das Wasser läuft dir nit davon. Das rinnt in alle Ewigkeit herab.«

»Ja alle Ewigkeit, sagst du. Rinnt her und rinnt fort und ist immer dasselb Wasser. Das ist spaßig. Wirst dir's aber gewiß nur einbilden, Martin.«

»Mein lieber Michel, das Wasser ist keine Einbildung!«

»Ich weiß es wohl, Nachbar, ich weiß es wohl. Ist ja der Rufmann drin ertrunken. Sind ja die Buben übers Wasser fortgefahren. Aber sie kommen wieder. Sie kommen alle wieder. Und derowegen muß ich warten.«

»Ja, da wirst freilich noch eine Zeitlang warten müssen.«

»Lang oder nit lang. Ich warte halt. Jetzt, weil ich wieder gesund bin worden, wart ich auch hundert Jahr. Die Zeit vergeht – der Mensch nit.«

Der Arzt in Ruppersbach hatte gesagt, man könne ihn unbesorgt gewähren lassen. Wer, wie der Michel, warten wolle, bei dem sei nichts zu fürchten. Es stehe so, daß man ihm nichts mehr versagen solle.

Und wie sein Dämon Wirklichkeit und Traum so seltsamlich verwechselt und endlich ihm den langersehnten glückseligen Tag nicht versagt hat, das erzählt der nächste Bericht.

Der glückselige Tag

An einem schwülen Tage war vom Hochgebirge ein Sturm niedergebrochen. Der hatte Dächer abgedeckt im Dorfe Eustachen und Bäume entwurzelt. Im Lärchenwäldchen am Flusse lagen fast ebensoviele Bäume hingestreckt, als noch standen. Dann krachten in den Lüften die wilden Feuer. Dann hagelte und goß es nieder, daß über Straßen und Felder die braunen Bäche rannen und förmlich den Hagel zu Eismoränen zusammenschwemmten. Als es vorbei war, strich eine frostige Luft. – Und war der Michelwirt nicht nach Hause gekommen!

Bald war das Dorf auf, ihn zu suchen, und voran durch und über die Wüstenei hin das schlanke Mädchen mit dem Blondhaar, an dem die gebrochenen Äste sie zurückhalten wollten. Da kam er ihr entgegen, vom Flusse her, mit weiten Schritten in den Tümpeln watend, die gehobenen Arme in die Luft auswerfend und laut lachend.

»Weißt es schon, Helenerl!« rief er seiner Tochter entgegen, »weißt es denn noch nit? Sie kommen! Sie fahren schon herauf. Daß ich geschwind muß herrichten gehen für morgen. Er kommt auch! Alle kommen! Bist wohl auch du fertig mit dem weißen Gewand?«

So kam er nach Hause, bis auf die Haut durchnäßt, an allen Gliedern zitternd, aber mit glückselig leuchtenden Augen. Sogleich wollte er nach Ruppersbach zum Pfarrer schicken. Der Rufmann und der Bräutigam seien wohl schon gut untergebracht, aber für den geistlichen Herrn ließe er bitten um ein Zimmer. Das Weitere sei in Ordnung. Sonst allerlei Geschäftiges hatte er vor, wurde aber ins Bett gebracht. Doch während Helenerl den Jungknecht suchte, daß er um den Arzt eile und Frau Apollonia in der Küche den heißen Tee machte, stand der Michel wieder auf, holte aus dem Keller eine Flasche Rotwein mit zwei Trinkgläsern, tischte alles emsig und schön auf das Zimmertischchen, schenkte die beiden Gläser voll und stieß an: »Leben sollst, Paul! Hoch sollst du leben!«

Und war doch niemand im Zimmer als er allein.

Dann ergriff er die Laute, fuhr in die Saiten, daß sie heftig schrillten: »Also singen wir! Für die Hochzeit was.«

»So komm ich hin zu ihr,

's hat schon der Mondschein gscheint,

's ist alles mäuserlstill – es rührt sich nix.

Da nehm ich's her um d' Mitt

Und bieg ihr 's Köpferl zruck

Und han a Busserl ihr aufs Göscherl pickt.

Ja, ja, mein Dirndl, du bist mein Leben,

Du bist mein Freud in alle Ewigkeit!«

Mehr erschrocken als sonst war Frau Apollonia, als sie ihn so in halbem Nachtgewande singend und trinkend fand.

»Ins Bett, Michel!« rief sie erregt.

»Ins Bett, ins Bett, hast recht, Frau. Morgen heißt's früh auf. Seid ihr beisamm mit allem? Hast im Gartenzimmer die Betten machen lassen? Hat der Poldl schon die Tisch aufgeschlagen? Die Menge Leut! Hörst die Wägen vorfahren? Und alleweil noch kommens. Die Helenerl soll noch zu mir, eh sie heut schlafen geht. Morgen um die Stund ist sie nimmer unser. Geh her, Apollonia! mußt nit weinen. Glücklich werden die zwei miteinand. Geh her zu mir! Wir zwei alten Leut, wir! Geh, gib mir auch wieder einmal einen Schmatz! Wir sein zusammen verbunden. Glückselig sein die Stunden ...«

So redete er lebhaft und hastig, in heller Glut, wie seine Augen brannten auch seine Wangen.

Freilich gab sie ihm einen Kuß und hat vor Traurigkeit sich kaum können fassen, während er in voller Glückseligkeit war und in voller Glückseligkeit einschlief.

Es war ein ununterbrochener Schlaf, die ganze Nacht, und doch ein unruhiger. Er führte Gespräche, er sang. Und dann murmelte er Gebete. Hernach wurde es so still um ihn, in ihm, daß Frau Apollonia angstvoll nach dem Atem horchte. Der Arzt hatte Anordnungen getroffen und war wieder fortgegangen. Frau und Tochter waren die ganze Nacht am Bette gesessen und hatten kein Auge gewendet von seinem Gesicht, über das abwechselnd rosige und blasse Schatten glitten. Die Nacht war lang, es wollte nicht tagen. Und als er aufging, war es ein trüber, schwerbewölkter Tag.

Der Michel erwachte. Seine Wangen waren ganz entglutet. Aber brennend heiß seine Hand, die in der seiner Frau ruhte. Das Auge war beim Erwachen ruhig und sanft gewesen wie eine friedliche Nacht. Plötzlich aber leuchtete in demselben ein so unheimlicher Glanz, daß Frau Apollonia vor Schreck fast erstarrte.

»Wer ist denn das?« fragte er mit ungelenker Zunge, denn er hatte seine Tochter bemerkt, die neben dem Bette stand. »Das ist die Helenerl?!« Ein schönes Lächeln spielte um seine erstarrenden Züge. »Bei der Häuslichkeit schon? Du fleißige Braut!« – Und redete weiter, stoßweise, einmal hastig, einmal langsam. Es war teils ein murmelndes Sagen und teils ein lallendes Singen. – »Der Friedl, der schlaft wohl noch – wie? Na, na, seid nur recht glücklich. Daß ich ihn hab' mögen derleben, diesen Tag! – Mein Herz hat sich geselle zu einem Blümlein zart – Das kann keiner so singen, wie der Rufmann – Vater muß man jetzt sagen. Keiner so. Wenn er schon wach ist, er soll kommen. Soll eilends kommen. Den geistlichen Herrn mitbringen, den Elias. – Kennst ihn, Helenerl? Der hat das gülden Ringlein an eure Händ gesteckt – Der hat das güldne Kettlein um euer Herz gelegt ... Glückselig sein die Stunden, wo wir beisammen sein. – Gelt, Paul! Bist da, Paul? Gelt, der glückselige Tag! – – Aber müd. Auch die Freud macht müd ...«

Er atmete schwer.

Frau Apollonia schob ihm das Kopfkissen zurecht. »Müd, lieber Mann, ich glaub dir's. Willst nit wieder schlafen?«

Da richtete er rasch seinen Oberkörper auf und sprach in hastigen Stößen die Worte: »Schlafen nit! Schlafen nit! – Ich bitt euch. Nit schlafen lassen! Aufwecken!«

»Aber es tät dir gut, Vater.«

»Nit schlafen! – Hab so schreckbar müssen träumen, vorgestern. Vor Zeiten – oder wann. Vom Förster Rufmann was. Von seinen Buben was. – Schlafen will ich nimmer – nimmer ...«

Dann ist sein Körper zurückgesunken auf das Kissen.

Leidlos – liedlos.

Die Försterbuben im Urwald

Ungefähr ein Jahr nach Michels glückseligem Tage übergab der Postbote dem jungen Wirt einen Brief, den der Empfänger in der Hand mehrmals um und um drehte und aufmerksam betrachtete, ehe er ihn seiner Frau gab, an die er adressiert war.

»Du, Helenerl! Da schau einmal. Schau dir diese Marke an. Eine russische oder woher. Oder wo du überall Bekannte hast!« setzte er schalkhaft bei.

Sie schaute den Brief ebenfalls an und suchte dann die Schere, um ihn aufzuschneiden.

»Uh, Nelson! wo ist denn das lauter? Gar aus Engelland her?« Sie sah nach der Unterschrift und erschrak ein wenig. »Mir scheint,« sagte sie und wendete sich seitlings, »das geht mich allein an.«

Und in dem Briefe stand es so zu lesen:

»Nelson, Neuseeland
Cook-Street 93 Cy XI.

Liebe Helene!

Du wirst Dich staunen über diesen Schreibebrief aus dem Land, wo die Gegenfüßler sind. Bin jetzt auch so ein Gegenfüßler geworden und wenn ich mit dem Fuß auf den Boden stampfe, so habt ihr dort drüben Erdbeben. Wie ich da hergekommen bin, das will ich Dir lieber mündlich sagen, bis Du's auch probiert hast. Bissel weiter, wie nach Löwenburg ist es schon. Gehen tut's mir sehr gut, bin am Seehafen ein Arbeiter. Aber dahier, meine Liebe, heißt Arbeiter sein ein bissel was anders als in Europa. Ich logiere in drei schönen Zimmern und esse täglich mein Beefsteak. Verdienen tu ich mir in der Woche 8 bis 10 Pfund Sterling, das ist in eurem Geld so viel wie 200 Kronen. Mit dem besten Willen kann ich's nit verjuxen. Ja, ich werde am End noch so ordentlich und brav wie die Eustacher. Hier ist alles englisch, auch Deutsche sind viele da, die Werft, wo ich bin, gehört einem Hamburger. Neuseeland, was jetzt meine Heimat ist, hat hohe Berge, zweimal so hoch wie eure Tauern. Und Urwald. Da sieht man erst, was Wald heißt. Nach Europa verlangt's mich nicht mehr, aber eine von dort möcht ich dahaben, wenn sie mich nicht vergessen hätte. Liebe Helene, Du hast mir immer gefallen, und hast Lust meine Frau zu werden, so komm her. Eustachen ist eh nix for Dich. Dein Vater, meinetwegen, soll Dich begleiten bis Triest, wo ich Dich erwarten will. Weiter entgegengehen mag ich nicht, indem was wir in Eustachen erlebt haben. Mein Bruder, der Elias, ist im Gymnasium einer norddeutschen Stadt, heißt Köln am Rhein. Vielleicht kommt er auch einmal nach Neuseeland, für Heidenapostel gibt's hier zu tun genug. Aber ich sag, er soll lieber ein Arbeitsmensch werden und die Leut glauben lassen, was sie wollen. Wir haben auch noch Kannibalen auf Lager, aber anstatt daß sie uns auffressen, machen wir's umgekehrt. Wegen warum ich mich bei Dir im vorigen Jahr nicht verabschiedet hab, kannst Dir denken. Macht ja nix, wenn wir eh wieder zusammenkommen. Ich hoffe von Dir eine recht baldige Antwort, so oder so. Die Adresse an mich schreibe genau, wie sie am Anfang von diesem Brief steht, aber Lateinschrift, die andere kann da kein Mensch lesen. Bist überhaupt's einverstanden, was ich erst einmal wissen will, nachher können die weiteren diplomatischen Verhandlungen beginnen. Gereuen wird's Dich nicht. Mit schönem Gruß

Fridolin Rufmann,
Werft-Mister.«

Auf *diesen* Brief war die Antwort so leicht, daß Helene nicht einen Augenblick nachzusinnen brauchte. Sofort setzte sie sich hin und schrieb:

»Lieber Herr Fridolin Rufmann!

Daraufhin in welcher Art Sie uns verlassen haben, hätte ich einen solchen Brief von Ihnen wohl nicht erwartet. Mich freut es, daß Sie so starkmütig geworden, aber mir scheint, Sie sind gar zu stolz auf das geschehene Unrecht, wo doch auch andere hart haben leiden müssen. Für die Ehr bedank ich mich recht schön, ist aber zu spät und mein Vater könnte mich auch nicht bis Triest begleiten, er ist seit Herbst des vorigen Jahres tot.

Es wünscht Ihnen alles Gute Ihre Gegenfüßlerin

Helene Gerhalt geb. Schwarzaug.«

Seit diesen Ereignissen sind Jahre verflossen. Und weil nun die Geschichte zu Ende geht, so wollen wir den Abschiedsbesuch machen bei unseren Bekannten in Eustachen.

Das Wirtshaus zum »Schwarzen Michel« steht stattlich und wohlgeordnet wie früher. Es schenkt frisches Bier und gerechten Wein, ja wie einst auch Milch und Honig, wer danach trachten sollte. Aber der Gäste Zulauf ist nicht allzugroß. Wirt ist Sepp, der Gerhaltsohn. Das ist ein ernsthafter, nicht arg gesprächiger Mann, der lieber im Wirtschaftsgebäude oder auf Feld und Wiesen umtut als in der Wirtsstube. Die Helenerl ist eine treffliche und freundliche Wirtin geworden, sie lächelt manchmal, aber nicht lebhafter und nicht länger, als man es den Gästen schuldig ist. Die alte Frau Apollonia ist noch wie früher, sie arbeitet und schweigt.

»Fürst« ist immer noch der alte Gerhalt. Er versichert zwar oft und oft, sein »Amtl« wolle er nicht mehr länger tragen, doch die Einstimmigkeit der Wähler überwältigt ihn immer wieder. Das letztemal aber hat er unerbittlich ausreißen wollen, da sagte der Pfarrer von Ruppersbach: »Volkesstimme – Gottesstimme!« Dieses große Wort hat ihn wieder eingefangen auf drei Jahre.

Bei dem Umzuge seines Sohnes Sepp ins Michelwirtshaus ist im Wirtschaftsgebäude des Gerhalthofes eine Stube frei geworden. Es ist nur ein Bretterverschlag, der sie vom Rinderstalle trennt, aber eine Stube ist sie doch, eine friedsame Statt, deren kleines Fenster hinausblickt in den Baumgarten. Der Sepp hat nie einer künstlichen Wärme bedurft, nun aber hat der Gerhalt ein Tonöfelein hineinstellen lassen. Aber auch einen Kasten, und an die Wand ein Marienbild mit der Ampel. Denn im Bette liegt ein armes altes Weiblein. Es liegt ganz klein und in sich zusammengebogen unter der blauen Wergdecke; die Gicht hat es fast lahm gemacht. Die alte Sali. Nach jenen Veränderungen im Forsthause hat sie noch eine Weile in der Gegend herumregiert als Dienstmagd, hat fleißig gegreint und noch fleißiger gearbeitet – und auch gebetet, der liebe Gott möge sie nur so lange leben lassen, als sie was arbeiten könne.

Wie sie nun aber nicht mehr arbeiten konnte und immer noch lebte, nahm sie es so, daß für sie nun ganz die Zeit sei zum Beten. So hielt sie den Rosenkranz in der Hand und betete zu unserer lieben Frau, und dachte dabei an längst verstorbene und verdorbene liebe Menschen.

Manchmal besucht sie Frau Apollonia, sitzt an ihrem Bette und schweigt. Da nimmt sie die alte Magd wohl an der Hand – beider Hände sind kühl, aber treu sind die Gedanken. Geweint haben sie in späterer Zeit nicht mehr um die Verlorenen ...

Und da ist eines Tages der Brief gekommen und hat die alten Herzen aufgerüttelt. Und die Sali hat nicht liegen bleiben können auf ihrem Stroh. Sie ist aufgestanden und hat mit zitternder Hand das Ämplein angezündet unter dem Marienbild. Denn was in diesem Briefe steht, das ist wie eine Botschaft vom Himmel.

»Eiland San Catharina, im Atlantischen Ozean.
Farm Rufmann.

Liebe Sali!

Lebst Du noch? Dein Elias schreibt Dir. Ich habe es erst tun wollen, bis was Gutes zu melden ist, und habe oft gebetet, daß Du so lange leben sollst, bis das geschehen kann. Gedacht haben wir Dein alle Tage, wie man einer Mutter gedenkt, die Du uns gewesen bist. Aber heimbleiben haben wir nach dem Unglück nicht mehr können. Mein Bruder Fridolin ist damals fort, so weit es geht auf dieser Erde. Neuseeland heißt das Land, wo er sieben Jahre lang gewesen ist und bei der Schiffahrt gearbeitet hat. Ich habe noch weiterstudiert zu Köln am Rhein, wo die heiligen drei Könige sind. Dann hat mir mein Bruder geschrieben, ich solle zu ihm kommen und haben bei der

Schiffahrt gearbeitet und gut verdient. Und dann auf einer Seefahrt haben wir eine kleine Insel gefunden, mit Gebirge und Urwald, nur von wenigen Eingeborenen bewohnt, die gutmütig sind. Und an der Küste auch Europäer, sogar etliche Deutsche, arme Leute. Und hat uns der Urwald so gefallen, sind auch Bäume drin, wie sie in Eustachen wachsen. Und haben eine solche Freude gehabt, daß wir unser Erspartes dransetzen und uns auf der Insel seßhaft machen. So leben wir jetzt hier und haben Arbeit genug. Fridolin ist Jäger, der die wilden Tiere totschießt, und ist Förster, der den wilden Wald rodet. Das geschieht mit Axt und Feuer. Die Leute, die schon früher dagewesen, sind uns untertan und führen das aus, was wir anordnen. Aus den gerodeten Grundflächen machen wir Kornfelder und Gärten, und das ist meine Sache. Ich leite eine Anzahl von Arbeitern, mit denen ich Korn baue und Fruchtbäume züchte. Wir haben uns auch aus Holzstämmen ein Haus gebaut, wo wir mit Weib und Kind wohnen. Der Friedl hat eine von hier genommen. Ich bin in Köln mit einem braven Mädel bekannt worden, das habe ich mir herübergeholt. Wir sind recht zufrieden. Wenn das der Vater noch hätte erleben können! Es vergeht keine Stunde, wo ich nicht an ihn denke. Und am Sonntag kommen wir zusammen im Hause oder unter Bäumen und ich lese den Leuten aus der heiligen Schrift vor und lege sie aus und bete mit ihnen. Und so bin ich zugleich Bauer und Geistlinger, wie Du mich immer genannt hast, lange ehe ich noch eine Ahnung hatte, was das heißt, ein Apostel Jesu Christi zu sein.

Und dieses, liebe Sali, ist das Gute, was wir Dir zu melden haben. Wenn Du noch lebst, so schreibe uns, wie es Dir geht und genau den Ort, wo Dich etwas antreffen kann, das wir Dir schicken möchten. Auf dieser Welt werden wir uns wohl nicht mehr sehen, aber es steht geschrieben, daß wir im ewigen Leben alle die wiederfinden werden, die wir einmal lieb gehabt haben.

Vergiß nicht, liebe Sali, der Försterbuben im fernen Urwald, die auch Deiner nicht vergessen.

Elias und Fridolin Rufmann.«

CPSIA information can be obtained
at www.ICGtesting.com
Printed in the USA
LVHW030144271222
735871LV00001B/141